2024

Berufliches Gymnasium

Original-Prüfungsaufgaben mit Lösungen

Baden-Württemberg

Deutsch

W0216837

STARK

© 2023 Stark Verlag GmbH
21. neu bearbeitete und ergänzte Auflage
www.stark-verlag.de

Das Werk und alle seine Bestandteile sind urheberrechtlich geschützt. Jede vollständige oder teilweise Vervielfältigung, Verbreitung und Veröffentlichung bedarf der ausdrücklichen Genehmigung des Verlages. Dies gilt insbesondere für Vervielfältigungen, Mikroverfilmungen sowie die Speicherung und Verarbeitung in elektronischen Systemen.

Inhaltsverzeichnis

Abiturprüfungsaufgaben 2023

Aufgaben .... **www.stark-verlag.de/mystark**
Sobald die Original-Prüfungsaufgaben 2023 freigegeben sind, können Sie ausgewählte Aufgaben als PDF auf der Plattform MyStark herunterladen (Zugangscode vgl. Umschlaginnenseite).

Autorinnen und Autoren

Katrin Blanz	Übungsaufgabe 2
Dr. Martin Brück	Hinweise und Tipps
Regina Esser-Palm	Übungsaufgabe 14
Dieter Gall	Hinweise und Tipps, Übungsaufgabe 9
Christian Heigel	Übungsaufgabe 3
Christiane Kreienbaum	Übungsaufgabe 5
Rainer Maria Meinicke	Übungsaufgabe 16
Claudia Mutter	Übungsaufgaben 4, 6 und 15
Mareike Paulun	Übungsaufgabe 12
Christoph Reith	Übungsaufgabe 13
Christoph Stephan	Übungsaufgaben 10 und 11
Gisela Wand	Übungsaufgabe 7
Dr. Gwendolyn Whittaker	Übungsaufgabe 8
Redaktion	Übungsaufgabe 1

Vorwort

Liebe Abiturientinnen und Abiturienten,

der vorliegende Band hilft Ihnen bei der gezielten und optimalen Vorbereitung auf die **schriftliche Abiturprüfung 2024** im Fach **Deutsch**.

Das einführende Kapitel „**Hinweise und Tipps**" …

- informiert Sie über die offiziellen Vorgaben und macht Sie mit den zur Wahl gestellten Aufgabenarten im gAN und eAN vertraut.
- liefert praktische Tipps, wie Sie bei der Bearbeitung der Aufgaben am besten vorgehen, und enthält eine Liste mit gängigen Operatoren.
- fasst die Inhalte der Pflichtlektüren zusammen, bietet einen Überblick über deren Aufbau/Form und stellt Deutungsansätze vor.

Der anschließende Trainingsteil …

- bietet Ihnen **Übungsaufgaben** im Stil der Prüfung zu allen Aufgabenarten, den Pflichtlektüren sowie den Themenfeldern „Umbrüche in der deutschsprachigen Literatur um 1900" und „Sprache in politisch-gesellschaftlichen Verwendungszusammenhängen".
- führt Ihnen anhand von **ausformulierten Lösungen** unserer Autorinnen und Autoren vor Augen, wie ein mustergültiger Aufsatz geschrieben sein könnte.
- gibt **Bearbeitungshinweise**, die Ihnen bei der Erschließung der einzelnen Arbeitsanweisungen helfen.

Sollten nach Erscheinen dieses Bandes noch wichtige Änderungen in der Abiturprüfung 2024 vom Kultusministerium bekannt gegeben werden, finden Sie aktuelle Informationen dazu im Internet unter: *www.stark-verlag.de/mystark*

Wir wünschen Ihnen eine effektive Abiturvorbereitung und eine erfolgreiche Prüfung!

Die Autorinnen und Autoren sowie der Verlag

Hinweise zu den digitalen Zusätzen

Auf alle digitalen Zusätze können Sie online über die Plattform **MyStark** zugreifen. Ihren persönlichen Zugangscode finden Sie auf der Umschlaginnenseite.

PDF der Original-Prüfungsaufgaben 2023

Sobald die Original-Prüfungsaufgaben 2023 freigegeben sind, können Sie ausgewählte Aufgaben als PDF auf der Plattform MyStark herunterladen. Die entsprechende Datei finden Sie auf MyStark im Bereich „Dokumente".

Erklärvideos

Mehr Sicherheit im Umgang mit Texten: **Erklärvideos** veranschaulichen, auf welche Aspekte bei der Erschließung litererarischer und pragmatischer Texte zu achten ist.

Folgende Erklärvideos sind enthalten:

- Epische Texte analysieren
- Lyrische Texte analysieren
- Sachtexte analysieren

Interaktives Grundlagentraining

Das Online-Training **stärkt Ihre Kompetenzen** im Umgang mit unterschiedlichen Texten. Alle Aufgaben können direkt am PC oder Tablet bearbeitet werden. Sie erhalten dann sofort eine Rückmeldung zu Ihren Antworten.

Unter anderem werden diese Fertigkeiten durch kleinschrittige und abwechslungsreiche Aufgaben trainiert:

- Inhalt und Struktur von Texten herausarbeiten (Sachtexte, literarische Texte)
- sprachlich-stilistische Gestaltungsmittel bzw. die Leserlenkung untersuchen
- Figuren charakterisieren
- Motive und Themen analysieren
- Deutungsansätze entwickeln

HINWEISE UND TIPPS

Hinweise und Tipps zur schriftlichen Abiturprüfung

1 Grundlagen

1.1 Vorgaben für das Zentralabitur Deutsch 2024

Die schriftlichen Prüfungsaufgaben richten sich in Aufbau und Inhalt nach:

- dem „Lehrplan für die Sekundarstufe II: Berufliches Gymnasium" (August 2021), im Internet zu finden unter: https://www.bildungsplaene-bw.de/,Lde/bg2021
- den bundesweit verbindlichen „Bildungsstandards im Fach Deutsch für die Allgemeine Hochschulreife", im Internet zu finden unter: www.kmk.org/fileadmin/Dateien/veroeffentlichungen_beschluesse/2012/2012_10_18-Bildungsstandards-Deutsch-Abi.pdf
- den in der Regel für jeweils vier Schuljahre gültigen Pflichtlektüren, die vom Kultusministerium in „Kultus und Unterricht" veröffentlicht werden.

1.2 Zeitrahmen und Hilfsmittel

In der Abiturprüfung im Fach Deutsch werden Ihnen vier unterschiedliche Aufgaben vorgelegt, von denen Sie eine auswählen müssen. Die Bearbeitungszeit beträgt beim grundlegenden Anforderungsniveau (gAN) 4 Stunden (240 Minuten) und beim erhöhten Anforderungsniveau (eAN) 5 Stunden (300 Minuten). Lese- und Auswahlzeit sind darin bereits enthalten. Als Hilfsmittel sind ein Wörterbuch der deutschen Rechtschreibung sowie unkommentierte Ausgaben der Pflichtlektüren zugelassen.

2 Prüfungsstoff

Die **Prüfungsthemen** konzentrieren sich auf **zwei (gAN)** bzw. **vier (eAN) literarische Werke** sowie die vorgegebenen **literarischen und sprachlichen Themenfelder**.

Für die schriftliche Abiturprüfung ist in beiden Niveaustufen das literarische Themenfeld „**Umbrüche in der deutschsprachigen Literatur um 1900**" verbindlich. Damit ist der zeitliche Rahmen auf wenige Jahrzehnte begrenzt. Inhaltlich deckt dieses

Schwerpunktthema jedoch eine große Bandbreite ab. Die Wende vom 19. zum 20. Jahrhundert war eine Zeit des tiefgreifenden gesellschaftlichen Wandels, der sich auch in den vielfältigen literarischen Strömungen widerspiegelt. Zu den wichtigsten gehören der Naturalismus, der Ästhetizismus und der Expressionismus.

- Im **Naturalismus**, zu dessen bekanntesten Vertretern Gerhart Hauptmann („Vor Sonnenaufgang", „Bahnwärter Thiel") und Arno Holz/Johannes Schlaf („Familie Selicke") zählen, strebten Autor*innen nach einer ungeschönten, möglichst exakten Abbildung der Realität. Die Werke sind häufig im Proletariat oder in gesellschaftlichen Randgruppen angesiedelt und befassen sich mit Themen wie Elend, Krankheit und Kriminalität sowie der Großstadt als feindlichem Lebensraum. Eine zentrale Stellung nehmen sozialkritische Dramen ein, daneben sind kurze epische Texte und Großstadtlyrik vertreten.
- Eine Gegenbewegung zum Naturalismus bildet der **Ästhetizismus**. Dessen Anhänger*innen bemühten sich um eine sprachlich sorgsam gestaltete Konstruktion einer ästhetischen Gegenwelt zur nüchtern-zweckgebundenen Gesellschaft. Die übergeordnete Strömung teilt sich in mehrere Stile, zu denen die Décadence, der Symbolismus, der Impressionismus und der Jugendstil gehören. Bekannte Werke sind der Roman „Buddenbrooks" von Thomas Mann sowie die Gedichte von Rainer Maria Rilke und Hugo von Hofmannsthal.
- Im **Expressionismus** stehen u. a. Themen wie Pazifismus, das drohende Weltende oder die negativen Auswirkungen des Großstadtlebens im Vordergrund. Autor*innen schrieben über gesellschaftliche Tabu-Themen wie Krankheit, Prostitution und Wahnsinn, um eine Schockwirkung zu erzielen. Auch formal brachten viele Expressionist*innen ihre Auflehnung zum Ausdruck, u. a. durch den Verzicht auf Metren und Reime in Gedichten. Zu den bekanntesten Schöpfern expressionistischer Lyrik zählen Georg Heym, Georg Trakl, Gottfried Benn und Jakob van Hoddis.

Als sprachliches Themenfeld ist für beide Niveaustufen „**Sprache in politisch-gesellschaftlichen Verwendungszusammenhängen**" vorgegeben. Ebenso wie sein literarisches Gegenstück ist auch dieses Schwerpunktthema äußerst vielfältig. Die Besonderheiten politischer Kommunikation gehören ebenso dazu wie die eng damit verknüpfte Bedeutung der Massenmedien. Auch der Medienwandel weg von klassischen Formaten wie TV und Zeitungen hin zu digitalen Angeboten sowie die Charakteristika der Internetkommunikation spielen eine wichtige Rolle. Zentral sind des Weiteren Fragen rund um gendergerechte, politisch korrekte und inklusive Sprache.

Bei den verpflichtenden **literarischen Werken** handelt es sich um
- Georg Büchners Dramenfragment „**Woyzeck**" (gAN/eAN),
- Julis Zehs Roman „**Corpus Delicti**" (gAN/eAN),
- Wolfgang Koeppens Roman „**Tauben im Gras**" (eAN),
- und Katharina Hackers Roman „**Die Habenichtse**" (eAN).

Einen Überblick über Inhalt, Aufbau und Form der Pflichtlektüren sowie mögliche Deutungsansätze finden Sie ab S. 24.

3 Aufgabenarten

Die bundesweit gültigen „Bildungsstandards im Fach Deutsch für die Allgemeine Hochschulreife“ unterscheiden drei wesentliche fachspezifische Erschließungsformen von Texten (Interpretation, Analyse, Erörterung) sowie materialgestütztes Schreiben, d. h. das Verfassen eines Textes ausgehend von vorliegenden themenspezifischen Materialien (Texte, Schaubilder, Grafiken, Statistiken). Es ergibt sich folgendes Gesamtbild:

Textbezogenes Schreiben				**Materialgestütztes Schreiben**	
Interpretation literarischer Texte	Analyse pragmatischer Texte	Erörterung literarischer Texte	Erörterung pragmatischer Texte	Informierende Texte	Argumentierende Texte
Aufgabenarten 1, 2 a, 2 b (gAN) Aufgabenarten 1 b, 2 a, 2 b (eAN)	Aufgabenart 4 (gAN) Aufgabenart 3 b (eAN)	Aufgabenart 1 a (eAN)	Aufgabenart 3 (gAN) Aufgabenart 3 a (eAN)	Aufgabenart 4 (eAN): Verfassen eines Essays • Materialsammlung (Dossier), auch mit informierenden Texten, wird vorgelegt • Essay: nicht-argumentierende Schreibform (ggf. argumentierende Passagen)	

In den „Bildungsstandards“ wird ausgeführt, dass die Aufgabenarten „Grundmuster“ darstellen, die „miteinander kombinierbar sind“ und „Mischformen“ zulassen.
Das oben dargestellte Spektrum wird durch die Aufgabenarten der schriftlichen Abiturprüfung in Baden-Württemberg abgedeckt.

Grundlegendes Anforderungsniveau:

1. Interpretation eines literarischen Textes (Pflichtlektüren „Woyzeck“ *oder* „Corpus Delicti“)
2. Textinterpretation Lyrik (mit Vergleich, 2 a) *oder* Kurzprosa (2 b)
3. Texterörterung (nicht fiktionaler Text mit Berufsweltbezug)
4. Textanalyse (nicht fiktionaler Text)

Erhöhtes Anforderungsniveau:

1. Erörterung eines literarischen Textes (Pflichtlektüren „Woyzeck“ *oder* „Corpus Delicti“, 1 a) *oder* Literarische Interpretation mit Werkvergleich (Pflichtlektüren „Tauben im Gras“ und „Die Habenichtse“, 1 b)
2. Textinterpretation Lyrik (mit Vergleich, 2 a) *oder* Kurzprosa (2 b)
3. Texterörterung (nicht fiktionaler Text mit Berufsweltbezug, 3 a) *oder* Textanalyse (nicht fiktionaler Text, 3 b)
4. Essay (auf der Grundlage eines Dossiers)

Auf den folgenden Seiten werden die einzelnen abiturrelevanten Aufgabenarten gesondert voneinander vorgestellt. Dabei wird jeweils auch erläutert, wie Sie in der Prüfung vorgehen sollten und worauf Sie im Einzelnen besonders achten müssen.

3.1 Interpretation eines literarischen Textes (gAN) bzw. literarische Interpretation mit Werkvergleich (eAN)

Als Textgrundlage wird Ihnen ein Auszug aus einer der beiden Pflichtlektüren vorgelegt (im gAN *Woyzeck* und *Corpus Delicti*, im eAN *Tauben im Gras* und *Die Habenichtse*). In einer **ersten Teilaufgabe** sollen Sie diese Passage sowohl im **Kontext** der Handlung verorten als auch **interpretieren** (50–60 % der Gesamtleistung im gAN, 50 % im eAN). Wichtig ist es, sich nicht in weitschweifigen Nacherzählungen des gesamten Werks zu verlieren, sondern zielgerichtet alle wesentlichen Aspekte zusammenzufassen, die für das Verständnis der vorliegenden Textstelle von Bedeutung sind. Erst dann sollten Sie den Auszug unter Berücksichtigung der sprachlich-erzähltechnischen Gestaltung deuten.
Die **zweite Teilaufgabe** wird mit 40 bzw. 50 % gewichtet und unterscheidet sich zwischen gAN und eAN stark (sh. Schaubild S. 7).

- Im **gAN** wird ein **vertiefender Interpretationsaspekt** vorgegeben, der zum Beispiel die Charakterisierung eines Protagonisten oder die Analyse eines Themas, das sich durch das Werk zieht, verlangen kann. Diese Teilaufgabe kann sich über die vorgelegte Textstelle hinaus auf das komplette Werk beziehen. Es erfolgt jedoch kein Einbezug von Außentexten (anderes Werk, Sachtext).
- Im **eAN** wird in der zweiten Teilaufgabe auf **eine weitere Pflichtlektüre** (*Tauben im Gras* oder *Die Habenichtse*) Bezug genommen; zu dieser wird **kein Textauszug** vorgelegt. Sie müssen entsprechend der Fragestellung Ihre **Lektürekenntnisse** in einen Vergleich **einbringen**. Direkte Belege (Zitate, Verweise auf Textstellen) werden aufgrund des Umfangs der Aufgabe und der zur Verfügung stehenden Zeit nicht erwartet. Es ist aber notwendig, zum Beispiel Romankapitel oder Akte beziehungsweise Szenen eines Dramas als Belege anzuführen. Der zweiten Teilaufgabe ist ein **Außentext** vorangestellt. Es handelt sich dabei um Sachtexte von 15 bis maximal 125 Wörtern Länge, wobei in der Regel **kurze, aphoristisch zugespitzte Statements** zum Einsatz kommen. Der Außentext bezieht sich auf das Thema des Werkvergleichs und setzt in diesem Zusammenhang Akzente: Angestrebt wird eine **Vertiefung und Differenzierung des Vergleichs**.
  Der **Werkvergleich** muss mehr leisten als eine Reproduktion von Inhalten; eine bloße Bilanzierung von Gemeinsamkeiten und Unterschieden wird der Aufgabe nicht gerecht. Es kommt darauf an, die Lektürekenntnisse in eine stringente Argumentation einzubinden. Sie müssen Ihr literarisches Wissen im Hinblick auf den Vergleichsaspekt eigenständig organisieren, Schwerpunkte setzen und eine Gliederung entwickeln, die Verlauf und Zielrichtung der Argumentation klar hervorhebt und für die Leser*innen nachvollziehbar macht. Für die **Strukturierung des Vergleichs** sind grundsätzlich **zwei Varianten** denkbar: **blockweise** und an den Werken orientiert oder **parallelisierend**, d. h. an Vergleichsaspekten ausgerichtet.

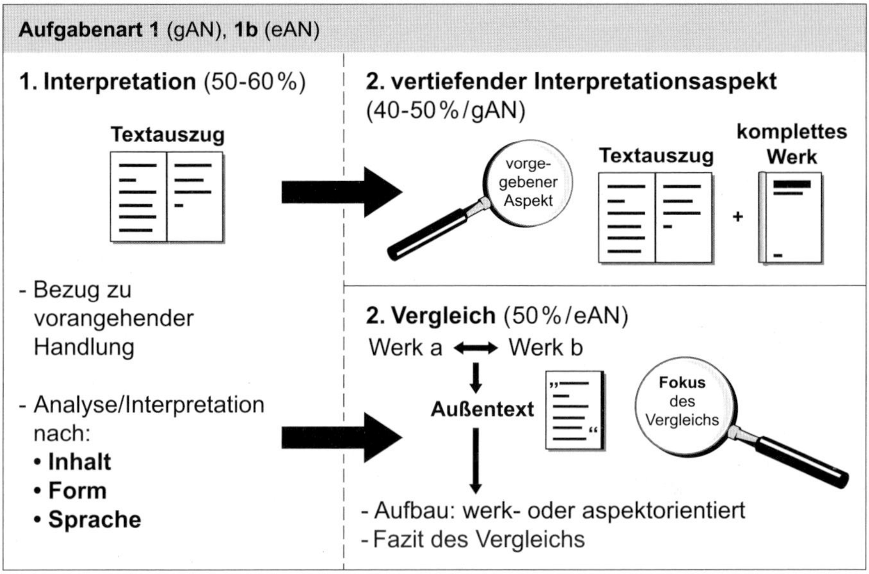

3.2 Erörterung eines literarischen Textes (eAN)

Diese Aufgabe bezieht sich auf eine der **Pflichtlektüren** (*Woyzeck* oder *Corpus Delicti*). Sie bekommen einen Außentext mit Bezug zum entsprechenden Werk vorgelegt. Dabei kann es sich um vielfältige Textsorten handeln, z. B. Sekundärtexte, Theaterrezensionen oder Interviews. In der ersten Teilaufgabe ist in der Regel eine **strukturierte Wiedergabe des Außentextes** gefordert (20–30 %). Sie sollen also die zentralen Aussagen und Thesen aus dem Text herausarbeiten. Formulieren Sie dabei in eigenen Worten. Denken Sie zudem daran, die Meinung des Autors oder der Autorin stets im Konjunktiv I wiederzugeben oder durch entsprechende Phrasen (z. B. „dem Autor zufolge …“, „nach Ansicht der Autorin …“) zu kennzeichnen. Eine tiefergehende Analyse der formalen und sprachlichen Gestaltung ist nicht verlangt. In Teilaufgabe eins erfolgt auch noch keine Wertung oder Einordnung der Aussagen.
Der Schwerpunkt der Gesamtaufgabe liegt auf dem zweiten Teil (70–80 %). Dieser besteht aus einer **Erörterung und Überprüfung der im Sekundärtext enthaltenen Aussagen** anhand der Pflichtlektüre, auf die sich der Text bezieht. In der Regel beinhaltet der Außentext eine umstrittene oder ungewöhnliche Interpretationsweise des Ihnen vertrauten Werks. Vergleichen Sie die Aussagen mit Ihrem Wissen über die Pflichtlektüre und Ihrem eigenen Verständnis davon. Dabei werden Sie Widersprüche, aber eventuell auch Gemeinsamkeiten aufdecken. Formulieren Sie **Argumente**, in denen Sie darlegen, inwiefern die Aussagen des Sekundärtextes Ihrer Ansicht nach zutreffend bzw. nicht zutreffend sind. Dabei sollten Sie die grundlegende Struktur von Argumenten (Behauptung – Begründung – Beispiel) berücksichtigen. Aufgrund der knappen Zeit sind direkte Zitate aus der Pflichtlektüre nicht zwingend erforderlich. Es

genügt, für die Erörterung **relevante Textstellen** zu **paraphrasieren** und sie grob im Gesamtwerk zu verorten (Angabe des Kapitels oder der Szene). Schließen Sie Ihre Ausführungen mit einem **Fazit** ab, in dem Sie zu einem differenzierten Gesamturteil kommen. Bei dieser Aufgabe ist es entscheidend für den Bearbeitungserfolg, dass Sie die Pflichtlektüre sehr gut kennen und ein tiefgreifendes Verständnis der Handlung und der Charaktere entwickelt haben.

Aufgabenart 1a (eAN)	
1. strukturierte Wiedergabe (20-30 %)	**2. Erörterung** (70-80 %)
Außentext mit Bezug zu einer Pflichtlektüre	**Außentext** ⟷ **Werk**
- Aussagen und Thesen des Textes - in eigenen Worten - ohne Wertung	- Erörterung und Überprüfung der Aussagen aus dem Außentext - Paraphrasierung relevanter Textstellen aus dem Werk - Fazit der Erörterung

3.3 Textinterpretation Lyrik (gAN/eAN)

Bei Gedichten ist die Textbasis schmaler, an das Verständnis werden jedoch aufgrund der – in besonderem Maße – poetischen Sprache und Formgestaltung höhere Anforderungen gestellt. Daher ist eine ausgeprägte **Sensibilität für Lyrik** die wichtigste Voraussetzung für eine erfolgreiche Gedichtinterpretation. Außerdem ist es notwendig, das Instrumentarium der Form- und Sprachanalyse zu beherrschen, d. h., die gängigen **Fachbegriffe** (z. B. metrische Formen, rhetorische Figuren) präzise und trennscharf verwenden zu können. Denn für die Interpretation von Gedichten ist eine genaue **Analyse der sprachlichen und formalen Gestaltung** unabdingbare Voraussetzung. Oft erschließt sich der mögliche Sinn eines Gedichts erst aus der Form sowie besonderen sprachlichen Eigenschaften.
In den Abiturprüfungsaufgaben wird stets ein **Gedichtvergleich** verlangt. Ein solcher stellt nicht unbedingt höhere Anforderungen an die Interpret*innen, sondern kann auch eine gewisse Arbeitserleichterung bedeuten: Denn eine Gegenüberstellung zweier Gedichte hilft, den Blick für die jeweiligen Besonderheiten zu schärfen. Die Aufgabenstellung ist zweigeteilt: In der ersten Teilaufgabe ist eine **ausführliche Interpretation des ersten Gedichts** gefordert (ca. 60 %). Die zweite Teilaufgabe umfasst einen Vergleich beider Gedichte im Hinblick auf **einen oder mehrere vorgegebene Vergleichsaspekte** (ca. 40 %). Eine vollständige Interpretation des zweiten Gedichts ist nicht gefordert. Dieses sollen Sie lediglich insoweit erschließen, wie es für den aspektorientierten Vergleich erforderlich ist (sh. Schaubild S. 9).

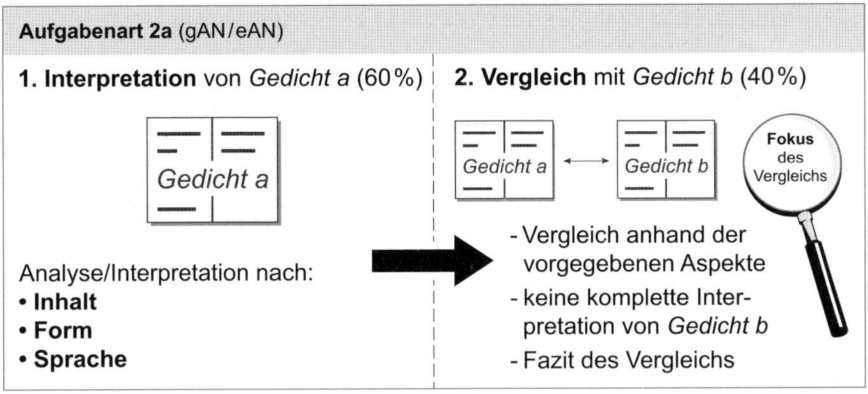

3.4 Textinterpretation Kurzprosa (gAN/eAN)

Bei dieser Aufgabenart müssen Sie die vorgegebenen kurzen Prosatexte interpretieren, indem Sie in einer prägnanten **Darstellung der Thematik, der Textsorte, des Inhalts und der Textabsicht** zeigen, dass Sie den Text verstanden haben. In der folgenden Interpretation werden Aussagen zur Deutung des Textes verbunden mit **Beobachtungen zur erzähltechnischen und sprachlichen Gestaltung**. Ratsam ist hierbei eine sichere Kenntnis der **Charakteristika der epischen Kleinformen** (Kurzgeschichte, Erzählung, Novelle, Märchen etc.). Nicht zuletzt sollten Sie den jeweiligen Text **in seinen literaturhistorischen Kontext einordnen**, indem Sie besondere Kennzeichen einer Epoche bzw. einer Strömung nachweisen. In der Aufgabenstellung wird ein **Fokus vorgegeben**, den es bei der Interpretation zu berücksichtigen gilt. Ihre Ausführungen sollen sich aber nicht ausschließlich auf diesen Aspekt beziehen, sondern darüber hinausgehend den Text in seiner Gesamtheit betrachten.

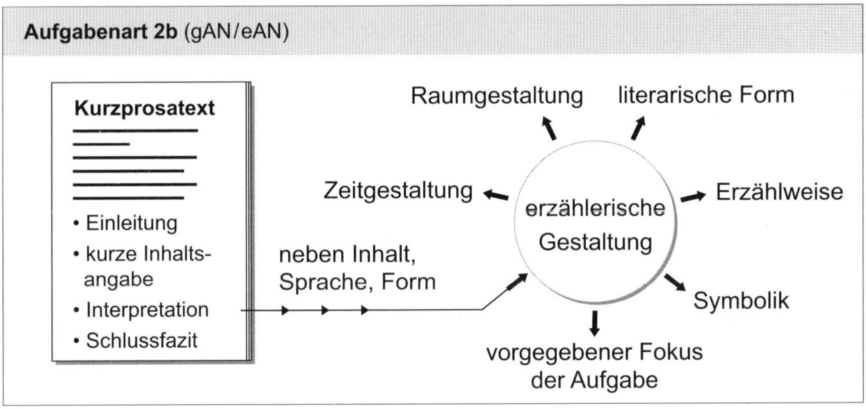

3.5 Texterörterung oder Textanalyse (nicht fiktionaler Text, gAN/eAN)

Vorgegeben wird ein nicht fiktionaler Text bzw. ein Textauszug aus einem größeren (essayistischen, philosophischen, wissenschaftlichen) Werk. Die – weit häufiger vorkommenden – eigenständigen Textvorlagen, die unter Umständen gekürzt sein können, sind zumeist Zeitungen oder Zeitschriften entnommen.
Das breite Themenspektrum hat zur Folge, dass Sie sich auf der Inhaltsebene nicht gezielt vorbereiten, sondern allein die für die Aufsatzformen des Erörterns und Analysierens **notwendigen Methoden einüben** können. Überblickt man die Aufgaben der letzten Jahre, so lässt sich allerdings eine gewisse inhaltliche Eingrenzung vornehmen. In der Regel behandeln die ausgewählten Texte **aktuelle gesellschaftliche Probleme,** die in übergreifende (historische, kulturelle, philosophische) Perspektiven gerückt werden. Im Themenbereich Erörterung weisen alle Texte einen Bezug zur **Berufswelt** auf.

Erörterung: Die erste Teilaufgabe verlangt eine Darstellung des Argumentationsgangs des Textes und der Intention des Autors oder der Autorin (40 % im gAN, 30 % im eAN). Der Schwerpunkt liegt auf der Erörterung einer Problemstellung in der zweiten Teilaufgabe (60 % im gAN, 70 % im eAN). Dabei sollen sich Ihre Argumente im gAN hauptsächlich auf die im Text getätigten Aussagen beziehen. Im eAN wird verlangt, dass Sie über die im Text angesprochenen Punkte hinausdenken. Bringen Sie **eigene Argumente** vor und stützen Sie diese durch **Beispiele**, um dann zuletzt ein schlüssiges Fazit zu ziehen.

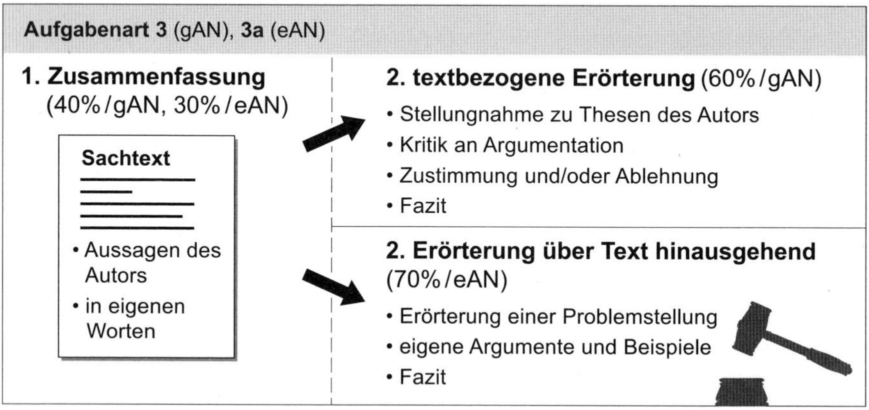

Analyse: Der Schwerpunkt liegt auf der Auseinandersetzung mit dem Text (80 % im gAN, 70 % im eAN). In der Aufgabenstellung werden in der Regel Bereiche aufgeführt, die Sie in Ihrer Ausarbeitung berücksichtigen sollen. Häufig sind dies der **Gedankengang/Argumentationsgang** und die **sprachlich-stilistische Gestaltung** des Textes sowie die **Intention** des Autors oder der Autorin. Eine einleitende Zusammenfassung des Textes in eigenen Worten wird ebenfalls erwartet, aber nicht explizit in der Aufgabenstallung erwähnt. Zudem ist eine eigene Stellungnahme oder Beurteilung gefordert, die 20 % (gAN) bzw. 30 % (eAN) der Gesamtaufgabe ausmacht. Hier sollten

Sie auch auf eigene Erfahrungen und Kenntnisse zurückgreifen. Im eAN kann an dieser Stelle themenspezifisches Wissen aus dem Unterricht explizit verlangt werden, z. B. zu Kommunikationsstrategien.

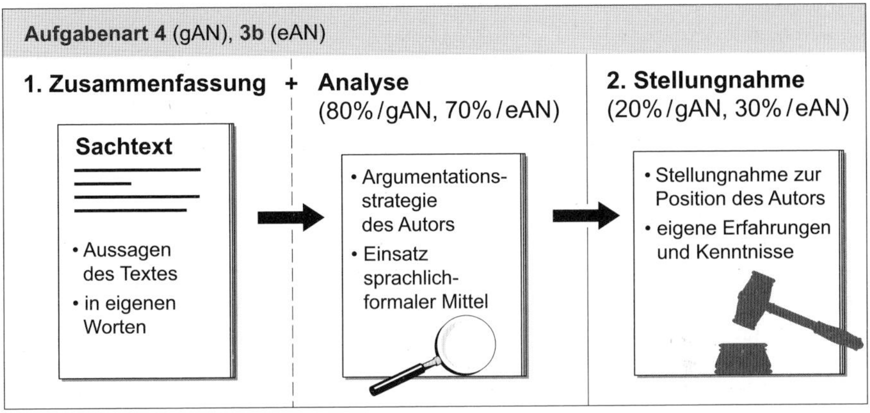

3.6 Essay (eAN)

Sie erhalten eine Zusammenstellung unterschiedlicher Informationen zu einem übergreifenden Thema. Im Allgemeinen umfasst dieses **Dossier** nicht mehr als vier Textseiten mit circa fünf unterschiedlichen Materialien. Im Dossier sind neben üblichen Texten, wie z. B. Berichten, Interviews, Reden, Kommentaren, auch sogenannte nichtkontinuierliche Texte enthalten, z. B. Grafiken, Karikaturen, Statistiken. Das Dossier kann auch literarische Texte enthalten, mit denen kulturelle und geschichtliche Akzente gesetzt werden können.

Die Aufgabenstellung verlangt im ersten Schritt von Ihnen, von drei bis vier dieser Materialien **Abstracts** anzufertigen. Hierbei handelt es sich um Kurzzusammenfassungen, die möglichst präzise und objektiv einen Überblick über ein Dokument geben. Das Thema, die Fragestellung oder Perspektive, unter der es im Material betrachtet wird, und das Ergebnis der jeweiligen Untersuchung oder Darstellung müssen darin festgehalten werden. Die Abstracts fließen mit circa 30 % in die Bewertung der Gesamtaufgabe ein.

Aufgrund der Informationen, die aus den Texten gewonnen und in den Abstracts zusammengetragen wurden, und **aufgrund Ihrer eigenen Erkenntnisse und Erfahrungen** sollen Sie in einem Essay **Ihre Position zu einem Thema** darlegen. Es bleibt Ihnen freigestellt, wie Sie die Verknüpfung zwischen Dossier und Essay herstellen, z. B. über Zitate, Paraphrasen, Anspielungen, Wertungen eines Gedankens oder über einen Teilaspekt eines Themas. Der Essay macht etwa 70 % der Gesamtaufgabe aus (sh. Schaubild S. 12).

Aufgabenart 4 (eAN)

Material auswerten	1. Abstracts verfassen (30 %)	2. Essay verfassen (70 %)
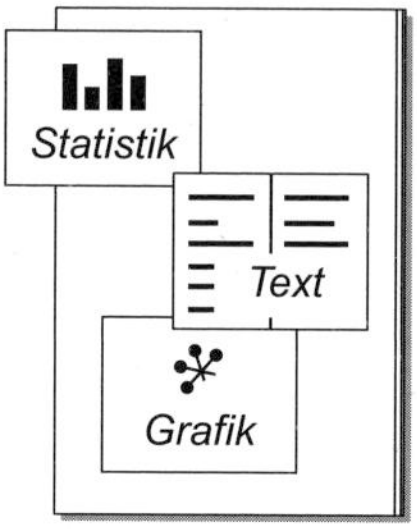	**Abstracts** (3–4) • kurze Inhaltszusammenfassung • Verfasser • Hauptgedanken • wichtige Einzelheiten • Intention	**Essay** • Aspekte des Themas • Gedankenspaziergang • Mischform • stilistische Vielfalt • unterhaltsam

Tipps zur Arbeit mit Texten

Jeder gelungene Aufsatz entsteht aus einem Zusammenspiel von genauem Eingehen auf die Aufgabenstellung und individuellem Zugang, also der Fähigkeit, den Text „zum Sprechen" zu bringen. Für die Prüfungssituation ist es wichtig, über ein **Repertoire an Fragen** zu verfügen, mit denen man an literarische Texte herangeht.

Interpretation einer dramatischen Szene

- Wie sieht die Kommunikationssituation aus und wie sind die Redeanteile verteilt?
- Welche Spannung liegt in der Szene? Wie spitzt sich die Auseinandersetzung zu?
- Gibt es einen Höhe- und Wendepunkt? Wo liegt er?
- Welche Rolle spielt der Schauplatz und eventuell ein Requisit oder eine Geste?
- Tragen die Regieanmerkungen zum Verständnis bei?
- Was bleibt hinter dem gesprochenen Wort unausgesprochen und ist mitzudenken und lässt uns ahnen, wie es in der Figur wirklich aussieht und was sie vielleicht plant?
- Welchen Platz und welche Funktion hat die Szene im Handlungszusammenhang?

Gedichtinterpretation

- Bei Gedichten sollten Sie nicht mechanisch das Metrum bestimmen, wenn Sie nicht wissen, was es ausdrückt und bewirkt.
- Aus welcher Perspektive wird im Gedicht gesprochen?
- Was entwickelt sich vom ersten bis zum letzten Vers?
- Ergibt sich eher fließend ein Erlebniszusammenhang mit einer spürbaren Atmosphäre? Oder ist es ein eher spröder, intellektuell gedachter und gebauter Text, durchsetzt von Konjunktionen, Einsprüchen und Antithesen?
- Welche Versgruppen gehören zusammen?
- Gibt es ein zentrales Motiv? Inwieweit wandelt es sich gegebenenfalls?
- Was ist mit dem Ich, das implizit oder explizit sich und seine Sicht der Welt zum Ausdruck bringt? Wie spricht es? Welche Sprache wählt es?
- Wie unterstützt die formale Gestaltung die Aussage?

Sie sollten hinhören und überlegen, wie das Gedicht wirkt, und untersuchen, wodurch diese Wirkung zustande kommt. In der ersten halben Stunde einer Gedichtinterpretation sollten Sie den Text auf sich wirken lassen, Fragen sammeln und noch nicht losschreiben. Und noch etwas: Wie das eine oder andere letztlich zu verstehen ist, ist nicht immer eindeutig zu entscheiden: Gedichte haben einen offenen Deutungsraum. Die Interpretation muss daher nach Plausibilität streben, indem sie sich nahe am Gedicht bewegt und die Thesen durch konkrete Textbelege stützt.

Interpretation von epischen Texten

- Bei erzählender Literatur sollten Sie sich vor der Gefahr hüten, in der Fülle des Stoffes zu ertrinken und zu viel Inhaltliches zu rekonstruieren.
- Sie müssen meistens den Romanausschnitt erst im Romanganzen (im Kontext) verankern und eine Zusammenfassung geben, bevor Sie zur Untersuchung übergehen. Die Konzentration auf Wesentliches, auf den thematisierten Erzählstrang oder Aspekt und die Strukturierung der eigenen Darstellung sind besonders nötig.
- Entscheidend für das Verständnis ist es sehr oft, die Erzählperspektive und Haltung des Erzählers zu erkennen und zu deuten. Weiß er nicht mehr, als die einzelne Person wissen kann, erzählt er gleichsam aus ihr heraus personal? Oder überschaut er eine Welt? Oder verschwindet er ganz hinter einem erzählenden Ich? Hegt der Erzähler Sympathie für seine Helden oder bleibt er ironisch distanziert?
- Wird linear-chronologisch erzählt oder gebrochen in Zeitsplittern, Facetten, Vorwegnahmen und Rückblicken?
- Entsteht ein Abbild unserer Wirklichkeit, oder erscheint sie ins Artifizielle, Groteske, Absurde verfremdet?
- Welches Bild von der erzählten Zeit wird entworfen, mit welchen Fragen setzt sich der Autor in seinem Text auseinander?

Analyse von Sachtexten

- Bei Sachtexten ist es wichtig, Textsorte, Adressatenbezug und Kommunikationszusammenhang zu klären, denn oft reagieren Autoren auf bestimmte Situationen, greifen mit ihrem Beitrag in eine öffentliche Debatte ein oder lösen diese sogar aus. Bei der Wahl solcher Themen sollten Sie also etwas Hintergrundinformation haben.
- Entscheidend ist es, das zentrale Problem zu erfassen, die Intention des Autors aus der Fülle der Aussagen herauszuschälen und die wichtigsten Argumente zu finden, welche die vorgetragene Intention stützen.
- Bei Reden wäre zu fragen, ob überzeugend argumentiert oder ob eher überredet, manipuliert, verschleiert und mit Emotionalität und Suggestion Stimmung erzeugt wird. Aufschlussreich bei der Untersuchung von Reden ist es, nach Merkmalen zu suchen, die vielleicht eine Wir-Gruppe von einer Feind-Gruppe abgrenzen.
- Der Übergang zu literarischen Texten ist dann fließend, wenn die Autoren Dichter sind und in der Form des Essays schreiben.
- Bei Glossen und Polemiken kommt es sehr darauf an, Mittel der Ironie, der ironischen Übertreibung und Zuspitzung nicht zu überlesen.

Einen guten Eindruck macht es immer, wenn Sie korrekt **zitieren** können. Sie sollten nicht zu umfangreich zitieren oder dem Leser das Zitat kommentarlos präsentieren. Zitate, oft nur ein Satzfetzchen oder ein besonderes Wort, werden gewählt, weil sie aufschlussreich und vielsagend sind: Man muss also damit arbeiten, sie erläutern und kommentieren. Überhaupt ist es das A und O aller Interpretation, das Vorgefundene in die eigene Sprache zu überführen. Wer nur wiederholt, was der Autor sagt, bleibt erkenntnisblind. Die Anstrengung dagegen, Fremdes selbstständig in der eigenen Sprache wiederzugeben, wirft unwillkürlich Fragen auf und bedeutet damit den ersten Schritt zum Verständnis eines Textes.

Sehr ratsam ist es, über zentrale **Fachbegriffe** so zu verfügen, dass über Erzähltes und Dargestelltes präzise gesprochen werden kann. Sie sollten etwa schreiben können: „Die Peripetie erkenne ich in dem Moment, in dem …“ Oder: „Hier wird der Beziehungsaspekt wichtiger als der Inhalt.“ Oder: „In diesen Ellipsen, diesen Kurzsätzen ohne Prädikat, drückt sich aus, wie …“. Sehen Sie zu, dass Sie Wortarten, Satzteile und Nebensatztypen korrekt bezeichnen können. Üben Sie, die wichtigsten rhetorischen Figuren zu erkennen, die gestalteter Sprache ihre Wirkung verleihen.
(Eine wertvolle Hilfe bei der Prüfungsvorbereitung: Werner Winkler: Prüfungswissen Oberstufe. Stark Verlag 2017, Titel-Nr.: 94406; mit Übersicht zu rhetorischen Figuren.)

4 Anforderungsbereiche und Operatoren

4.1 Anforderungsbereiche (AFB)

In den „Bildungsstandards im Fach Deutsch für die Allgemeine Hochschulreife“ werden **drei Anforderungsbereiche** definiert, die sich in jeder Aufgabe – in jeweils leicht variierenden Anteilen – wiederfinden. Die einzelnen Bereiche bauen aufeinander auf und verlangen von Ihnen einen zunehmenden Grad an Abstraktionsfähigkeit und Problemlösungsvermögen. In jedem Bereich gilt es, eine Verstehensleistung, eine Argumentationsleistung und eine Darstellungsleistung zu erbringen.

- **Anforderungsbereich I** betrifft die **Reproduktion:** die Wiedergabe von gelernten Sachverhalten sowie die wiederholende Zusammenfassung, die sehr oft in Teilaufgabe 1 der Abiturprüfung verlangt ist. Der im Unterricht erarbeitete Hintergrund an Lektüre- und Faktenwissen, fachspezifische Arbeitstechniken, Methoden der Texterschließung sowie Darstellungstechniken sollen zum Einsatz gebracht werden.
- **Anforderungsbereich II** zielt auf die Anwendung erworbener Arbeitsweisen, auf **Reorganisation von Bekanntem und Transferleistungen.** Entsprechende Aufgaben verlangen von Ihnen ein selbstständiges Auswählen, Ordnen, Erläutern, Interpretieren oder Vergleichen. Es wird eine eigenständige, argumentativ begründete Interpretation bzw. Erörterung erwartet, die zeigt, dass Sie in der Lage sind, Gelerntes auch auf unbekannte Zusammenhänge anzuwenden. Auf dem AFB II liegt in der Abiturprüfung das Hauptgewicht.
- **Anforderungsbereich III** betrifft die gedankliche Selbstständigkeit der Leistung: Hier müssen Sachverhalte und Zusammenhänge eigenständig ausgewertet, durchdacht und begründet beurteilt werden. Sie sollen zu einer differenzierten und kritischen Wertung von Texten und Sachverhalten gelangen und Ihre Fähigkeit zur **Reflexion und Problemlösung** beweisen.

4.2 Operatoren

Operatoren sind Arbeitsanweisungen. Sie machen deutlich, welche Art von Aufgabenstellung gemeint ist, lassen sich den einzelnen Anforderungsbereichen zuordnen und geben einen Hinweis auf das Niveau der entsprechenden Aufgabe. Durch ihre konkreten Vorgaben dienen Operatoren sowohl dazu, Arbeitsaufträge eindeutig zu formulieren und voneinander abzugrenzen, als auch einheitliche Bewertungs- und Korrekturmaßstäbe zu setzen. Die folgende Operatorenliste entspricht den als Anhang zu den „Bildungsstandards im Fach Deutsch für die Allgemeine Hochschulreife“ veröffentlichten Musteraufgaben für die schriftliche Abiturprüfung.

Anforderungsbereich I (Reproduktion)		
beschreiben	Hier sollen Sie eine genaue und sachliche, auf Erklärung und Wertung verzichtende Darstellung von Personen, Situationen, Vorgängen, Formmerkmalen usw. geben.	*Beschreiben Sie den Verlauf des Dialogs.*
darstellen / darlegen	Sie haben die Aufgabe, einen Zusammenhang, eine Entwicklung, eine methodische Entscheidung (des Autors) sachbezogen und objektiv zu formulieren.	*Stellen Sie die Wirkungsabsicht dar, die der Autor mit seinem Text verfolgt.*
wiedergeben	Sie sollen Informationen aus dem vorliegenden Text zusammenfassend in eigenen Worten präsentieren.	*Geben Sie die Hauptgedanken der Rede wieder.*
zusammenfassen	Es wird von Ihnen erwartet, dass Sie Inhalte, Aussagen, Zusammenhänge strukturiert und komprimiert wiedergeben.	*Fassen Sie den Gang der Argumentation im vorliegenden Zeitungsartikel zusammen.*

Anforderungsbereich II (Reorganisation und Transfer)		
untersuchen, erschließen	Hier müssen Sie einen Text in Einzelheiten des Inhalts und der Form zerlegen sowie einzelne Textaspekte und Textelemente für sich und in ihrer Wechselbeziehung systematisch betrachten.	*Untersuchen Sie, inwiefern die rhetorischen Mittel die Aussageabsicht verstärken. Erschließen Sie die Motive der Figur anhand ihres Gesprächsverhaltens.*
einordnen	Einzelne Textelemente – in der Regel der vorgegebene Textauszug – werden unter Berücksichtigung ihrer Bedeutung und Funktion in einen Gesamtzusammenhang (z. B. Akt, Kapitel, Werk) gestellt.	*Ordnen Sie die vorliegende Szene in den Handlungszusammenhang des ersten Aktes ein.*
vergleichen	Sie sollen Texte, Figuren, Sachverhalte und Problemstellungen unter vorgegebenen oder selbst gewählten Aspekten einander gegenüberstellen und Gemeinsamkeiten sowie Unterschiede feststellen.	*Untersuchen Sie in einer vergleichenden Betrachtung das Rollenverhalten von Walter Faber in Max Frischs Roman und das von Georg Danton in Büchners Drama.*
erklären	Hier müssen Sie Textaussagen und Sachverhalte in einen Begründungszusammenhang stellen und zu Schlussfolgerungen kommen.	*Erklären Sie die in dieser Stellungnahme zum Ausdruck kommende Einschätzung des Romans.*

erläutern	„Erläutern" entspricht „erklären", enthält jedoch den zusätzlichen Aspekt, dass Sie Ihre Ergebnisse durch Zusatzinformationen und Beispiele veranschaulichen und einsichtig machen sollen.	*Erläutern Sie diese Einschätzung des Romans vor dem Hintergrund Ihrer Lektüreerfahrungen.*
heraus-arbeiten	Hier geht es darum, Strukturen, Leitgedanken, Strategien usw. aus einem Textganzen herauszulösen und in textbezogener Vorgehensweise sowie unter Konzentration auf das Wesentliche darzustellen.	*Arbeiten Sie die rhetorische und sprachliche Gestaltung des Leitartikels heraus.*

Anforderungsbereich III (Reflexion und Problemlösung)		
beurteilen	Sie müssen zu einem Text oder zu einem Sachverhalt zu einem selbstständigen, begründeten Sachurteil gelangen, und zwar nicht gestützt auf subjektive Werte, sondern auf fachliches Wissen.	*Beurteilen Sie den Lösungsvorschlag, den der Verfasser im vorliegenden Text entwickelt.*
bewerten	Es wird von Ihnen erwartet, dass Sie zu einem Sachverhalt, Text oder Problem selbstständig Stellung nehmen und ihn unter Bezugnahme auf eine Wertordnung angemessen beurteilen.	*Bewerten Sie den Lösungsvorschlag des Verfassers vor dem Hintergrund Ihrer eigenen Erfahrungen mit der Problematik.*
(kritisch) Stellung nehmen	Hier geht es darum, die Einschätzung einer Problemstellung, eines Sachverhaltes, einer Wertung auf der Grundlage fachlicher Kenntnis und Einsicht nach kritischer Prüfung und Abwägung zu formulieren.	*Nehmen Sie Stellung zu der zentralen These des Autors, der zufolge Computerspiele die Gewaltbereitschaft bei Jugendlichen fördern.*
begründen	Es ist wichtig, dass Sie ein Analyseergebnis, Urteil, eine Einschätzung, eine Wertung fachlich und sachlich absichern (durch einen entsprechenden Beleg, Beispiele, Argumente).	*Nehmen Sie Stellung zum Thema „Computerspiele und Gewalt" und begründen Sie Ihre Auffassung.*
prüfen, überprüfen	Hier müssen Sie eine Auffassung, eine Argumentation, ein Ergebnis usw. auf ihre/seine Schlüssigkeit, Gültigkeit, Berechtigung hin unter Bezugnahme auf Kriterien untersuchen.	*Arbeiten Sie die Kernthesen des Autors heraus und überprüfen Sie ihre Gültigkeit.*

sich auseinandersetzen mit	Sie sollen zu einer (fachlichen) Problemstellung oder These eine Argumentation entwickeln, die zu einem begründeten und nachvollziehbaren Ergebnis führt. Es handelt sich um eine offene, auf die Breite des thematischen Spektrums ausgerichtete Form des Erörterns, die Sachverhalte skizziert, Ursachen und Folgen reflektiert.	*Setzen Sie sich mit den Schlussfolgerungen, zu denen der Autor kommt, auseinander.*
analysieren, interpretieren	**Literarische Texte:** Texterfassung, Textbeschreibung, Textdeutung (unter Berücksichtigung des Wechselbezuges von Textstrukturen, Funktionen und Intentionen, Erfassen zentraler strukturbildender, genretypischer, syntaktischer, semantischer und rhetorischer Elemente und ihrer Funktionen für das Textganze), kritische Reflexion und ggf. Wertung.	*Interpretieren Sie das vorliegende Gedicht.* *Interpretieren Sie beide Gedichte im Vergleich.* *Interpretieren Sie den Dialog, und achten Sie dabei insbesondere auf die szenische und sprachliche Gestaltung.*
	Sachtexte: Texterfassung, Textbeschreibung, Textuntersuchung (Zusammenhang von Textstruktur und Textintention, strukturbildende semantische, syntaktische Elemente unter Berücksichtigung der sprachlichen Funktion); Erfassen der pragmatischen Struktur des Textes unter besonderer Berücksichtigung der Argumentationsweise; Erkennen und ggf. Beurteilen des Zusammenspiels von Struktur, Intention und Wirkung im Rahmen des historischen und aktuellen Verstehenshorizontes.	*Analysieren Sie die vorliegende Rede, und achten Sie dabei insbesondere auf Merkmale und Funktion der rhetorischen Gestaltung.* *Analysieren Sie den vorliegenden Textauszug; berücksichtigen Sie dabei insbesondere die Wirkungsstrategie des Autors.*
erörtern	Es wird von Ihnen erwartet, dass Sie eine These, eine Problemstellung oder eine Argumentation in schlussfolgernder Abwägung des Für und Wider und unter Berücksichtigung verschiedener Perspektiven überprüfen sowie ein begründetes Urteil fällen, ggf. auch Schlussfolgerungen ziehen und Lösungsperspektiven entwickeln.	*Erörtern Sie, ausgehend von der Argumentation des Verfassers, die Notwendigkeit von Sprachförderkonzepten.* *Erörtern Sie die Frage, ob Kleists Drama als Komödie oder Tragödie inszeniert werden sollte.*

5.1 Praktische Tipps

Die **Wahl der Aufgabe** sollte sorgfältig getroffen werden, denn von der „richtigen" Aufgabe hängt ganz wesentlich der Erfolg der Arbeit ab. Deshalb sollten Sie nicht nur die Textvorlage, sondern auch die Aufgabenstellung genau lesen und für sich selbst folgende Fragen beantworten:

- Was genau wird verlangt: Reproduktion, Erarbeitung, Beurteilung, Stellungnahme, Vergleich, Eigengestaltung?
- Welches ist die Schwerpunktaufgabe? Liegt sie mir?
- Welche Aufgabe fordert mich heraus? Wo kann ich meine Stärken einbringen?
- Ausschlaggebend sollte nicht die vermeintliche Leichtigkeit einer Aufgabe sein, sondern die Möglichkeit, sie auf ergiebige und gehaltvolle Weise zu lösen. Auch die Gelegenheit, Kenntnisse aus dem Unterricht einzubringen, ist ein Aspekt bei der Entscheidungsfindung.

Grundsätzlich werden Leistungen in zwei Aufgabenbereichen gefordert: bei der **Reproduktion** und der **Erarbeitung**.

- Zum ersten Typus gehört alles, was Sie sozusagen im Kopf haben sollten, wenn Sie den Prüfungsraum betreten: Wissen um Gattungen, Epochen, Autoren, Stoffe, Werke – das Hintergrundwissen, das für jede Bearbeitung und Einordnung nötig ist. Sie sollten es parat haben und nur noch entscheiden, was davon im jeweiligen Zusammenhang relevant ist.
- Bei dem Erarbeitungsteil liegt das Wissen noch nicht bereit, es ist mithilfe geeigneter Methoden erst noch zu erschließen. Das ist natürlich arbeits- und zeitaufwendiger als das Reproduzieren. Erarbeitungsaufgaben sind daher immer Schwerpunktaufgaben.

Ist die Entscheidung gefallen, sollten Sie möglichst nicht mehr wechseln, denn das wäre verschenkte Zeit. Eine grobe **Zeitplanung** ist immer hilfreich. Die 240 bzw. 300 Minuten Bearbeitungszeit entsprechen knapp fünfeinhalb bzw. gut sechseinhalb Schulstunden. Es liegt also nahe, eine Grobplanung im 45-Minuten-Takt vorzunehmen. Bei Analyseaufgaben könnten Sie zum Beispiel zwei bzw. zweieinhalb Unterrichtsstunden für die Konzeptphase ansetzen – Textmarkierungen, Skizzen, Aufsatzgliederung, Disposition, Ausformulierung von Kern- und Gelenkstellen –, etwa eineinhalb bzw. zwei Stunden für die Reinschrift und eine Stunde für die Durchsicht und Feinkorrektur. Damit wären etwa viereinhalb bis fünfeinhalb Stunden verplant, sodass abzüglich der Pausen noch ein Puffer von einer knappen Unterrichtsstunde bleibt. Pausen sollten Sie erst nach Beendigung eines Arbeitsganges einlegen, im Idealfall erst vor der Reinschrift.

5.2 Hinweise zu den Bewertungskriterien

Bei der Bepunktung werden folgende Bewertungskategorien berücksichtigt:

- inhaltliche Leistung,
- methodische Leistung,
- sprachliche Leistung/Darstellungsleistung.

Besonders viel Gewicht wird in der Bewertung darauf gelegt, dass Ihre Ausfertigung

- sachlich richtig ist,
- Ihre Aussagen folgerichtig und begründet sind,
- Ihre Arbeit einen bestimmten Grad an Selbstständigkeit, z. B. in der Entwicklung von Gedankengängen, aufweist,
- über einen klaren Aufbau und eine klare Sprache verfügt,
- eine Sicherheit im Umgang mit der Fachsprache und den Methoden aufzeigt und
- sprachlich richtig und in ihrer äußeren Form angemessen ist.

Hinweise und Tipps zur mündlichen Abiturprüfung

1 Allgemeines

Im Normalfall gibt es im fünften Abiturfach eine mündliche Abiturprüfung. Unter bestimmten Bedingungen kann stattdessen eine besondere Lernleistung gewertet werden, beispielsweise die Teilnahme an einem Seminarkurs. Im ersten bis vierten Fach sind weitere mündliche Prüfungen zusätzlich zur schriftlichen Prüfung möglich, wenn Sie sich freiwillig dafür melden, um Ihren Abiturdurchschnitt zu verbessern, oder der bzw. die Prüfungsvorsitzende eine Zusatzprüfung für Sie ansetzt.
Die mündliche **Prüfung** beginnt mit einer **Einstiegsaufgabe**, für deren Bearbeitung Ihnen im Vorbereitungsraum 20 Minuten zur Verfügung stehen. Zu Beginn der **Vorbereitungszeit** erhalten Sie die Aufgabenstellung, die aus einer oder mehreren Teilaufgaben bestehen kann. Während der Prüfung können Sie sich auf die zusammen mit der Aufgabe ausgehändigten Materialien sowie auf Ihre stichwortartigen Aufzeichnungen stützen.
Die Kürze der Vorbereitungszeit schließt aus, dass Sie Ihre Lösung schriftlich ausformulieren; vielmehr ist es, ähnlich wie bei der Sichtungsphase in der Klausur, notwendig, Ihre mündlichen Ausführungen durch sinnvolles Markieren und knappe Anmerkungen vorzubereiten.
Ausgehend von der Einstiegsaufgabe entwickelt sich das **Prüfungsgespräch**, in dem Ihr Hintergrundwissen und Ihre Fähigkeit, größere fachliche und sachliche Zusammenhänge zu erschließen, überprüft werden. Die Fragen können sich dabei auf die Inhalte aller vier Halbjahre beziehen. Die gesamte Prüfung dauert 20 Minuten. Wie sich die Zeit auf die Einstiegsaufgabe und die weiteren Fragen aufteilt, hängt davon ab, wie lange Sie über die vorbereitete Aufgabe sprechen und welche Rückfragen zum Einstiegsthema die Prüfer*innen haben.

2 Die vorbereitete Einstiegsaufgabe

Die größten Schwierigkeiten bei der mündlichen Abiturprüfung liegen erfahrungsgemäß im ersten Teil, also der vorbereiteten Aufgabe. Da es für lange mündliche Darstellungen kaum echte Übungsmöglichkeiten im Unterricht gibt, zumindest nicht für jeden Einzelnen, fehlt es weitgehend an konkreten Vorerfahrungen; daher im Folgenden einige Tipps, wie Sie sich auf diese Prüfungssituation vorbereiten können.

Tipps für die 20-minütige Vorbereitung

- Themenstellung: Was ist die Zielrichtung der geforderten Bearbeitung?
- Operatoren: Welche konkreten Anforderungen werden gestellt? Bei Mehrteiligkeit: Welche Gliederungshilfe bieten die Teilaufgaben? Welcher Aufgabe kommt das größte Gewicht zu?
- Einstieg: Mit welcher Einführung leiten Sie Ihre Darstellung schnell und stringent zum Kern der Aufgabenstellung?
- Texte: Fachbegriffe an den Rand schreiben, Quellen-Anmerkungen ergänzen, Stichworte für die mündlichen Ausführungen festlegen; wichtige Zitatstellen markieren.
- Gliederung: Nummerieren Sie Ihre Markierungen, damit Sie Ihre Darstellung anhand dieser Reihenfolge gestalten können.
- Grobstruktur: Nennung der Aufgabenstellung – Einleitung – Bearbeitung der Teilaufgaben – Schlussteil.

Tipps für die mündliche Darstellung Ihrer Lösung

- Nutzen Sie Ihre in der Vorbereitungszeit notierten Anmerkungen als Leitfaden.
- Sprechen Sie möglichst frei, klammern Sie sich nicht an Ihr Konzept.
- Sprechen Sie deutlich, hinreichend laut und nicht zu schnell.
- Vermeiden Sie sowohl Endlossätze als auch Aneinanderreihungen und monotone Satzanfänge („Und … und … und …“).
- Verwenden Sie die Fachsprache, um zu zeigen, dass Sie Ihr Metier beherrschen.
- Zitate/Textbelege: Verdeutlichen Sie, woher Sie Ihre Aussagen beziehen, indem Sie Kernstellen mit Zeilenhinweisen anführen.
- Ein gelegentlicher Blickkontakt zu Ihrem Prüfer oder den übrigen Beisitzern zeugt von einem souveränen Umgang mit der Situation und den Kommunikationsregeln.
- Bewegen Sie sich auf einer einheitlichen Sprachebene und vergegenwärtigen Sie sich, dass die Adressaten Deutschlehrer*innen, also Fachleute sind.
- Der Prüfer kann Ihre Ausführungen durch Rückfragen unterbrechen. Lassen Sie sich davon nicht irritieren.

Sie können diesen ersten Teil der mündlichen Prüfung üben, indem Sie Arbeitsaufträge aus diesem Band zugrunde legen, die Vorbereitungszeit exakt einhalten und zwei Kursmitglieder als fiktive Prüfungskommission hinzuziehen. Lassen Sie sich anschließend begründet darlegen, ob Ihre Darstellung sprachlich und inhaltlich verstanden wurde. Ebenso können Sie natürlich in der Familie oder im Freundeskreis das Referieren üben oder zu diesem Zweck Ihren Monolog aufnehmen und selbst überprüfen.

3 Das weitere Prüfungsgespräch

Im Prüfungsgespräch stehen die abiturrelevanten Themen im Vordergrund, die nicht Gegenstand der vorbereiteten Aufgabe waren. Zunächst hakt der Prüfer eventuell noch zu Ihren Ausführungen aus dem ersten Teil nach. Anschließend stellt er meist durch eine kurze Überleitung einen Zusammenhang zwischen der Einstiegsaufgabe und dem nächsten Thema her; das gibt auch Ihnen die Gelegenheit, an bereits Gesagtes anzuknüpfen. Sie sollten sich dabei aber nicht wiederholen oder gar den Eindruck erwecken, dass Sie der eigentlichen Frage ausweichen wollen.
Im weiteren Verlauf sollen Sie Ihre Kommunikationskompetenzen im Rahmen eines Fachgespräches unter Beweis stellen: Zeigen Sie sich also als gewandter Gesprächspartner, der adressatengerecht und sachkundig die Fragen und Impulse aufgreift und möglichst selbstständig und ergiebig damit umgeht.

Tipps für das Prüfungsgespräch

- **Sprechanteil:** Je eigenständiger und umfassender Sie mit den Fragen und Impulsen umgehen, desto besser! Geben Sie keine Kurzantworten, führen Sie länger aus.
- **Erfassen der Frageintention:** Achten Sie auf die Operatoren und auf fachliche Kernbegriffe! Führen Sie sinnvolle Beispiele oder Vergleiche aus dem Unterricht an, zeigen Sie Ihr Hintergrund- und Allgemeinwissen. Aber schweifen Sie nicht ab, bleiben Sie beim Thema.
- **Gesprächsaufbau durch den Prüfer:** In der Regel gestaltet der Prüfer ein solches Gespräch nach dem Prinzip „Vom Einfachen zum Schwierigen, vom Einzelfallbeispiel zum Allgemeinen/Modellhaften“.
  Wenn Sie einen Bezug zu einer Ihnen passend erscheinenden Theorie oder zu einem aus dem Unterricht bekannten Beispiel selbst herstellen können: Tun Sie dies!
- **Unterrichtsbezüge:** Hintergrund aller Fragen und Impulse ist das aus dem Unterricht Bekannte. Stellen Sie also dort nach Möglichkeit über das gerade angesprochene Einzelbeispiel hinaus Vergleiche zu dem im Unterricht Behandelten an, weisen Sie auf Gemeinsamkeiten oder auch auf Unterschiede hin. Machen Sie somit deutlich, dass Sie den Gesprächsgegenstand aus dem Prüfungsgespräch in größere Zusammenhänge einordnen können.
- **Verständnisproblem:** Sollten Sie mit einer Frage einmal nichts anfangen können: Verlieren Sie keine Zeit, bitten Sie um eine kurze ergänzende Erläuterung.
- **Unterbrechungen:** Lassen Sie sich nicht irritieren. Der Prüfer möchte Ihnen entweder zurück auf den Haupt(frage)weg helfen oder den Themenschwerpunkt wechseln, was vielleicht nur daran liegt, dass die Prüfungszeit allmählich knapp wird: Werten Sie solche Unterbrechungen in jedem Fall als für Sie günstig und hilfreich.
- **Mimik und Gestik:** Lassen Sie sich nicht durch Äußerlichkeiten irritieren. Die Prüfer werden sich bemühen, eine neutrale Atmosphäre herzustellen. Wenn das Prüfungsgespräch beispielsweise weniger persönlich verläuft als eine normale Unterrichtsstunde, ist das kein beunruhigendes Zeichen.

Überblick über die Pflichtlektüren

1 Georg Büchner: „Woyzeck" (1879)

1.1 Inhalt

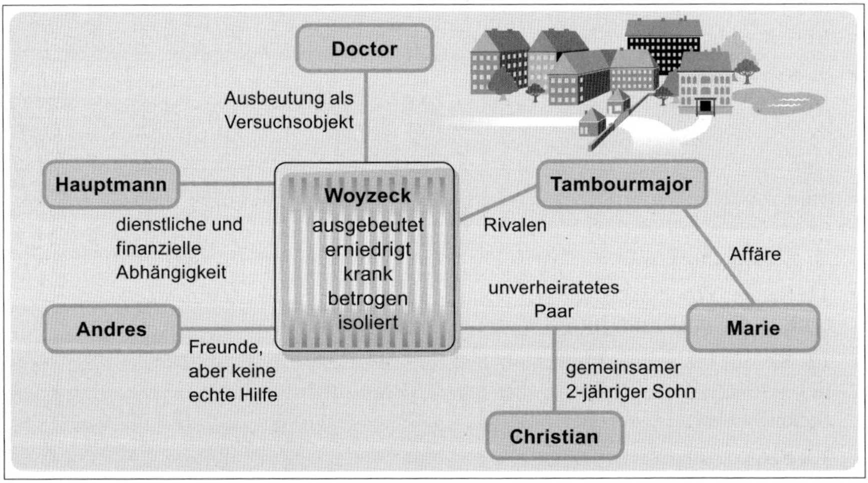

Dramenfragment mit 27 Szenen

- **1. Szene, Freies Feld. Die Stadt in der Ferne:** einfache Soldaten Woyzeck und Andres beim Schneiden von Stöcken → Woyzecks **Wahnvorstellung**, dass sie sich an einer Hinrichtungsstätte der Freimaurer befänden und der Boden unter ihnen hohl sei; Wahrnehmung von Stimmen und Zeichen am Himmel
- **2. Szene, In der Stadt:** Tambourmajor mit Militärkapelle an Maries offenem Fenster vorbei: Marie mit ihrem kleinen Jungen auf dem Arm; Streit mit der Nachbarin Margareth wegen des Flirts mit dem attraktiven Tambourmajor; Besuch von Woyzeck: Schilderung seiner Wahnvorstellungen, zunehmende Sorge Maries um ihn

- **3. Szene, Buden. Lichter. Stadt:** Woyzeck und Marie auf dem Jahrmarkt; Vortrag des Ausrufers über die fließende **Grenze zwischen Mensch und Tier** → Marie im Blickfeld des Tambourmajors, gelangt mithilfe des Unteroffiziers zu Tambourmajor in die erste Reihe in der Jahrmarktsbude
- **4. Szene, Maries Kammer:** Marie betrachtet sich mit Ohrringen (Geschenk vom Tambourmajor) → beklagt Ungleichheit der Menschen, stellt ihre eigene Schönheit fest; Eintreten Woyzecks, dem beim Anblick der Ohrringe ein **Verdacht** kommt; Überreichen seines Wochenlohns, schlechtes Gewissen bei Marie
- **5. Szene, Zimmer:** Rasieren des Hauptmanns als Woyzecks Nebenverdienst; Woyzeck laut Hauptmann ein guter Mensch, ihm fehle aber Moral, was sein uneheliches Kind beweise → Woyzeck rechtfertigt sich mit der Liebe Gottes für alle Menschen und mit der Unmöglichkeit, als armer Mensch **moralisch** und tugendhaft zu leben
- **6. Szene, Gasse:** Flirt und Körperkontakt zwischen Tambourmajor und Marie
- **7. Szene, Gasse:** Konfrontation zwischen Marie und Woyzeck, der ihre Begegnung mit Tambourmajor beobachtet hat → abwehrende, gleichgültige Reaktion Maries
- **8. Szene, Labor des Doctors:** Ärger des Doctors, dass Woyzeck draußen „gepisst" hat, obwohl er wegen einer bezahlten Erbsendiät Urin abgeben muss → Gedanken des Doctors zur **Dominanz der Willensfreiheit** über tierische Natur; Woyzecks Bericht über „doppelte Natur" → begeisterter Doctor diagnostiziert **Psychose**
- **9. Szene, Straße:** Klagen des Hauptmanns über Hektik und seine **Melancholie**, Doctor fällt vernichtendes Urteil über körperlichen Zustand und Lebenserwartung des Hauptmanns; Erscheinen Woyzecks: Anspielungen des Hauptmanns auf Affäre zwischen Marie und Tambourmajor → Woyzeck davon tief getroffen und verstört
- **10. Szene, Der Hof des Professors:** Woyzeck als **Anschauungsobjekt** des Professors, der aus Erkenntnisinteresse Katze aus Fenster werfen will; Aufruf des Doctors an Studenten, Woyzeck zu betrachten (von vierteljähriger Erbsendiät **entkräftet**)
- **11. Szene, Wachstube:** Musik und Tanz nahe der Wachstube der Soldaten → Entschluss des misstrauischen Woyzeck, sich zu Menschenmenge zu begeben
- **12. Szene, Wirtshaus:** Marie und Tambourmajor beim gemeinsamen Tanz heimlich von Woyzeck beobachtet: **Wut** und **Eifersucht**, aber auch **Bewunderung** der Schönheit Maries; pseudophilosophische Predigt eines Handwerksburschen
- **13. Szene, Freies Feld:** Woyzeck vernimmt Stimmen im Boden und im Wind, die ihm befehlen, Marie zu erstechen
- **14. Szene, Zimmer in der Kaserne:** schlafloser Woyzeck hört weiterhin Stimmen
- **15. Szene, Wirtshaus: Protzerei** des Tambourmajors; Wortgefecht und Kampf zwischen Tambourmajor und Woyzeck → Niederlage Woyzecks, leise **Drohung**
- **16. Szene, Trödlerladen:** Kauf eines Messers durch Woyzeck
- **17. Szene, Maries Kammer: Schuldgefühle** Maries, aber unwillig, ihr Verhalten zu ändern → Suche nach Trost in der Bibel; Klage über Woyzecks Fernbleiben
- **18. Szene, Kaserne:** Woyzeck verschenkt seine Habseligkeiten an Andres, zieht eine ernüchternde Lebensbilanz und ignoriert Andres' medizinischen Ratschlag

- **19. Szene, Vor der Haustür:** Großmutters **Anti-Märchen** über ein armes Waisenkind mit Marie und mehreren Kindern als Zuhörern; Woyzecks barsche Aufforderung an die zögerliche Marie, mit ihm nach draußen zu kommen
- **20. Szene, Freies Feld:** Wunsch der verängstigten Marie, nach Hause zu gehen → Woyzeck ersticht Marie und flieht vor herannahenden Menschen in die Nacht
- **21. Szene, Freies Feld:** zwei Passanten als Zeugen des Mordes
- **22. Szene, Wirtshaus:** Unterhaltung des singenden, tanzenden Woyzeck mit Käthe, die Blutspuren an ihm entdeckt → Flucht vor misstrauischen Wirtshausgästen
- **23. Szene, Stadt:** Verbreitung der Nachricht unter zwei Kindern, dass die Leiche einer Frau gefunden wurde → viele Schaulustige eilen zum Tatort
- **24. Szene, Freies Feld:** Rückkehr Woyzecks an Tatort, um zurückgelassene Tatwaffe zu suchen; spöttische Fragen an Leiche → Flucht vor nahenden Menschen
- **25. Szene, Teich:** Versenken des Messers im Teich und Abwaschen der Blutflecken
- **26. Szene, Freies Feld:** Begutachtung von Maries Leiche durch eine vierköpfige Mordkommission: Freude über den „schönen" Mord
- **27. Szene, Stadt:** Woyzecks Versuch, seinen Sohn Christian zu liebkosen, der sich aber abwendet → Woyzeck bezahlt den Narren Karl dafür, seinen Sohn mitzunehmen und ihm einen Lebkuchen zu kaufen

1.2 Aufbau und Form

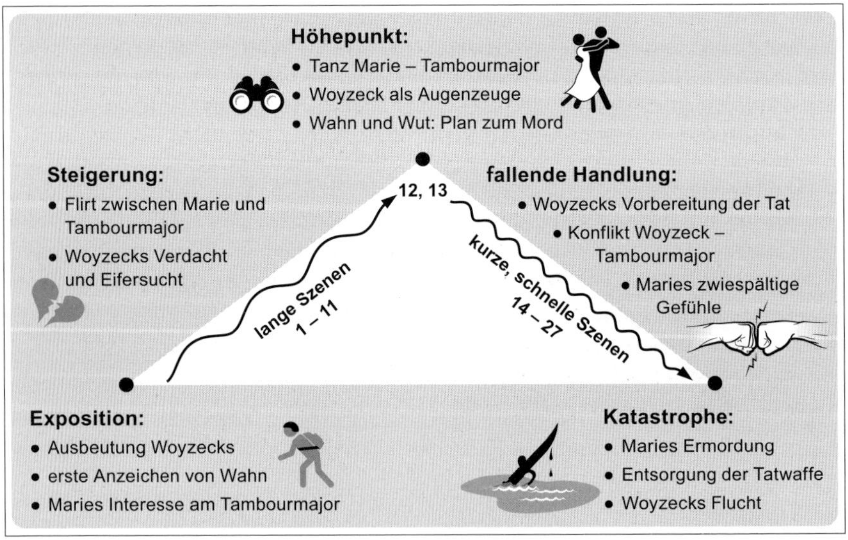

Struktur des Dramas

- Dramenfragment „Woyzeck" als unvollendetes Werk: **Szenenfolge nachträglich arrangiert** (anhand verschiedener Handschriften), keine Gliederung in Akte
- **kurze Szenen** = skizzenhafte Momentaufnahmen → **aneinandergereihte** Bilder, ab 12. Szene immer kürzer → zunehmende **Geschwindigkeit**, unvermeidbares Zulaufen auf Katastrophe
- **Zeitstruktur:** Handlungsdauer ca. **48 Stunden** → sehr gedrängt, simultane Szenen
- **Raumstruktur:** hessische Stadt (Dialekt); Räume als wichtige **Bedeutungsträger:**
  - **Räume der Enge: Maries Kammer** → bedrückende Existenz, **Woyzecks Kaserne** → Halluzinationen, Unruhe: notwendige Flucht nach draußen
  - **Räume der Öffentlichkeit:** für Marie Orte der **Freiheit** und des Vergnügens, aber auch ihres Todes → für Woyzeck Orte der **Demütigung** und **Verlorenheit**

  → Spiegelung der jeweiligen Befindlichkeit der Figur durch Räume
- „Woyzeck" galt lange als **Musterbeispiel des offenen Dramas:** revolutionäre Aufhebung der Einheit von Ort, Zeit und Handlung → **Gegenargumente:**
  - stimmiges Gesamtgeschehen: Handlung um Woyzecks zunehmende Psychose im Zusammenspiel mit Maries Affäre = sich **steigerndes Element**
  - **Verklammerung** der Szenen durch Motive („Messer", „schneiden"; „heiß", „kalt", Schwarz, Rot) → bedrohliche **Atmosphäre**, **Vorausdeutung** auf Ende

Sprache und Stil

- Zweiteilung des sprachlichen Codes im Drama → **schichtenspezifische Sprache**
- Sprache der **gesellschaftlichen Funktionsträger** (Hauptmann, Doctor):
  - Benennung durch Beruf bzw. Rang: keine echten Figuren, eher **Typen**
  - Sprache als Mittel zur **Herrschaftsausübung:** Lenken des Gesprächs, Erteilen von Befehlen, **Selbstdarstellung** (z. B. Melancholie des Hauptmanns)
  - **Hauptmann:** Hochwertbegriffe („moralisch") als Worthülsen für konfuse Argumentation (vorgetäuschte **Gutmütigkeit**, aber herablassend und schadenfroh)
  - **Doctor:** medizinisch-philosophische Fachbegriffe als rhetorischer Deckmantel für **zynische Menschenverachtung** (Mensch als Versuchsobjekt)
  - **Vortragscharakter** ihrer Äußerungen → Ungleichgewicht der Sprechanteile

  → keine kommunikative Hinwendung zu Mitmenschen (nur Er-Anrede an Woyzeck!), **keine Anteilnahme**, Festhalten am **Jargon**
- **Sprache der armen, einfachen Leute** als Opfer gesellschaftlicher Verhältnisse:
  - Benennung durch Namen: Woyzeck, Marie, Andres → Individuen, **Charaktere**
  - Sprache als **Ausdruck ihrer Notlage:** knapp, direkt, umgangssprachlich
  - Ellipsen, Satzabbrüche, Interjektionen → **Authentizität**, **Unbeholfenheit**, Not
  - **Dialoge:** aneinander vorbeireden → **sprachliche Isolation**
  - **Woyzeck: biblisch-apokalyptische Wendungen**, um seine psychotischen Erfahrungen mitzuteilen; oftmals grüblerisch-doppeldeutige Sprache → dennoch Fähigkeit zur klaren Formulierung (z. B. zum Verhältnis von Geld und Moral)

- **Marie: dinghaft-konkrete Sprache** als Mittel, ihre Lage zu beschreiben („ich bin nur ein arm Weibsbild."), ihr Begehren auszudrücken („Rühr mich an!") oder etwas zu leugnen („Und wenn auch.") → Sehnsucht nach besserem Leben
- **Bibelstellen, Volkslieder, Märchen:** wegen ungenügendem Ausdrucksvermögen der Figuren Rückgriff auf vorgeformte Versatzstücke (eigentlich gedacht als Trost/Sinnangebot) → in „Woyzeck" Betonung des pessimistischen Weltbildes (Anti-Märchen der Großmutter), Vorausdeutung (Märchen-Zitate des Narren)

Gattungsbestimmung und Epochenzugehörigkeit

- **Tragödie/bürgerliches Trauerspiel:** zwingendes Zulaufen auf die Schlusskatastrophe, ABER: Verstoß gegen alle Standeskriterien, da sog. vierter Stand („Proletariat") im Personal des Dramas
- erstes „**soziales Drama**": Konflikt bedingt durch soziale Umstände (Armut, Ausbeutung, Unterdrückung), Untergang eines chancenlosen „underdog"
- **Vormärz:** Abwenden vom Idealismus der Klassik und Romantik, Hinwenden zur Realität und sozialen Ungerechtigkeit
- Wegbereiter der **Moderne:** Büchners psychologisches Interesse für Elend, Entfremdung und Identitätskrisen; innovative Sprache und Konzeption in „Woyzeck"

1.3 Deutungsansätze

Historisch-biografische Lesart

- **historischer Johann Christian Woyzeck** (gelernter Perückenmacher, dann Soldat und Gelegenheitsarbeiter ohne festen Wohnsitz): Ermordung seiner Geliebten Johanna Christiane Woost 1821, Enthauptung auf Leipziger Marktplatz 1824 → Diskussion über die **Zurechnungsfähigkeit von Mördern**
- Büchners Interesse für politische Verhältnisse und Engagement für gerechte Gesellschaft: „Friede den Hütten, Krieg den Palästen!" *(Hessischer Landbote)* → historischer Woyzeck als „willkommenes" Beispiel für Folgen der **Verarmung ganzer Bevölkerungsschichten** im frühen 19. Jahrhundert (vorindustrieller Pauperismus)
- Büchners Erfahrungen als politisch Unterdrückter: **fehlende Solidarität** der Höherstehenden mit den Schwächeren → Veränderungen oder Revolutionen unmöglich

Psychologische Lesart

- **Woyzecks Entwicklung:** einfacher Soldat, Familienvater → wahnsinniger Mörder
- wegen fehlendem Vermögen keine Heirat möglich → Beziehung zu Marie **geächtet**
- physisch und psychisch krank durch **Ernährungsexperiment** → schwere **Psychose**
- Tambourmajor: überlegener **Rivale** (Ausspannen der Geliebten, Hohn und **Gewalt)**
- Auslöser der Mordtat: Eifersucht und Betrug → tiefere Ursachen: **entwürdigende Lebensbedingungen** eines geschundenen, deformierten und isolierten Menschen

Philosophische Lesart

- **Moral:** uneingeschränkte Gültigkeit (laut Hauptmann) oder Frage von Vermögen und Stellung (laut Woyzeck) → schichtenspezifische Gebundenheit von Werten
- **Idealismus:** Idee der Selbstbestimmung des Menschen (Wille und Vernunft sollen Gefühle, Bedürfnisse, Triebe beherrschen) → hier Kritik daran durch Arroganz, Ignoranz und **Unmenschlichkeit** der Idealisten (fühlen sich u. a. Woyzeck überlegen)
- Betonung des **Materialismus:** gesellschaftliche Umstände und Besitzverhältnisse formen den Menschen, nicht umgekehrt (Abhängigkeit menschlicher Handlungen von jeweiligen **Lebensumständen → Determinismus**)

Soziologische Lesart

- Starke helfen Schwachen nicht, Starke verachten sich gegenseitig (Hauptmann vs. Doctor), aber schließen im Zweifel Bündnis gegen Schwache, Schwache betrügen und ermorden einander → **Fehlen des gesellschaftlichen Zusammenhalts**
- **Bewusstsein Woyzecks des eigenen sozialen Ortes** als bedrückende Erfahrung → aber keine Wut auf verantwortlichen „Unterdrückungsapparat“, sondern auf Marie
- dysfunktionale Kommunikation: Symptom und Konsequenz **sozialer Spaltung**
- Armut mit all ihren Folgen als „Gift“ für Beziehungen und Gesellschaft

2 Juli Zeh: „Corpus Delicti“ (2009)

2.1 Inhalt

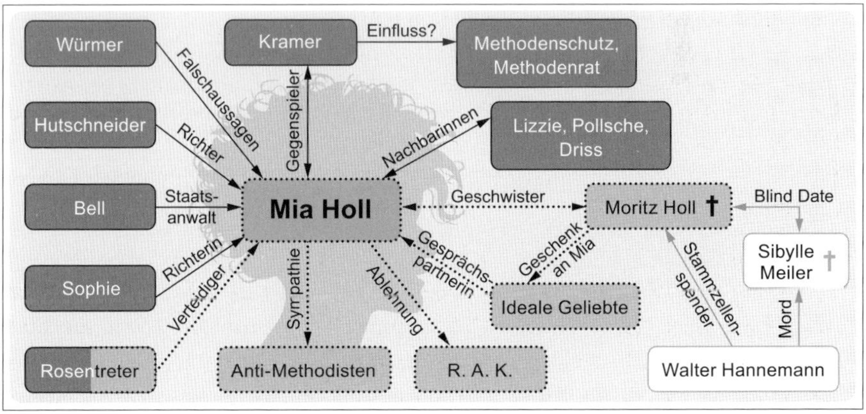

Rückblickende Romankapital hier durch Unterstreichungen gekennzeichnet

Kapitel 1 und 2: Zwei Schriftstücke

- ***Das Vorwort*:** aus Schrift von Heinrich Kramer → **Gesundheit** als höchstes Ziel
- ***Das Urteil*: Biologin Mia Holl** zum Einfrieren auf unbestimmte Zeit verurteilt

Kapitel 3 bis 17: Erste Konflikte mit der METHODE

- *Mitten am Tag, in der Mitte des Jahrhunderts:* Verhandlung über Gesundheitsverbrecher; Eintreten von Journalist **Kramer**; Beschluss: Klärungsgespräch mit Mia
- *Pfeffer:* Kramer unterwegs zu Mia → begegnet drei Nachbarinnen im Treppenhaus
- *Die ideale Geliebte*; *Eine hübsche Geste:* Mias Erinnerung (mit imaginärer idealer Geliebter) an Bruder Moritz; Vorwurf an Kramer, er sei an **Moritz' Suizid** schuld
- *Genetischer Fingerabdruck:* Bericht über Moritz; Vorwurf: Vergewaltigung, Mord
- *Keine verstiegenen Ideologien:* Mia und Kramer über Sinn der **METHODE**
- *Durch Plexiglas:* Tausch Mia – Moritz: **ideale Geliebte** gegen Schnur (für Suizid)
- *Eine besondere Begabung zum Schmerz*; *Bohnendose:* Mias misslungener Versuch, ihre Wohnung zu putzen; erfolgreiche **Untersuchung** beim Amtsarzt
- *Saftpresse; Nicht dafür gemacht, verstanden zu werden*; *Privatangelegenheit:* Richterin Sophies Angebot (Betreuung, Kur) von Mia abgelehnt (Schmerz sei privat); Einblick in ihre **Trauer** und Qual; Sophies Zugeständnis → **Ruhe** und Zeit für Mia
- *Fell und Hörner, erster Teil:* Moritz' und Mias Gespräch über **Moritz' Liebesleben**
- *Rauch*; *Keine Güteverhandlung:* Mia **raucht** → Geldstrafe; Rosentreter ihr Anwalt

Kapitel 18 bis 35: Verteidigung und Aufdeckung des Justizskandals um Moritz

- *Ein netter Junge:* Rosentreter beteuert Einsatz für Mia; Anfechtung der Geldstrafe
- *Wächter*; *In der Kommandozentrale:* Hilfsangebot der drei Nachbarinnen von Mia abgelehnt; Streitgespräch Mia – ideale Geliebte: Sport werde Mia nicht heilen
- *Recht auf Krankheit:* TV-Talk bei Würmer: Kramer über Entstehung der METHODE als neue Gesellschaftsordnung und Irrweg der **Anti-Methodisten**
- *Das Ende vom Fisch:* Streit Mia – Moritz über **Anpassung** und **Rebellion**
- *Der Hammer*; *Which side are you on:* **Härtefallantrag** abgelehnt; Urteil: zwei Jahre Haft auf Bewährung; Rosentreter will vor höhere Instanz gehen, Mia stimmt zu
- *Unzulässig:* Rosentreters verbotene Liebe; sein Ziel: **Moritz' Unschuld** beweisen
- *Schnecken:* Mia spricht über Moritz' Liebe zu Natur und Mensch und über die Heilung seiner Leukämie → Grund für Mias dankbare Anpassung an die METHODE
- *Ambivalenz:* Mias **Verhältnis zu Kramer** zwischen Bewunderung und Ablehnung
- *Ohne zu weinen:* Moritz' Erscheinen bei Mia; sein Bericht über seinen Leichenfund
- *Unser Haus:* Nachbarinnen → Bericht über Mia beschmutze guten Ruf des Hauses
- *Bedrohung verlangt Wachsamkeit:* Kramers Zeitungsbericht → Moritz als Terrorist

- *Die Zaunreiterin:* Forderung der idealen Geliebten, Mia solle sich gegen Kramers Lügen wehren
- *Fell und Hörner, zweiter Teil:* Moritz' **Ablehnung jeder Ideologie** → Verhaftung
- *Das Recht zu schweigen:* **Mia verhaftet** wegen Führens einer methodenfeindlichen Vereinigung
- *Der Härtefall:* Mias Gesinnungsprüfung → ihre Gedanken zum System; Rosentreters Beweis, dass Moritz' Stammzellenspender **Hannemann** der **wahre Mörder** ist
- *Das ist die Mia:* Fernsehbericht über **Justizskandal:** Mia stellt METHODE infrage

Kapitel 36 bis 39: Offene Opposition gegen die METHODE

- *Der größtmögliche Triumph:* Mias Entschluss zur offenen **Methodenfeindlichkeit**
- *Die zweite Kategorie*; *Wie die Frage lautet*; *Vertrauensfrage:* Streit Mia – Kramer über Legitimation der METHODE; Mias Aufforderung an Kramer, ihr Statement aufzuschreiben → Absage an aktuelle Gesellschaft, die auf **falschen Werten** beruht; Kramers Dank für brisantes Statement; Mias Abschied von idealer Geliebter

Kapitel 40 bis 50: Sieg der METHODE

- *Sofakissen:* erneute Verhaftung Mias durch Methodenschützer
- *Freiheitsstatue:* **Solidarisierung** mit inhaftierter Mia: Proteste, Medienrummel
- *Der gesunde Menschenverstand:* TV-Rede Kramers → Mia als gefährlicher Virus
- *Geruchlos und klar:* Mias Vortrag über Moritz' geistiges Erbe von Kramer aufgezeichnet; ihre **Weigerung**, Geständnis zu unterzeichnen, wonach sie und Moritz als Mitglieder der Widerstandszelle *Die Schnecken* Moritz' Tod inszeniert hätten
- *Würmer:* Falschaussage Würmers (angeblicher Kontakt zur Widerstandszelle)
- *Keine Liebe der Welt:* **Netz aus falschen Beweisen** gegen Mia: sie hätte Vergiftung des Trinkwassers geplant; Aushändigen einer langen Nadel an sie durch Rosentreter
- *Mittelalter:* kein Geständnis Mias; Kramer droht Tod durch Erfrieren und Folter an
- *›Es‹ regnet:* Leiden Mias an Folgen einer **Elektroschock-Folter**
- *Dünne Luft:* Mia bohrt Nadel in ihren Arm, überreicht Kramer hervorgeholten Chip
- ***Siehe oben:*** **Gerichtsverhandlung** unter lauten Protesten → Verurteilung Mias zum Einfrieren
- ***Zu Ende:*** Einfrieren Mias in letzter Sekunde gestoppt durch Präsidenten des Methodenrats → stattdessen **Resozialisierungsanstalt**, **psychologische Betreuung**

2.2 Aufbau und Form

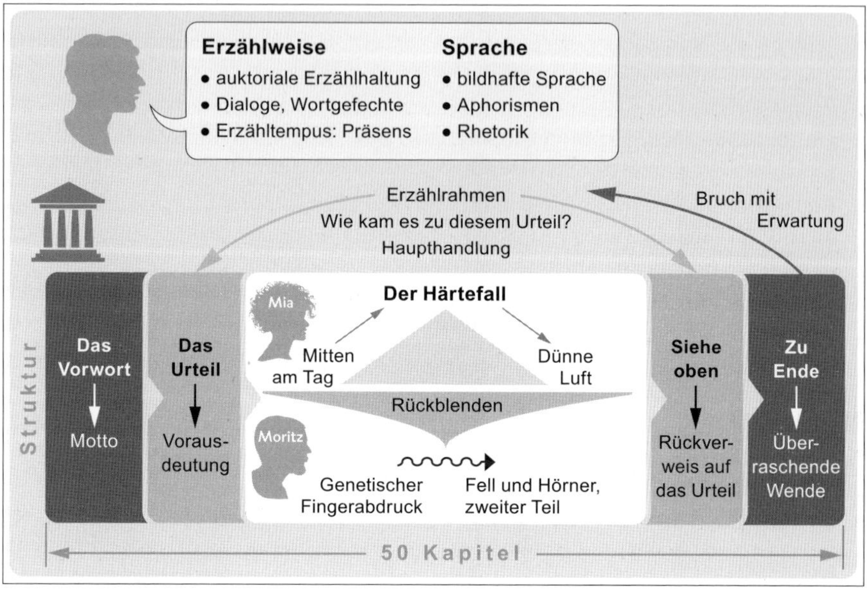

Aufbau und Struktur

- **50 Kapitel** von sehr unterschiedlicher Länge (2 –16 Seiten)
- Kapitelbenennung: signifikante Wörter/Halbsätze aus dem Kapitel (oder gliedernd: z. B. *Zu Ende*)
- ***Vorwort:*** Zitat aus Kramers ideologischer Schrift, außerhalb der erzählten Handlung, Funktion eines **Mottos:** Einstimmung auf Gedankenwelt der METHODE
- ***Das Urteil:*** scheinbare **Vorwegnahme des Endes** als offizielles Dokument, Spannung: Wie kam es zum Urteil? → zusammen mit ***Siehe oben:*** basaler Erzählrahmen
- von *Mitten am Tag, in der Mitte des Jahrhunderts* bis zu *Dünne Luft:* Vorgeschichte zu Mias Verurteilung → in der **Rückschau** in **chronologischer Reihenfolge** erzählt
- **Höhepunkte:** *Der Härtefall* (Niederlage für METHODE: Moritz' Unschuld) und *Wie die Frage lautet* (Mias Wandlung zur Systemgegnerin endgültig vollzogen)
- Erzählung über Mias Verurteilung durch Rückblenden (Analepsen) unterbrochen: **Geschichte von Moritz** bzw. des Verhältnisses zwischen Mia und ihrem Bruder; **Verschachtelung** der Erzähl- bzw. Handlungsebenen (Mia – Moritz) → bessere Beleuchtung der Entwicklung Mias: von der Konformistin zur Systemgegnerin
- Vergleich: Angelschnur bzw. Nadel ins Gefängnis → **Erwartung:** Selbstmord Mias
- ***Zu Ende:*** Rückschau beendet, Fortsetzung der Handlung nach Urteilsverkündung: Lesererwartungen nach *Das Urteil* unterlaufen → unerwartete **Schlusswendung**

Erzählweise

- Handlungsort und -zeit: in einer **Gesundheitsdiktatur** um das Jahr **2050**
- zeitliche Einordnung: Moritz seit ca. 4 Wochen tot, als Handlung um Mia einsetzt
- **auktoriales Erzählverhalten:** Erzähler nimmt Leser an die Hand (Herstellung von Gemeinschaft durch Wir-Form) und macht Wissensvorsprung deutlich → „Gehen wir der Einfachheit halber davon aus, dass sie [Mia] an Moritz denkt. Die Wahrscheinlichkeit, dass wir richtig liegen, ist sehr hoch.“ (S. 79)
- Erzähltempus: Präsens in der Mia-Handlung → **Unmittelbarkeit** (live miterleben); meist Präteritum in Moritz-Kapiteln → **Erinnerungscharakter**
- personales Erzählverhalten (Ich-Form) in *Wie die Frage lautet* → Mias finales Bekenntnis zum Widerstand gegen METHODE dadurch deutlich hervorgehoben
- **viele Dialoge** (direkte Rede): Auseinandersetzungen dialektisch (Rede und Gegenrede) entfaltet → Austausch von Argumenten als **rhetorische Wortgefechte**

Sprache und Stil

- nüchtern-schmuckloser Sprachstil und parataktischer Satzbau in den Erzählpartien → einfacher Zugang, **didaktische Ausrichtung** des Romans
- **rhetorische Ausgestaltung** der Dialoge: häufig Vortragscharakter zur Überzeugung des Gesprächspartners vom eigenen Standpunkt (v. a. Mia, Moritz, Kramer)
- Kramers menschenverachtende, **demagogische Sprache** aus Bereichen „Hygiene, Krankheit“ (z. B. abweichende Gedanken = „Virus“) → Nähe zur NS-Propaganda
- staatliche Medien: Anspruch auf Verbindlichkeit (z. B. WAS ALLE DENKEN)
- Grußformel „Santé“ (frz., „Gesundheit“): Gesundheitswahn in Sprache integriert
- **Vergleiche**, **Metaphern** → Figurencharakterisierung (z. B. Mia als „Zaunreiterin“)
- **Aphorismen:** kurze Sätze, die losgelöst vom Kontext vermeintliche Lebensweisheit ausdrücken und im Text Meinung der Figuren darstellen (z. B.: „Um frei denken zu können, muss sich der Mensch vom Tod abwenden“, S. 94) → fordern den Leser zur Auseinandersetzung auf
- Abstammung des Romans von einem Theaterstück sprachlich klar erkennbar: **Szenenhaftigkeit** vieler Kapitel v. a. durch lange Dialoge und schnelle Wechselreden

Gattungszugehörigkeit

- **dystopischer Science-Fiction-Roman:** düstere Zukunftsvision, in der technisch-wissenschaftliche Neuerungen zur Unterdrückung der Menschen eingesetzt werden
- **Kriminalgeschichte:** Verbrechen im Mittelpunkt → Mord an Sibylle Meiler und Moritz’ Verstrickung eng verknüpft mit Frage nach Legitimation der METHODE
- **Gerichtsdrama:** Nähe zum Theater, Haupthandlung in Gerichtssälen angesiedelt
- **Entwicklungsroman:** Mias Weg von der systemkonformen Musterbürgerin zur rebellischen Widerständlerin als Akt der intellektuellen und emotionalen Reifung

2.3 Deutungsansätze

Juristische Lesart

- Corpus Delicti = in der Rechtssprache ein Gegenstand, mit dem eine Straftat begangen wurde → überragende **Bedeutung des Körpers** für die METHODE
- Justiz in der Hand politischer Entscheidungsträger → **keine Gewaltenteilung**
- falsche Beweise gegen Mia von staatlicher Seite → **Staat als Straftäter**
- **Überwachung** durch Justiz: u. a. Ganzkörperaufnahmen, Chip im Körper

Psychologische Lesart

- Mia früher: **rational**, Biologin, ohne Interesse an Menschen oder an Liebe, **angepasst** aus Dankbarkeit für Hilfe der METHODE bei Moritz' Heilung von Leukämie
- **Trauer** um Moritz, **Schuldgefühle** nach Suizid (Schnur!): Mias Leben aus den Fugen → staatliche Intervention, **Einmischung in Mias Privatleben**; Mia zunehmend kritisch und kämpferisch → Ansporn durch **ideale Geliebte** (= Moritz' Sprachrohr)
- Mias persönliches Unglück als **Staatsaffäre** und Bewährungsprobe für METHODE
- entscheidender Einschnitt für Mias Entwicklung: Rosentreters Beweis für Moritz' Unschuld → **keine Selbstzweifel mehr**, selbstsicheres Eintreten für ihre Ansichten
- **Mias Standhaftigkeit:** kein falsches Geständnis, Ertragen von Folter, Bereitschaft zum Tod → **Verlust ihrer Stärke** durch Begnadigung und **Entmündigung**

Soziologische Lesart

- staatlich regulierte Zuordnung der Partner nach Immunsystemen zum Erhalt gesunder DNA) → massive **Einschränkung der freien Partnerwahl** (vgl. **NS-Rassenhygiene**)
- gesellschaftlicher Umgang mit Krankheit in der METHODE: Krankheit als historisches Phänomen und unzulässige Abweichung → **Verklärung der Gesundheit** (Religionsersatz, Staatsideologie, sichtbar gewordener Willen)
- **Unmenschlichkeit** der rein auf Vernunft fixierten METHODE → Ignorieren von Gefühlen, von Liebe, von Affekten und von individuellen Eigenschaften
- Kritik am Staat: Vorschieben von Sicherheitsbedenken zur **Beschneidung der Freiheitsrechte** → in Wahrheit: Streben nach mehr Kontrolle und Überwachung
- Kritik an Bürgern (z. B. Mias Nachbarinnen): **allzu großer Gehorsam**, gutgläubige **Preisgabe persönlicher Daten** → mehr Engagement und Zivilcourage nötig
- **Rolle der Medien:** Staatspropaganda → **keine Meinungspluralität**

Politische Lesart

- Staatsform: Gesundheitsdiktatur → **totalitärer Überwachungsstaat**
- verschiedene Weltbilder – verschiedene politische Auffassungen:
  - historische Legitimierung der METHODE durch Kramer (vgl. S. 88 f.): **Entideologisierung** nach zwei Weltkriegen → METHODE als **neues Sinnangebot**

– Moritz’ Philosophie der Liebe (vgl. S. 26 f.): Zerstörung des göttlichen Weltbildes durch Naturwissenschaften → **Liebe als Leitbild**
– Mia (vgl. S. 158 ff.): Abgrenzung von sinnlosen Revolutionen, Staat nur legitimierbar durch bestmögliche Unterstützung bei „natürliche[m] Streben der Menschen nach Leben und Glück“ (S. 161) → ansonsten **Recht auf Widerstand**

- Mobilisierung von **Systemgegnern** durch Mias Fall: **Gewalt gegen Unschuldige** durch R.A.K. („Recht auf Krankheit“, vgl. RAF) → Mia als Symbolfigur (von Mia abgelehnt); vermehrt **gewaltlose Proteste** der Anti-Methodisten; offenes Ende

zitierte Textausgabe: Juli Zeh: Corpus Delicti, Ein Prozess. btb Verlag. München 2010.

3 Wolfgang Koeppen: „Tauben im Gras“ (1952)

3.1 Inhalt

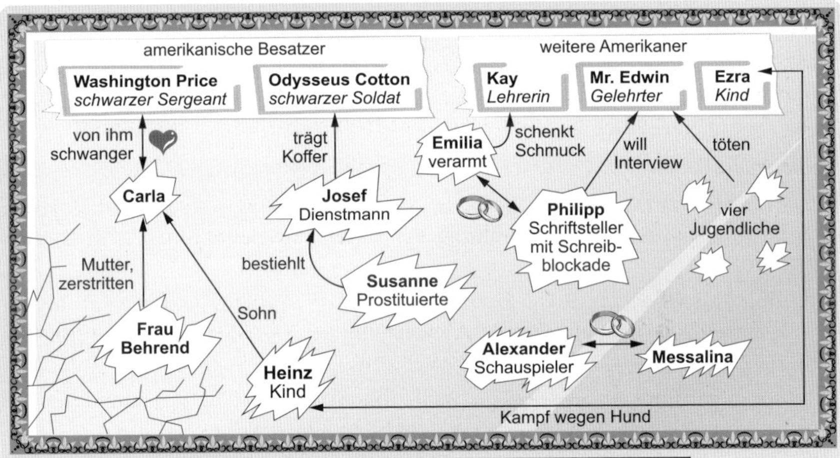

Spiegel der deutschen Gesellschaft kurz nach dem 2. Weltkrieg

Handlungsort und -zeit

- München **kurz nach 2. Weltkrieg**, Spannungen Ost ↔ West (Kalter Krieg)

Morgens/vormittags

- Garderobe/Filmstudio: Kostümierung des Schauspielers Alexander als Erzherzog, Rückblick auf Morgen: betrunkene Ehefrau Messalina schlafend, Prostituierte Susanne im Bad, unwilliger Kirchgang von Tochter Hillegonda mit Kinderfrau Emmi
- Schriftsteller Philipp nach Nacht im schäbigen Hotel (wegen Flucht von Zuhause nach schwerem Streit mit Frau Emilia)

- Frau Behrend: schöne Erinnerungen an Nazizeit, **Probleme** der Nachkriegszeit
- Philipps Jugenderinnerungen: viele Bekannte verstorben → tote, ausgelöschte Stadt
- 4 Jugendliche aus ehemaliger Hitlerjugend: **Perspektivlosigkeit**, Arbeitslosigkeit
- Ankunft **schwarzer US-Soldat** Odysseus Cotton, mit Dienstmann Josef in Kneipe
- Emilia: Suche nach Philipp, Gedanken über seine Unfähigkeit als Schriftsteller, Erinnerung an ihr **wertlos gewordenes Erbe**, geht in abgetragener Kleidung zum Pfandhaus → Scham
- Ankunft Richard Kirsch (deutschstämmiger US-Soldat), herablassende Gedanken
- Gelehrter Mr. Edwin im Cadillac unterwegs zum Amerikahaus, düstere Gedanken
- Pillenlieferung durch Dr. Behude an Gewerbelehrer Schnakenbach: dieser hat im Krieg monatelang Wachhaltepillen eingenommen, um kampfuntauglich zu werden → deshalb leidet er jetzt an **Schlafsucht**
- schwarzer US-Sergeant Washington Price: erwägt Möglichkeiten zur Geldbeschaffung für Carla, die von ihm schwanger ist → Hoffnung, sie von Abtreibung abzubringen
- Carla unterwegs zu Dr. Frahm wegen **Abtreibung**, Erinnerungen an Arbeit für Besatzer und Beziehung mit Washington, Bereitschaft, mit in die USA zu gehen
- US-Reisegruppe (Lehrerinnen), darunter Kay: Vorstellung von Deutschland als Land der Dichter und Denker ↔ trostlose Wirklichkeit
- Philipp als Patentklebervertreter (wegen Geldnot), **Selbstzweifel** → scheitert daran, den Kleber anzubieten

Mittags/nachmittags

- Telefonat: Amerikaner Christopher – seine jüdische Frau in Paris → ihre Weigerung, zu kommen
- autofahrende **Besatzer** → Deutsche zwischen **Bewunderung** und **Ablehnung**
- Gespräch: Ezra (Christophers Sohn) – Heinz (Carlas Sohn) über Verkauf von Heinz' Hund für zehn Dollar, Verabredung für abends, gegenseitige Abscheu
- Philipp unterwegs zu Interview mit Edwin, Begegnung mit Kay: Philipp wird gescheiterte Schriftstellerexistenz bewusst → versucht, vor Interview zu fliehen, trotzdem begegnet er zufällig Edwin, aber kein Kontakt wegen Philipps Schüchternheit
- Carla – Frau Behrend (Mutter): ähnliche Gedanken über Schwangerschaft (Schande), aber Mutter gegen Abtreibung (Verbrechen), Mutter: Ärger über Washington, Carla: Einsehen ihres Fehlers
- Washington bei Dr. Frahm: Arzt begreift, dass Kindsvater Abtreibung ablehnt
- Emmis Aufforderung an Hillegonda zur **Sündenbeichte** → Furcht, Unverständnis
- Richards Erinnerungen an seinen Vater (ehemaliger Reichswehrsoldat und Kriegsverweigerer)

- Washington angestrengt beim Baseball-Spiel, Zuschauer: Heinz (trotz seines Ärgers über spöttische Pfiffe pfeift er mit, später Prügelei mit Freund wegen Washington), Ezra, Odysseus, Josef (Traum vom Tod, Aufschrecken bei Jubel); Sieg Washingtons
- Richard: Erkundigungen über Frau Behrend (Verwandte) u. a. in ihrem Haus
- Washington: überlegt, Restaurant in Paris zu eröffnen, plant Gespräch mit Carla
- Dr. Frahm zu Carla: Abtreibung wegen Weigerung des Kindsvaters nicht möglich
- Frau Behrend: Bedauern, dass Richard sie nicht angetroffen hat
- Philipp bei Dr. Behude: hängt seinen Erinnerungen nach, statt dem Arzt zuzuhören
- Aufeinandertreffen von Emilia und Edwin in Antiquitätengeschäft, kein Gespräch
- Alexander: Einschlafen auf dem Sofa, keine Antworten auf Hillegondas Fragen über Gott
- Juwelier: Ablehnung von Emilias Schmuck (altmodisch), Emilia schenkt ihn Kay
- verrufene Wirtschaft: Odysseus von Susanne umgarnt, später Prügelei, weil Odysseus (von Susanne) **bestohlen** wurde, Odysseus flieht, Susanne folgt ihm
- Odysseus: wegen Diebstahls Rückforderung des Geldes, das er Josef gegeben hatte, Josef wird von einem Stein an der Stirn getroffen, Odysseus flieht mit dem Geld, **Tod Josefs**, nachdem er **Odysseus' beschuldigt** hat → Fahndung
- Hillegonda: Nachdenken über Gott und Tod
- Carla – Washington: Streit wegen verhinderter Abtreibung, sein Glaube an Liebe

Abends/nachts

- Philipp: Nachdenken über sein Leben als Sonderling
- Messalina – Emilia – Kay an Bar, Vorbeilaufen Edwins, Kay folgt ihm zum Vortrag
- Carla – Washington: Traum von Hotel in Paris, Ezras Plan: Hund gewaltsam mitnehmen, Heinz' Plan: 10 Dollar kassieren, obwohl Hund entlaufen (ist bei Emilia)
- Schnakenbach im Amerikahaus eingeschlafen, Eintreffen der Zuhörer für Edwins Vortrag (u. a. Lehrerinnen), Technik-Problem, Schnakenbach wird für Techniker gehalten
- Club: Susanne sucht Odysseus, Heinz beobachtet Carla und Washington, Ankunft Christopher und Ezra, Tanz Susanne – Odysseus (später Sex in Ruine)
- Bräuhaus: **Verbrüderung** Deutsche – Amerikaner, Heinz kippt Schnaps in Frau Behrends Bier, Zustimmung anderer zu ihren rassistischen Ansichten
- Kampf Ezra – Heinz wegen Hund, Einsturz der Mauer unter ihnen, Schreie, Sirenen → Gerücht im Bräuhaus: Kindsmord durch Schwarze, **Steinwürfe** in „Negerclub", **Flucht** Susanne – Odysseus
- Edwins Vortrag über Freiheit und Geist des Abendlandes: viele Zuhörer schlafend
- Edwin sucht nach sexuellem Abenteuer, Aufeinandertreffen mit den 4 Jugendlichen
- stimmungsloses Fest bei Alexander und Messalina, Gast Emilia betrinkt sich

- Philipp – Kay: Sexversuch in schäbiger Absteige, hören Hilferuf → sie vermuten, dass Edwin **überfallen** wurde, **reagieren** aber gleichgültig, Kay schenkt armem Philipp Emilias Schmuck
- 0 Uhr: Vorbereitung neuer Zeitungen → **bedrohliche Lage** zwischen 2 Kriegen

3.2 Aufbau und Form

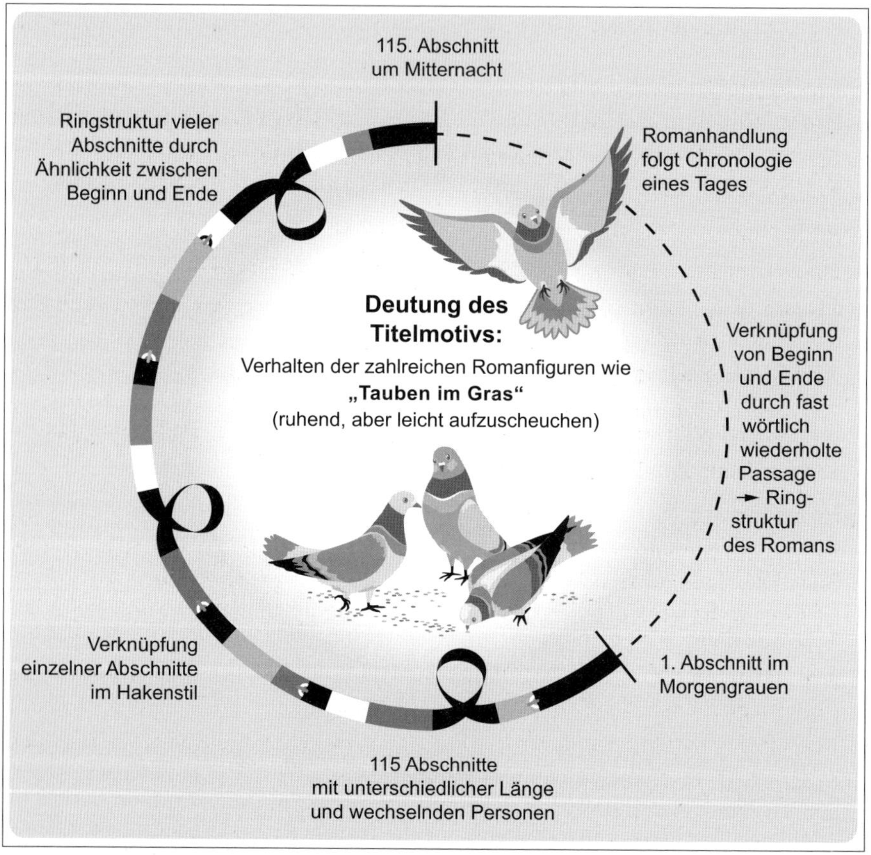

Aufbau und Struktur

- **keine Hauptpersonen**, sondern rund 30 Einzelpersonen, Zusammenhang durch loses Beziehungsgeflecht (erst nach und nach erkennbar)
- **Handlungsort: München** (nicht genannt, aber Erschließung aus Kontext möglich)
- Handlungsdauer: ein Tag, 20. Februar 1951 (Datum aus Kontext erschließbar), Zeitangaben folgen **Chronologie des Tages** vom Morgengrauen bis Mitternacht

- **115 Abschnitte** unterschiedlicher Länge, keine Überschriften/Nummerierungen
- „**Hakenstil**“: Verknüpfung unzusammenhängender Szenen durch Wortwiederholungen (8.–9./S. 22 f.), ähnliche äußere Umstände (20.–27./S. 40 ff.) oder scheinbare Fortsetzung von Sätzen (24.–25./S. 46 f.) → vermeintliche Zusammenhänge
- Wiederaufnahme unterbrochener Handlungsstränge durch **Wiederholung** von Wörtern/Sätzen (z. B. „Bahama-Joe“, 12., 14., 16./S. 26 ff.)
- Ringstruktur vieler Abschnitte: Anfang und Ende ähnlich und in der Jetzt-Zeit, dazwischen Erinnerungen, Rückblicke, Vorausdeutungen, z. B. Cadillac als „Sarg“ (22./S. 43 ff.)
- **Ringstruktur des Romans:** teils wörtliche Wiederholung des 2. Abschnitts im letzten Abschnitt, aber im Präsens statt Präteritum → Wiederholung der Geschichte
- Epocheneinordnung: **Nachkriegsliteratur/Trümmerliteratur** (Betonung der von Kriegserfahrung und Zerstörung verursachten Traumata)

Erzähltechnik und Erzählperspektive

- innovative, schlaglichtartige Erzähltechnik (Form der **Montage-/Collagetechnik**)
- **Stream of Consciousness** (Bewusstseinsstrom): sprunghafte, assoziativ aneinandergereihte Gedanken
- **Multiperspektivität:** Erzählung aus mehreren Blickwinkeln
  - Figuren reden aneinander vorbei, z. B. Messalina und Emilia (27./S. 53 ff.)
  - in kleinem Teil des Romans auktorialer Erzähler (Wertung, Stellungnahme)
- **Zeitstruktur:** Zeitdeckung, teils Zeitdehnung → modern

Sprache und Stil

- **Zitate** (Einbettung der Handlung in zeittypischen Rahmen): u. a Schlagzeilen, Songtexte, Literaturzitate (Romantitel = Zitat der Schriftstellerin Gertrude Stein) → Montagetechnik, teils passen die Zitate nicht in den Kontext → eigene Gedankenarbeit nötig
- **Anspielungen** auf andere Texte: Märchen (Ezras Erinnerung an Erzählungen der Mutter), griechische Mythologie (Name Odysseus)
- Mischung mehrerer Sprachebenen: **Dialektwörter**, **Militär-Jargon**, **NS-Jargon**
- Sprachebene in direkter Rede kennzeichnend für soziale Stellung: Dialekt für Angehörige unterer Schichten, Fachbegriffe bei Höhergebildeten
- bei der Montage teils **Missachtung sprachlicher Regeln** (u. a. Rechtschreibung)
- unterschiedliche sprachliche Gestaltung der Abschnitte: teils lange Sätze, teils kurze Sätze, Ellipsen, einzelne Wörter (z. B. 4./S. 15)
- Gestaltungsmittel **Ironie** → Schärfe, Verdrießlichkeit, aber auch Aufhellung düsterer Szenen, z. B. Darstellung von Emilias Sich-Verstecken im Pissoir (27./S. 53)
- **Neologismen** („Psychobürokrat“, 76./S. 150), **Klimaxe** („Glaube Aberglaube Afterglaube“, 46./S. 109), **Vergleiche** („Haar zitterte wie Himbeergelee“, 45./S. 105)

3.3 Deutungsansätze

Biografische Lesart

- **Parallelen zwischen Autor Koeppen und Philipp** (Selbstbild als gescheiterter Schriftsteller, Geldsorgen, Schreibblockaden, alkoholabhängige Ehefrau)
- Wunsch, wegen Naziregime und Krieg Verbotenes bzw. **Verpasstes nachzuholen:** inhaltlich (Auseinandersetzung mit Nazi-Zeit) und stilistisch (moderner Roman)

Historisch-politische Lesart

- aus heutiger Perspektive historisch, bei Erscheinen 1952 aktuelles Zeitgeschehen
- wegen Ost-West-Konflikt drohender 3. Weltkrieg → kein Lernen aus der Vergangenheit, fehlende positive Zukunftsaussichten, deshalb Verdrängen der Zukunft und **Orientierung an** (NS-)**Vergangenheit**
- Aufzeigen der fortbestehenden NS-Ideologie durch bewussten Bruch damit, z. B. Odysseus (großgewachsener Befreier) vs. Josef (klein, schmächtig) → Widerspruch zu NS-Propaganda (Deutsche als „Herrenrasse", Schwarze als „Untermenschen")
- **Kritik an rassistischem Denken** durch Wiedergabe verbohrter Stereotype
- **Kontrast** zwischen hoffnungsloser **Gegenwart** und glorreicher **Vergangenheit**, vgl. Kays Vorstellung von Deutschland als Land der Dichter und Denker
- **Kritik an Flucht in Heile-Welt-Vorstellung** statt Reflexion über eigene Rolle in NS-Zeit → Wachrütteln durch Aufzeigen der Nachwirkungen der Vergangenheit

Psychologische Lesart

- Ansammlung vieler Figuren, willkürlich erscheinendes Verhalten, ruhend, aber leicht aufzuscheuchen → Verhalten wie „Tauben im Gras"
- beim Lesen **Orientierungslosigkeit** durch anfangs scheinbar unzusammenhängende Handlungsstränge → entspricht in der Nachkriegszeit verbreiteter Empfindung
- „**innerliche Zerstörung**" der Menschen durch NS-Ideologie, Umerziehung zwecklos, vgl. Einschlafen des Publikums bei Vortrag über abendländischen Geist
- **Bereitschaft**, bei Not und Scham **gegen Moralvorstellungen zu verstoßen**, z. B. Carlas Wunsch nach Abtreibung trotz grundsätzlicher Ablehnung dieser Maßnahme
- menschliche **Unfähigkeit zur Loslösung von anerzogenen Moralvorstellungen**, vgl. z. B. Carlas Schwanken zwischen Loyalität zu Washington und (von Mutter vorgegebener) Sichtweise auf Beziehung zu einem Schwarzen als „Schande"

Philosophische Lesart

- **Unmöglichkeit, vor vorherbestimmtem Schicksal zu fliehen**, vgl. z. B. Schnakenbachs Entrinnen vor Kriegsdienst führt zu Schlaf- und Tablettensucht
- Menschen als **schuldlose Opfer ihrer Lebensumstände**, vgl. z. B. Susannes Desinteresse an sterbendem Josef, stattdessen Diebstahl, um materielle Bedürfnisse in Zeit der Not zu stillen (Erzähler bezeichnet Susanne als „unschuldig", 110./S. 223)

zitierte Textausgabe: Wolfgang Koeppen: Tauben im Gras. Suhrkamp. Frankfurt a. M. 1980.

4.1 Inhalt

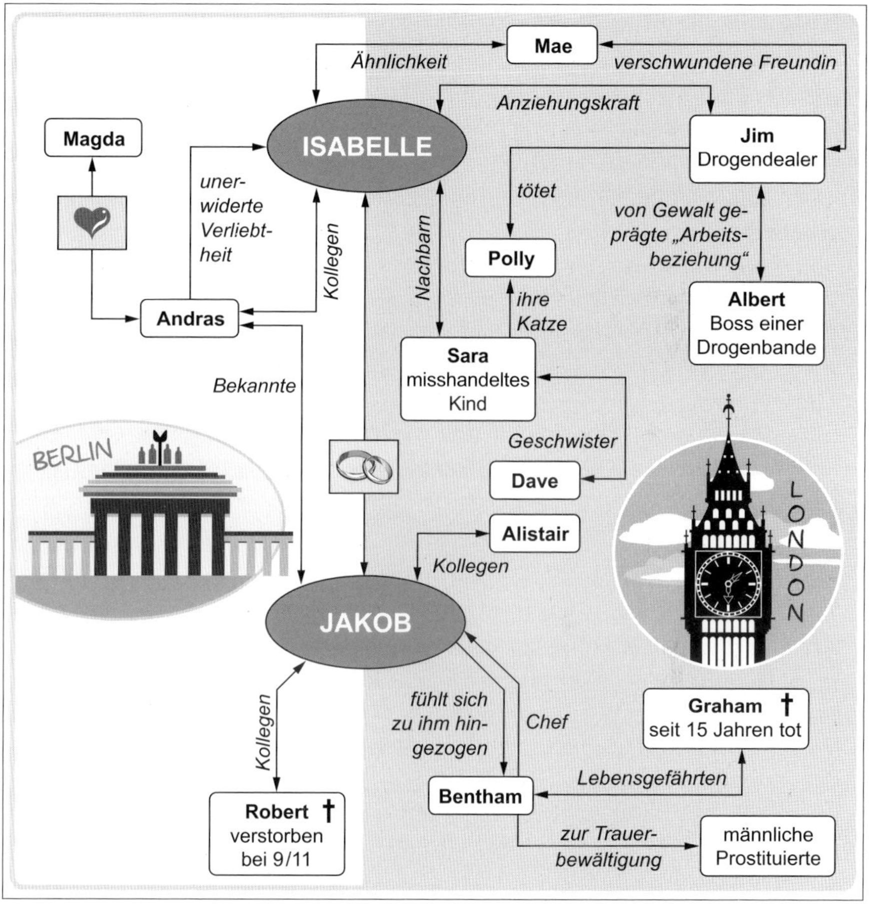

Kapitel 1 bis 17: weitgehende Parallelführung der Handlungsstränge

1. Umzug Dave – Sarah mit Eltern und Katze Polly, Hoffnung auf bessere Zukunft
2. Feier am 11. 9. 2001, **Begegnung Jakob – Isabelle** (alte Bekannte), TV-Bericht: **Anschlag auf World Trade Center** in New York → allgemeine Anspannung; am 12. 9. Date Jakob – Isabelle
3. Jakob: Reflexion über sein Leben, Beruf als Restitutionsanwalt (Rückgabe enteigneter Immobilien), Erinnerung an herbeigeführtes Wiedersehen mit Isabelle auf Feier, deshalb Verschiebung einer New-York-Reise → von Anschlag verschont

4. Dealer Jim mit Freundin Mae, die nach Jims Messerattacke auf sie verschwindet
5. Isabelles Arbeit in Grafikagentur, Gespräch mit Kollege Andras über Anschlag
6. Andras erwägt Rückkehr in Heimat Budapest, bisher Aufschub wegen Verliebtheit in Isabelle, Ahnung einer sich anbahnenden Beziehung Isabelles mit Jakob
7. Tod von Jakobs Kollegen Robert bei New Yorker Anschlag; mehrere Treffen Isabelle – Jakob; **Jakobs Versetzung nach London** (an Roberts Stelle)
8. Saras Leben mit ihrem gewalttätigen Vater
9. Isabelles Bericht an Freundin Alexa über Heiratsplan; Planung Wohnungskauf
10. Jims Leben als Dealer, Entschluss: Anruf bei Drogenboss Albert wegen Geldnot
11. **Bedrohungsgefühl** wegen Terror; Isabelles beängstigende Begegnung mit Verwahrlostem
12. Jim: Suche nach Mae, Flucht vor Albert, nachdem er diesem zu wenig für seine Drogenlieferung bezahlt hat
13. Sara: Rückgabe ihrer verloren gegangenen Puppe durch Trödelhändler
14. Jakobs und Isabelles gemeinsames Leben, bescheidene **Hochzeitsfeier**
15. Andras: beginnt Beziehung mit Galeristin Magda trotz fortbestehender Gefühle für Isabelle, Einzug eines Obdachlosen auf dem Dachboden über Andras' Wohnung
16. Jakob: Begegnung mit Kollege Alistair und Chef Bentham in London, Mieten eines Hauses
17. Jims Erinnerungen an gewalttätigen Albert, Albert verprügelt Jim erneut (wegen Jims Ausstiegsversuch); Vermisstenplakat für Mae; Jims verkommene Wohnung

Kapitel 18 bis 32: zunehmende Begegnungen zwischen den Figurengruppen

18. Jakobs **Umzug nach London**, erste Fälle in der Kanzlei, Zufallsbegegnungen mit Sara und Jim (aus der Nachbarschaft); Isabelles Abschied aus Berlin
19. holprige Landung Isabelles in London → Terrorismus-Angst, Ankunft im Haus, Jakobs Nachsinnen über Gerechtigkeit, Begegnungen mit Bentham und Alistair
20. Gespräch Jim – Albert über Anständigkeit und Irak-Krieg, Jims Gedanken an Mae
21. Saras Erinnerungen an seit vier Tagen verschwundenen Dave, Prügel vom Vater
22. empfohlene Vorratshaltung wegen Kriegsgefahr → Isabelles Einkäufe; Diskussion Jakob – Bentham über Sinn ihrer Arbeit; Jakob vergisst Verabredung mit Isabelle, entdeckt ihre Ähnlichkeit mit Mae auf Plakat; **Lärm im Nachbarhaus** → Isabelle beobachtet Saras Familie
23. Jim verfolgt Isabelle bis zur U-Bahn; Dave übernachtet bei Jim, Dave wurde (wie Jim früher) vom Vater verprügelt, Grund: Daves Protest gegen Weigerung des Vaters, Sara zur Schule zu schicken; Kriegsberichte im TV; Jims Drogenverkauf und sein Sex mit Barkellnerin
24. Isabelle: **Unausgefülltsein**, Zufallstreffen mit Jim; Theaterbesuch mit Jakob und Alistair, auf dem Rückweg Angriff durch fünf Männer, Flucht der Angreifer vor Polizei; erneute Begegnung mit Jim

25. Jakob: Gerechtigkeitsdiskussion mit Bentham; Ablehnung von Isabelles Bitte, heimzukommen; häufige **Spaziergänge mit Bentham**, Eifersucht auf dessen mutmaßlichen Liebhaber; Gespräch mit Jude Andras über Gerechtigkeit für Juden

26. Andras: Trennung von Magda, Reflexion über seine Gefühle, Umzug der Grafikagentur, geplante Budapest-Reise, träumt von Isabelle

27. Jakob: Konzertbesuch mit Isabelle, Spaziergang allein → Beobachtung: Bentham und junger Mann bei Zärtlichkeiten → Jakob erschüttert; Bentham hat Sex mit jungen Männern zur Trauerbewältigung, weil sein Lebensgefährte vor 15 Jahren gestorben ist; Straßenprediger über Gleichgültigkeit; Jakob mit Zufallsbekanntschaft Miriam in ihrem Zimmer, erfährt vom Unfalltod ihres Sohnes

28. Sara: hat Schuldgefühle und meidet andere Kinder wegen ihrer „Zurückgebliebenheit", Fantasiespiele im Garten, dabei schlägt Sara Polly, beobachtet von Isabelle

29. Isabelle: klettert in Nachbargarten hinüber, hilflos-unfreundlich zu Sara, überreicht Sara ihre Jacke, nimmt Polly mit, später bahnt sie Sex mit Jakob und Alistair an, diese wehren ab → Gefühl, nicht begehrenswert zu sein, Gespräch mit Wirtin im Eastend über Distanziertheit, zu Hause stößt Isabelle Polly von der Fensterbank

30. Jims Rausschmiss aus der Wohnung eines Bekannten wird angekündigt, er zerstört wütend die Einrichtung; Hisham (aus Alberts Bande) zeigt Jim Beweisfotos für Maes Messerwunde (Gesichtsnarbe); Jims Überfall auf zwei Dealer; Jim beobachtet, wie Isabelle Polly von der Fensterbank stößt, **Tötung der Katze** durch Jim

31. Gespräch Jakob – Bentham u. a. über Verlust, Bestätigung Benthams, dass er männliche Prostituierte in Anspruch nimmt; Isabelle und Jakob: **gleichgültige Ehe**

32. **Spaziergang Isabelle – Jim**, sein Misstrauen ihr gegenüber, erneute Begegnung am Folgetag, Jim beschuldigt Isabelle, die Katze durch den Stoß von der Fensterbank getötet zu haben → verlangt £ 100 für sein Schweigen

Kapitel 33 bis 39: enge Verflechtung der Lebenswege der Figuren

33. Sara vermisst Polly und Dave, Schuldgefühle, Überlegung, Jacke zu Isabelle zurückzubringen (im Tausch gegen Polly), Isabelle abwesend, Sara geht mit Jim mit

34. Sirenen → Angst, Gespräch über Kriegsverbrechen im Irak, Alistair wirft Isabelle Gleichgültigkeit vor; Jakob reist nach Berlin, bietet Isabelle nicht an mitzukommen

35. Andras plant, zu Magda zu ziehen, lehnt Isabelles Bitte ab, zu ihr zu kommen

36. Sara schlafend auf Jims Sofa, Jims Fluchtplan wegen drohender Vergeltung für Überfall, **Jim sperrt Sara ein**, Begegnung mit Isabelle, dabei Sehnsucht nach Mae

37. **Isabelle – Jim – Sara in Jims Wohnung**, Jim berichtet von Pollys Tod und beschuldigt Isabelle, verschlossene Tür hindert Isabelle am Gehen, Jim schlägt Sara ins Gesicht, er zwingt Isabelle, Sara auszuziehen, Isabelle zieht sich als Sex-Angebot aus → Jim lehnt ab, verlässt Wohnung mit Isabelles und Saras Kleidung

38. **Isabelle: Flucht durchs Fenster** in Jims Kleidung, begegnet Dave, beschreibt ihm Saras Aufenthaltsort; später Lärm aus Nachbarhaus, Isabelles Anruf bei der Polizei

39. Jakobs Rückkehr, Versprechen an Isabelle: „Es wird wieder gut." (S. 358)

4.2 Aufbau und Form

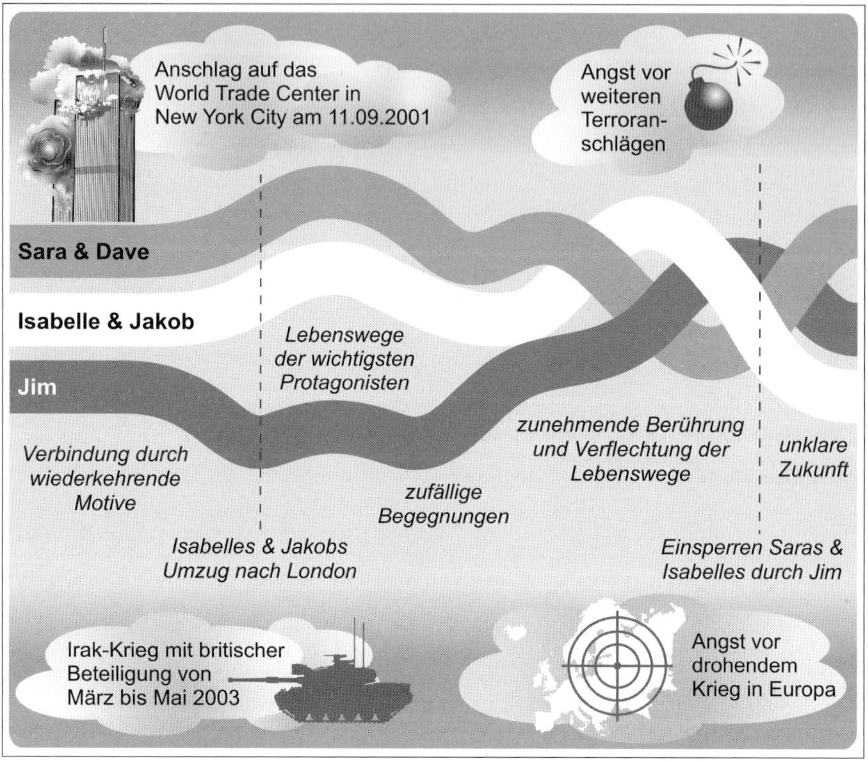

Aufbau und Struktur

- Handlungszeit: 2 Jahre (09/2001–09/2003), plus Rückblenden und Erinnerungen
- **Handlungsorte: Berlin und London**, Schwerpunkt: Lady Margaret Road/London
- **39 Kapitel**, Wechsel des Ortes und der handelnden Personen nach jedem Kapitel
- **drei wesentliche Figurengruppen** aus unterschiedlichen Gesellschaftsschichten:
  - Isabelle, Jakob und deren berufliches und privates Umfeld (bürgerliche Mitte)
  - Sara, Dave und Eltern (in Armut lebende Familie mit alkoholsüchtigem Vater)
  - Jim und sein Umfeld (Drogensüchtige, Kleinkriminelle)
- Isabelle und Jakob nehmen größten Teil des Romans ein → Hauptfiguren
- **offenes Ende** mit Jakobs vagem Versprechen → unklare Zukunft der Protagonisten
- Gemeinsamkeit zwischen Handlungssträngen: **zeitgeschichtlicher Hintergrund** (Anschlag auf World Trade Center, Terror-Angst, später Irak-Krieg)
- **wiederkehrende Motive** → Verbindung der Handlungsstränge, Vorausdeutung auf spätere Ereignisse: z. B. Sofa, Schuhe/Schuhkauf, getötete Katze, Lady's Pond

- mehrere im **Gegenwartsroman** (ab 1990) verbreitete Themenfelder in „Die Habenichtse“: Terroranschläge und Islamismus-Bekämpfung (Irak-Krieg), Gefühl der Fremdheit (Isabelle in London), Globalisierung (Jakobs Entsendung nach London), Auseinandersetzung mit Folgen der DDR (Jakobs Arbeit als Restitutionsanwalt)

Erzähltechnik und Erzählperspektive

- **personaler Erzähler:** Kenntnis von Gedanken und Gefühlen der Figuren, **nüchtern-beobachtende Darstellung** ohne Anteilnahme am Schicksal der Figuren
- **wechselnde Blickwinkel**, auch innerhalb der Kapitel → Einblick in unterschiedliche Wahrnehmung derselben Situation → romantypische Vielstimmigkeit
- statt expliziter Nennung der im Roman verarbeiteten Themen **Veranschaulichung** dieser durch Handlungen der Protagonisten
- Weitergabe von Informationen/Eindrücken an Leser durch Nachrichten an andere Figuren, z. B. Isabelles Berichte über Sara in E-Mails an Andras (ab 26./S. 228)
- **Stream of Consciousness** (Bewusstseinsstrom), vgl. Jakobs Gang durch London mit sprunghaften, assoziativen Gedankenreihungen (27./S. 250 ff.)

Sprache und Stil

- **erlebte Rede:** Wiederspiegelung individueller Arten zu sprechen und zu denken
- weitgehend **zusammenhangloses Nebeneinanderstellen** von Erlebnissen und Gefühlen der Figuren und vorwiegend **parataktischer Stil** → Symbole für das isolierte Leben und Vereinzelung der Menschen, insbesondere in Großstädten
- **Zitate:** Gesetzestexte (Legitimierung von Jakobs Ansichten zum Thema Gerechtigkeit), Songs (Unterstreichen der Stimmung der Protagonisten), Shakespeares Tragödie „King Lear“ (bedrohliche Atmosphäre vor folgendem Überfall)
- Abbildung der englischsprachigen Umgebung durch **Einflechtung englischer Einzelwörter, Dialogfetzen und Nachrichten** in den London-Kapiteln

4.3 Deutungsansätze

Historische Lesart

- starker Bezug zu Ereignissen der Jahre 2001 bis 2003 (= Handlungszeitraum): **Terroranschlag** des islamistischen Netzwerks Al-Qaida auf **World Trade Center** in New York und Pentagon in Washington (11. 09. 2001); **Irak-Krieg** (03–05/2003), Angriffe u. a. Großbritanniens auf den Irak, Ziel: Verhinderung weiterer Anschläge
- Aufgreifen der Angst vor Terroranschlägen und Ausweitung des Kriegs auf Westen
- **Bezüge zu deutscher Geschichte:** Ende der DDR, Umgang mit Holocaust

Psychologische Lesart

- **Deutung des Titels** „Die Habenichtse“: materielle Armut bei Sara/Dave/Jim, bei Isabelle/Jakob dagegen Fehlen von Idealen/Zielen/Empathie → **ideelle Armut**
- gefühlsarme Beziehung Isabelle – Jakob, Hinwendung zu anderen potenziellen Sexualpartnern trotz erst kurz andauernder Beziehung → **Beziehungsunfähigkeit**

- beiläufig wirkende Abhandlung wichtiger Lebensereignisse, z. B. Jakobs und Isabelles Hochzeit → **Gleichgültigkeit**, Mangel an Emotionen
- **Passivität** (v. a. bei Isabelle), z. B. Wohnungskauf in Berlin und Umzug nach London auf Jakobs Bitte hin, kein Handeln bei Kindesmisshandlung im Nachbarhaus
- Fokus auf das unmittelbare Umfeld, weitgehende **Ignoranz** gegenüber dem Rest der Welt, z. B. Isabelles Desinteresse an Sara oder den Opfern des Irak-Kriegs
- **Isabelles Einsamkeit, innere Leere** → Suche nach Abenteuer; Faszination für Jim
- Gefühlskälte auch bei Jim, z. B. Tötung Pollys, Einsperren von Sara und Isabelle
- daneben noch nicht abgestumpfte Personen, z. B. Sara, Dave, Andras → Hervorhebung der Gefühlskälte der anderen durch diesen Kontrast

→ „Die Habenichtse" als **Psychogramm des modernen abgestumpften und isoliert lebenden Menschen**, insbesondere in der Großstadt

Soziologische Lesart

- **gesellschaftliche Schichten als Parallelwelten**, auch bei räumlicher Nähe
- **Neid** auf sozial Bessergestellte, vgl. Jims neidischer Blick auf Isabelles Leben, ihr Haus usw. → Traum vom bürgerlichen Leben
- Berührungspunkte zwischen Schichten → Gewalt, vgl. Einsperren Isabelles durch Jim, Abschneiden ihrer Haare
- Auslösung neuer Gewalt durch jede Form von Gewalt → **Gewaltspirale**, z. B. Angriff der misshandelten Sara auf eigentlich geliebte Polly
- beständige **Präsenz von Gewalt** im Roman, v. a. in London, u. a. Überfall auf dem Rückweg vom Theater → Großstädte als Bedrohung für Leben und Menschlichkeit
- Gewalt und Verwahrlosung als Gegenentwurf zum Leben der bürgerlichen Mitte: „[E]s war immer die Gegenseite ihres eigenen Lebens. Als wäre das Maß Leid festgesetzt, nur die Verteilung offen." (Isabelle, 29./S. 266)
- keine Weitergabe des Wohlstands der bürgerlichen Mitte (Jakob, Isabelle) an die in prekären Verhältnissen Lebenden (u. a. Jim, Sara) → **Kritik an neoliberaler Wirtschaftsordnung** durch Aufzeigen des Kontrasts zwischen den Schichten
- **Homosexualität/Bisexualität** feste Bestandteile menschlichen Zusammenlebens (Jakob, Bentham, Alistair, Alexa), keine gesonderte Thematisierung → Normalität

Philosophische Lesart

- **Aufwerfen existenzieller Fragen** nach Lebensgestaltung, Werten, korrektem Handeln → Anregung zum Nachdenken darüber anhand der Lebensgeschichten, Handlungen und Entscheidungen der Figuren, Schlüsse weitgehend Lesern überlassen
- **Nachsinnen über Gerechtigkeit** am Beispiel des Umgangs mit in der NS-Zeit und der DDR zwangsverkauften/enteigneten Immobilien
- **Schlussbild** des Romans: ins Schloss gefallene Tür → Unmöglichkeit der Rückkehr zum bisherigen Leben nach einschneidenden Erlebnissen

zitierte Textausgabe: Katharina Hacker: Die Habenichtse. S. Fischer. Frankfurt a. M. 2011.

ÜBUNGSAUFGABEN

INTERPRETATION EINES LITERARISCHEN TEXTES

Arbeitsanweisungen

1. Ordnen Sie die Textstelle knapp in den Gesamtzusammenhang des Dramenfragments ein und untersuchen Sie den Dialog zwischen dem Hauptmann und Woyzeck im Hinblick auf die Charakterisierung der beiden auftretenden Figuren. Berücksichtigen Sie dabei besonders das Verständnis der Figuren von Tugend und Moral. (ca. 60 %)
2. Stellen Sie ausgehend von der vorliegenden Textstelle dar, welche Überzeugungen zur Frage der Willensfreiheit in Büchners „Woyzeck" aufeinandertreffen und wie der Autor sich mit seinem Dramenfragment zu diesen positioniert. (ca. 40 %)

Material **Georg Büchner: Woyzeck** (Textausschnitt 5. Szene)

DER HAUPTMANN. *Woyzeck.*
Hauptmann auf einem Stuhl, Woyzeck rasiert ihn.
HAUPTMANN. Langsam, Woyzeck, langsam; ein's nach dem andern; Er macht mir ganz schwindlich. Was soll ich dann mit den zehn Minuten anfangen, die er heut zu früh fertig wird? Woyzeck, bedenk' er, er hat noch seine schöne dreißig Jahr zu leben, dreißig Jahr! macht 360 Monate, und Tage, Stunden, Minuten! Was will er denn mit der ungeheuren Zeit all anfangen? Teil er sich ein, Woyzeck.
WOYZECK. Ja wohl, Herr Hauptmann.
HAUPTMANN. Es wird mir ganz angst um die Welt, wenn ich an die Ewigkeit denke. Beschäftigung, Woyzeck, Beschäftigung! ewig das ist ewig, das ist ewig, das siehst du ein; nun ist es aber wieder nicht ewig und das ist ein Augenblick, ja, ein Augenblick – Woyzeck, es schaudert mich, wenn ich denk, dass sich die Welt in einem Tag herumdreht, was eine Zeitverschwendung, wo soll das hinaus? Woyzeck, ich kann kein Mühlrad mehr sehn, oder ich werd' melancholisch.
WOYZECK. Ja wohl, Herr Hauptmann.
HAUPTMANN. Woyzeck er sieht immer so verhetzt aus, ein guter Mensch tut das nicht, ein guter Mensch, der sein gutes Gewissen hat. – Red' er doch was Woyzeck. Was ist heut für Wetter?
WOYZECK. Schlimm, Herr Hauptmann, schlimm; Wind.
HAUPTMANN. Ich spür's schon, 's ist so was Geschwindes draußen; so ein Wind macht mir den Effekt wie eine Maus. *Pfiffig.* Ich glaub' wir haben so was aus Süd-Nord.
WOYZECK. Ja wohl, Herr Hauptmann.

HAUPTMANN. Ha! ha! ha! Süd-Nord! Ha! Ha! Ha! O er ist dumm, ganz abscheulich dumm. *Gerührt.* Woyzeck, er ist ein guter Mensch, ein guter Mensch – aber *mit Würde* Woyzeck, er hat keine Moral! Moral das ist wenn man moralisch ist, versteht er. Es ist ein gutes Wort. Er hat ein Kind, ohne den Segen der Kirche, wie unser hochehrwürdiger Herr Garnisonsprediger sagt, ohne den Segen der Kirche, es ist nicht von mir.

WOYZECK. Herr Hauptmann, der liebe Gott wird den armen Wurm nicht drum ansehn, ob das Amen drüber gesagt ist, eh' er gemacht wurde. Der Herr sprach: lasset die Kindlein zu mir kommen.

HAUPTMANN: Was sagt er da? Was ist das für 'ne kuriose Antwort? Er macht mich ganz confus mit seiner Antwort. Wenn ich sag: er, so mein ich ihn, ihn.

WOYZECK. Wir arme Leut. Sehn sie, Herr Hauptmann, Geld, Geld. Wer kein Geld hat. Da setz einmal einer sein'sgleichen auf die Moral in die Welt. Man hat auch sein Fleisch und Blut. Unsereins ist doch einmal unselig in der und der andern Welt, ich glaub' wenn wir in Himmel kämen, so müssten wir donnern helfen.

HAUPTMANN. Woyzeck er hat keine Tugend, er ist kein tugendhafter Mensch. Fleisch und Blut? Wenn ich am Fenster lieg, wenn es geregnet hat und den weißen Strümpfen so nachsehe, wie sie über die Gassen springen, – verdammt Woyzeck, – da kommt mir die Liebe. Ich hab auch Fleisch und Blut. Aber Woyzeck, die Tugend, die Tugend! Wie sollte ich dann die Zeit herumbringen? ich sag' mir immer du bist ein tugendhafter Mensch, *gerührt* ein guter Mensch, ein guter Mensch.

WOYZECK. Ja Herr Hauptmann, die Tugend! ich hab's noch nicht so aus. Sehn Sie wir gemeinen Leut, das hat keine Tugend, es kommt einem nur so die Natur, aber wenn ich ein Herr wär und hätt ein Hut und eine Uhr und en Anglaise[1] und könnt vornehm reden, ich wollt schon tugendhaft sein. Es muss was Schöns sein um die Tugend, Herr Hauptmann. Aber ich bin ein armer Kerl.

HAUPTMANN. Gut Woyzeck. Du bist ein guter Mensch, ein guter Mensch. Aber du denkst zu viel, das zehrt, du siehst immer so verhetzt aus. Der Diskurs hat mich ganz angegriffen. Geh' jetzt und renn nicht so; langsam hübsch langsam die Straße hinunter.

Aus: Georg Büchner, Woyzeck. Stuttgart: Reclam 2005, S. 15 ff.

(Die Rechtschreibung, Zeichensetzung und die Hervorhebungen entsprechen dem Originaltext.)

Anmerkung

1 Anglaise: festlicher schwarzer Anzug

TIPP **Bearbeitungshinweise**

Die Aufgabenstellung ist – wie immer bei der Interpretation eines literarischen Textes – **zweigeteilt**. In der ersten Teilaufgabe ist die vorliegende Textstelle in den **Handlungszusammenhang einzuordnen**. Zudem fordert die Arbeitsanweisung deren **Analyse**: Als Fokus der Textuntersuchung ist dabei die **Charaktergestaltung** genannt. Mit dem Hinweis auf den **Moral- und Tugendbegriff** der Figuren gibt die Aufgabe eine Hilfestellung, welcher Aspekt dabei auf jeden Fall thematisiert werden sollte. In der zweiten Teilaufgabe ist eine Weitung der Perspektive verlangt: Zum einen gilt es, die verschiedenen Auffassungen zur Frage der **Willensfreiheit** im Drama darzulegen, zum anderen ist herauszuarbeiten, wie Büchner hierzu mit seinem Drama **Stellung bezieht**. Sie haben hier also erstens eine textinterne Perspektive einzunehmen, wenn Sie die Auffassungen der Figuren darstellen, und zweitens eine übergeordnete Sichtweise, wenn Sie Büchners Position aus dem Drama ableiten.

In der **Einleitung** sollten Sie die Entstehungsdaten des Fragments nennen, da der historische Hintergrund des Stücks für die Interpretation von Bedeutung ist. Mit einer Interpretationshypothese vermitteln Sie dem Leser vorbereitend schon den Fokus der anschließenden Ausführungen.

TEILAUFGABE 1: Im **Hauptteil** folgen Sie den Teilschritten, die Ihnen die Aufgabenstellung vorgibt: **Ordnen** Sie also zunächst die Szene in den **Dramenkontext ein**. Im vorliegenden Fall ist es sinnvoll, nicht nur das Vorangegangene darzustellen, sondern auch einen Ausblick auf die weitere Entwicklung zu geben. Gehen Sie dann zur **Textanalyse** über: Sie können das Gespräch linear untersuchen, d. h. dem Gesprächsverlauf folgen und dabei die Figuren charakterisieren. Im vorliegenden Fall liegt ein **aspektorientiertes Vorgehen** allerdings näher: Dabei abstrahieren Sie vom Gesprächsverlauf und legen nacheinander verschiedene Aspekte der beiden Charaktere in der Szene dar. Vergessen Sie dabei nicht deren Tugend- und Moralverständnis.

TEILAUFGABE 2: Der Fokus liegt auf dem Gesichtspunkt der **Willensfreiheit**. Falls Sie es nicht schon zuvor in der Textanalyse getan haben, gehen Sie am besten zunächst darauf ein, welche Auffassung der Hauptmann und Woyzeck in Bezug hierauf jeweils haben. Einen weiteren Schwerpunkt sollte die Überzeugung des Doktors bilden, wie sie im späteren Gespräch mit Woyzeck zum Ausdruck kommt (Szene 8). Erwähnen Sie hier möglichst schon den Begriff des Idealismus, sofern er Ihnen etwas sagt. Damit zeigen Sie, dass Sie sich mit den philosophischen Hintergründen auskennen. Bei der Herausarbeitung von Büchners Position hilft es, sich bewusst zu machen, ob sich der Autor eher von den Figuren des Doktors und des Hauptmanns distanziert. Auch die Frage, ob er zu Woyzeck eher eine sympathisierende Position einnimmt, wird Sie weiterbringen.

Im **Schlussteil** bietet es sich an, auf Büchners sozialkritische Absichten einzugehen.

Lösungsvorschlag

TEILAUFGABE 1

Das Dramenfragment „Woyzeck" von Georg Büchner stammt aus den Jahren 1836/1837 und gilt als das erste deutsche **Sozialdrama**. Es schildert die Tragödie des einfachen Soldaten Woyzeck, der aufgrund **gesellschaftlicher Ungerechtigkeit** zum Mörder seiner Geliebten Marie, der Mutter seines Sohnes, wird. In der fünften Szene werden vor allem die unterschiedlichen Sichtweisen von Woyzeck und dem Hauptmann über Tugend und Moral sichtbar.

Einleitung
Publikationsdaten
zentrale Interpretationshypothese

Dieser Szene vorausgehend hat der Leser bzw. Zuschauer einen ersten Eindruck von dem **verstörten und gehetzten Wesen Woyzecks** gewonnen. Zudem zeichnet sich bereits ab, dass der Tambourmajor Marie nachstellt und sie in ihrer Armut und Einfachheit von diesem stolzen Mann und seinen Geschenken beeindruckt ist. Im weiteren Verlauf des Dramas nimmt Woyzecks Verwirrung zu: Ursache dafür ist unter anderem das vom Doktor an ihm durchgeführte wissenschaftliche Experiment, für das er sich aufgrund finanzieller **Existenznot** zur Verfügung gestellt hat. Ausgebeutet und erniedrigt von der bürgerlichen Gesellschaft, hat er als einzigen Halt in seinem Leben Marie und ihren gemeinsamen Sohn. Als sie ihn mit dem Tambourmajor betrügt, **zerstört sie** damit seinen **einzigen Lebenssinn** und **er tötet sie**.

Hauptteil
Einordnung der Szene in den Dramenkontext

In der fünften Szene rasiert Woyzeck den Hauptmann. Dieser wirft ihm sein gehetztes Wesen vor und empfiehlt ihm daher, die Dinge langsamer anzugehen. Er äußert seine Sorge, den Tag mit Nichtstun verbringen zu müssen. Nachdem er sich einen Scherz auf Kosten Woyzecks erlaubt hat, **wirft** der Hauptmann ihm **vor**, ein **uneheliches Kind** zu haben. Dieser Umstand deckt sich nicht mit seinem Verständnis von **Moral und Tugend**. Woyzeck verteidigt seine **„unmoralische" Lebensführung:** Er beruft sich zunächst auf die Botschaft der Bibel: Jesus seien alle Kinder willkommen. Außerdem macht er die Moral abhängig von der gesellschaftlichen Stellung: Seine **Armut** erlaube es ihm nicht, moralisch zu sein. Stattdessen sei er seiner **Natur** ausgeliefert. Der Hauptmann entlässt Woyzeck sichtlich irritiert und wiederholt dabei seine **Ermahnungen zur Ruhe und Langsamkeit**.

Untersuchung der Textstelle
Zusammenfassung des Inhalts

Die Rollen in dieser Szene sind klar verteilt: Der Hauptmann handelt in der Rolle des sozial Höhergestellten, wohingegen Woyzeck in der Rolle des sozial und finanziell Abhängigen agiert. Woyzeck ist ein einfacher Soldat und dem Hauptmann schon von Berufs wegen unterstellt. Dieses **klare Hierarchieverhältnis** zwischen Herr und

Redeanteile und soziale Stellung der Figuren

Diener wird insbesondere in der Verteilung der **Redeanteile** beider Figuren deutlich. Zunächst redet fast ausschließlich der Hauptmann. Er ist es aufgrund seiner sozialen Stellung und seines Berufes gewohnt, Befehle auszusprechen und zu monologisieren, ohne unterbrochen zu werden. Woyzeck fügt sich diesem – auf Befehl und Gehorchen basierenden – militärischen „Gesprächsregelwerk".

Das klare Abhängigkeitsverhältnis wird auch durch die **Bühnenanweisung** deutlich herausgestellt. Der Hauptmann sitzt, Woyzeck hingegen steht und rasiert ihn.

Charakterisierung des Hauptmanns

Der Hauptmann zeigt sich in dieser Szene als **überheblicher Charakter**, der aber durch seine Aussagen die eigene **intellektuelle Unzulänglichkeit** offenlegt. Das wird beispielsweise in seinem phrasenhaften Räsonieren über den **Sinn der Zeit** deutlich. Langeweile, gepaart mit **Melancholie** und **Müßiggang** zeichnen den monotonen Alltag des Hauptmanns aus. Der Mangel an Beschäftigung animiert ihn zu einem **philosophierenden Nachsinnen** über die Ewigkeit: „Es wird mir ganz angst um die Welt, wenn ich an die Ewigkeit denke. Beschäftigung, Woyzeck, Beschäftigung! ewig das ist ewig, das ist ewig, das siehst du ein; nun ist es aber wieder nicht ewig und das ist ein Augenblick, ja, ein Augenblick […]". (Z. 9 ff.) Als „Zeitvertreib" nutzt der Hauptmann seine **angebliche intellektuelle Überlegenheit** und macht sich mit seinem „Süd-Nord"-Wind-Gerede (Z. 20 f.) über Woyzecks vermeintliche Unwissenheit und Dummheit lustig (vgl. Z. 23 f.).

Charakterisierung Woyzecks

Rastlose, ja hektische Betriebsamkeit aufgrund seiner **Armut** und **sozialen Not** zeichnet hingegen den Alltag Woyzecks aus. Um den Lebensunterhalt für seine Familie (Marie und sein uneheliches Kind) einigermaßen zu sichern, ist er gezwungen, den ganzen Tag über verschiedene Gelegenheitsjobs zu verrichten. Zeit ist für ihn Geld. Je schneller er mit der einen Arbeit fertig ist, desto schneller kann er sich der nächsten Arbeit widmen. In dem **Kontrast** zwischen dem Hauptmann, den in seiner Position die Langeweile quält, und Woyzeck, der trotz steter Eile sein Arbeitspensum kaum bewältigen kann, tritt Büchners **Kritik an der Gesellschaftsordnung** zutage: Die Empfehlung des Hauptmanns, das Leben doch gemächlicher anzugehen, zeigt das Unverständnis und die Gleichgültigkeit des Vertreters der Staatsmacht gegenüber den **Nöten der armen Bevölkerung**.

die Tugend- und Moralauffassung Woyzecks

Die Textstelle, in der der Hauptmann Woyzeck vorwirft, er habe ein **uneheliches Kind** „ohne den Segen der Kirche" (Z. 27), und dies als Beleg dafür anführt, dass Woyzeck keine Moral besitze, kann als **Wendepunkt der Szene** betrachtet werden.

Woyzeck ändert fortan seinen bisherigen formal-militaristischen Antwortstil und rechtfertigt sich in längeren Sätzen. Zunächst beruft er sich mit einem **Bibelzitat** auf die Liebesbotschaft Jesu, der ein Kind nicht nach seiner Herkunft beurteile: „Herr Hauptmann, der liebe Gott wird den armen Wurm nicht drum ansehn, ob das Amen drüber gesagt ist, eh' er gemacht wurde. Der Herr sprach: lasset die Kindlein zu mir kommen." (Z. 29 ff.) In diesem Moment **zweifelt** Woyzeck ungewollt mit Bezug auf die Bibel die **proklamierte Moral** des Hauptmanns **an** und erweist sich mit dieser Antwort nicht nur als bibelfest, sondern auch als der weitaus Großmütigere und Barmherzigere, also auch Moralischere. Das Bibelzitat macht, indem er sich auf die unantastbare Autorität in Fragen der Moral beruft, sein Argument unanfechtbar.

Als weiteren **Erklärungsversuch** dafür, warum er, wie der Hauptmann behauptet, „keine Moral" hat, führt Woyzeck seine **soziale Stellung** an. Seine finanzielle Lage erlaube keine Heirat, sein Leben stets am Rande des Existenzminimums mache die **Moral zu etwas Zweitrangigem** (vgl. Z. 35). Für Woyzeck ist **Tugendhaftigkeit an Geld gekoppelt:** „Es muss was Schöns sein um die Tugend, Herr Hauptmann. Aber ich bin ein armer Kerl." (Z. 47 f.) Es ist ihm als armem Menschen aus finanziellen Gründen nicht möglich, einen bürgerlich korrekten Lebenswandel zu führen.

Indem Woyzeck sich auf die **menschliche Natur** beruft („Sehn Sie wir gemeinen Leut, [...], es kommt einem nur so die Natur.", Z. 44 f.) und das zwangsläufige Bedürfnis, dieser nachzugeben, als weitere Ursache für seine fehlende Moral benennt, schafft er damit erneut eine **Verbindung zwischen tugendhaftem Verhalten und sozialem Stand**. Er übernimmt in gewisser Weise die Sichtweise des Hauptmanns, dass er „dumm, ganz abscheulich dumm" (Z. 23 f.) sei, indem er sich auf das **Triebhafte** reduziert: „Man hat auch sein Fleisch und Blut." (Z. 35 f.)

die Tugend- und Moralauffassung des Hauptmanns

Der Hauptmann sieht mit dieser Aussage seine **selbstgerechte Überzeugung**, er sei Woyzeck **intellektuell weit überlegen**, bestätigt, schließlich verspüre er ebenso diese Triebe, gebe ihnen jedoch nicht nach: „Ich hab auch Fleisch und Blut. Aber Woyzeck, die Tugend, die Tugend!" (Z. 41 f.) Die von ihm geforderte Körperdisziplin zeichnet ihn als dem Soldatenstand zugehörig aus. Das Besondere an der Figur des Hauptmanns ist, dass er dieses „Berufsideal" mit dem Ideal der Religion verbindet. Daraus erwächst seine Ansicht, man müsse den Sexualtrieb unterdrücken und bekämpfen, um dem Ideal der religiösen Moral zu genügen: „[...] er hat keine Moral! [...] Er hat ein Kind, ohne den Segen der Kirche [...]." (Z. 25 f.)

Dass **Moral** für den Hauptmann nur eine **leere Formel** ist und lediglich seiner Eigenliebe dient („ich sag' mir immer du bist ein tugendhafter Mensch, *gerührt* ein guter Mensch", Z. 42 f.), zeigt nicht nur die **sinnentleerte Definition**, mit der er Woyzeck belehrt: „Moral das ist wenn man moralisch ist […]." (Z. 25) Auch sein Verhalten in der vorliegenden Szene entlarvt ihn als **Heuchler:** So erheitert er sich auf Woyzecks Kosten (vgl. Z. 20 f.) und erniedrigt ihn („O er ist dumm, ganz abscheulich dumm", Z. 23 f.). Sein philisterhafter Vorwurf, Woyzeck habe ein uneheliches Kind, kennzeichnet ihn eher als jemanden, der **gesellschaftlichen Normen unterworfen** ist und diese unangezweifelt zitiert. Dahinter stehen eine **kaltherzige Gleichgültigkeit und Grausamkeit** gegenüber einem Mitmenschen, der in Not ist.

TEILAUFGABE 2

Darstellung der verschiedenen Vorstellungen von Willensfreiheit und Büchners Position

der Hauptmann und Woyzeck

In dieser Textstelle treffen mit den **unterschiedlichen Auffassungen** zu **Tugend und Moral** auch **unterschiedliche Überzeugungen** zur **Willensfreiheit** aufeinander. Der Hauptmann erklärt die Frage, ob man seinen **sexuellen Trieben** nachgibt, implizit zu einer **Frage des Wollens**, wenn er die eigene Zurückhaltung andeutet, was die auf der Straße flanierenden Frauen (vgl. Z. 39 ff.) angeht. Woyzeck hingegen führt – wie eben schon herausgearbeitet – die **eigene Natur** und die **soziale Stellung** an, um zu verdeutlichen, wie eingeschränkt die Möglichkeiten sind. Auch Woyzecks **Gehetztsein** ordnet der Hauptmann nicht als Resultat der schwierigen sozialen Verhältnisse ein, aufgrund derer Woyzeck gezwungen ist, schnell zwischen verschiedenen Arbeiten hin und her zu wechseln; er unterstellt vielmehr, dass Woyzeck sich anders verhalten könnte, wenn er nur wollte (vgl. Z. 16 f.).

der Doktor und Woyzeck

Ein vergleichbar **idealistisches Menschenbild** vertritt der Doktor. Gegenüber Woyzeck, dessen finanzielle Abhängigkeit er ausnutzt, um ihn für zweifelhafte **wissenschaftliche Versuche** zu **missbrauchen**, spricht er von der **Freiheit des menschlichen Willens:** „Hab' ich nicht nachgewiesen, dass der Musculus constrictor vesicae dem Willen unterworfen ist? […] Woyzeck, der Mensch ist frei, in dem Mensch verklärt sich die Individualität zur Freiheit." (S. 19) Georg Büchner lässt den Doktor als Idealisten sprechen, der die **Unabhängigkeit des Geistes von der Materie** behauptet. Woyzeck indessen führt wieder die eigene Natur, die **Bedürfnisse des Körpers**, ins Feld, um sein Tun zu verteidigen.

In der Konfrontation der verschiedenen Auffassungen zur Willensfreiheit positioniert sich Büchner deutlich **nicht auf der idealistischen, sondern auf der materialistischen Seite**. So überzeichnet er den Doktor und seine Auffassung so stark, dass dieser nicht mehr ernst genommen werden kann: Die **Willensfreiheit** im Hinblick auf den **Harndrang** erscheint als **absurd und in karikierender Weise bis ins Groteske verzerrt**. Zudem fordert der Doktor die Willensfreiheit nicht mit dem Ziel ein, ein ethisches Problem zu lösen und Tugend und Gerechtigkeit zu befördern. Er hat lediglich **egoistische Motive:** Er ist an seinem Ruhm als Wissenschaftler interessiert. Woyzecks Befinden interessiert ihn nur so weit, wie er die vom Doktor erhofften Krankheitssymptome zeigt: „Woyzeck er hat die schönste Aberratio mentalis partialis, der zweiten Spezies, sehr schön ausgeprägt, Woyzeck er kriegt Zulage." (S. 20) Auch den **Hauptmann ironisiert** Büchner: Sein **Tugend- und Moralbegriff** ist – wie gezeigt – **sinnentleert**. Außerdem zeigt sich, dass der Hauptmann moralische Werte wie die Humanität nicht lebt: Er ist – ebenso wie der Doktor – fester Bestandteil des **Systems der Ausbeutung**, dem Woyzeck ausgesetzt ist.

Büchners materialistisches Menschenbild

Kritik am Doktor

Kritik am Hauptmann

Dem **Idealismus**, nach dem der Geist Vorrang vor dem Körper und den äußeren Verhältnissen hat, hält Büchner eine **klare materialistische Position** entgegen: Das gesamte Drama ist darauf angelegt, die **Abhängigkeit des Denkens und Handelns** der Titelfigur **von den sozialen Umständen** aufzuzeigen. Die Lebensbedingungen prägen den Geist, nicht der Geist die Lebensbedingungen.

materialistische Perspektive des gesamten Dramas

Büchner dokumentiert dies nicht zuletzt mit der **Entwicklung**, die Woyzeck nimmt. Niedergedrückt von den vielfachen **Arbeitsbelastungen**, geschwächt von der **ausbeuterischen Erbsendiät** verfällt Woyzeck zunehmend dem **Wahnsinn**. Als er dann noch davon erfährt, dass Marie ihn **betrügt**, **verliert** er seinen **letzten Halt** und tötet schließlich seine Geliebte. Angesichts seines Zustandes fällt es aber schwer, der Titelfigur Zurechnungsfähigkeit und Willensfreiheit zu bescheinigen.

Woyzecks Entwicklung und der Mord an Marie

Schluss

Formal wird Woyzeck hier zwar zum **Täter**, doch erscheint er vor allem als **Opfer** – als **Opfer der gesellschaftlichen Verhältnisse**, die auf der Ausbeutung der armen Schichten beruhen. Büchner gestaltet **Woyzeck als zwanghaft determinierten Menschen**, nicht als eigentlich freien Verursacher der Tat. Hieraus spricht Büchners **Sozialkritik**, die die Ungerechtigkeit einer immer noch ständisch geprägten Gesellschaft anprangert.

INTERPRETATION EINES LITERARISCHEN TEXTES

Arbeitsanweisungen

1. Ordnen Sie die Textstelle in den Gesamtzusammenhang ein und interpretieren Sie sie. Charakterisieren Sie dabei die Protagonistin unter Berücksichtigung der Situation, in der sie sich befindet. (ca. 50 %)
2. Erläutern Sie – über die Textstelle hinaus – die Bedeutung, die Moritz für seine Schwester hat. (ca. 50 %)

Material **Juli Zeh, Corpus Delicti**

‚Es' regnet

„Es ist nur mein Körper. Der Körper. Nur der Körper."

Mias Stimme ist anzuhören, dass sie schon seit vielen Stunden auf diese Weise mit sich selbst spricht.

„Meine Zehen gehören zum Körper. Meine Finger gehören zum Körper. Mein Geschlecht gehört zum Körper. Arme und Beine gehören zum Körper. Der Magen gehört zum Körper. Mein Herz gehört zum Körper. Mein Gehirn …" Sie stockt einen Augenblick; ein Krampf lässt ihre Schultern zucken, ihr Kopf schlägt mehrmals auf den Boden. „Auch mein Gehirn gehört zum Körper. Materie, die sich selbst anglotzt. Das können sie haben. Moritz hätte das gewollt."

Wieder durchläuft sie ein Krampf, bei dem sie versucht, eine Hand unter die rechte Schläfe zu schieben, um die Stirn zu schützen. Als wäre sie noch immer an die Maschine angeschlossen. Irgendwann hat man Kiste und Kabel entfernt und Mia am Boden zurückgelassen. Eingerollt wie ein Embryo liegt sie in ihrer kleinen Zelle und hat sich, abgesehen von den regelmäßigen Spasmen, seit einer halben Ewigkeit nicht bewegt. Der Boden ist gekachelt und dementsprechend kalt und hart. So gesehen hat Mia Glück, dass sie sich nicht mehr spürt. Was ihr größere Probleme bereitet als der Boden, ist die Tatsache, dass das Licht flackert. Genauer gesagt, es schaltet sich in regelmäßigen Abständen von jeweils 1,5 Sekunden an und wieder aus. Mias Körper wird von gleißender Helligkeit erfasst und gleich darauf zurück in die Dunkelheit gestoßen. An, aus. Man muss flackern. Der freie Mensch gleicht einer defekten Lampe. So hat es Moritz einst ausgedrückt. Das Licht hindert Mia am Schlafen. Es hindert sie am Denken. Jeder neue Lichtblitz fährt ihr wie ein Messer ins Hirn. Es gibt keinen Frieden. Keine Bewusstlosigkeit. Kein Abtauchen ins gnädige Vergessen. Man hat Mia, oder das, was von ihr übrig ist, dazu verurteilt, hellwach zu sein.

„Das Gute an einer Schwester, hast du einmal zu mir gesagt, ist, dass man nicht an sie glauben muss. Das unterscheide mich, deine Schwester, von Gott, von dir selbst und von allem, was du denkst oder tust. Ich behauptete, dass außer Gott ohnehin niemand so dumm sei, permanent Beweise für seine Existenz zu verlangen. Du wurdest ernst und erwidertest, dass Gottes Existenz längst bewiesen sei, und zwar gerade durch die Sätze ‚Es gibt keinen Gott' oder ‚Gott ist tot'. Weil ich das nicht einsehen wollte, musstest du es erklären. Wenn etwas wirklich nicht existiere, meintest du, brauchten wir es nicht zu leugnen oder für tot zu erklären. Sonst hätten wir unendlich viele Sätze wie ‚Kasmaneten gibt es nicht' oder ‚Tiesel ist tot'. Was, fragte ich, sind Kasmaneten? Und wer ist Tiesel? Da musstest du lachen. Und wie! Siehst du, hast du gerufen, die gibt es eben wirklich nicht! Gut, dass wir nicht darauf angewiesen sind, unaufhörlich das Nichtexistierende zu leugnen, um es vom Sein abzuhalten. Sonst hätten wir den ganzen Tag nichts anderes zu tun. Du warst gerade zwölf geworden."

Als der nächste Krampf sie schüttelt, gelingt es ihr, beide Hände unter den Kopf zu schieben und sich ein Stück herumzurollen, fast schon bis auf den Rücken.

„Natürlich habe ich mitgelacht. Es war schön. Wir haben gern zusammen gelacht, vor allem als wir Kinder waren und du die Philosophie für dich entdecktest. Die Philosophie war ein nicht enden wollendes Gelächter. ‚Es gibt' oder ‚Es gibt nicht' – was soll das überhaupt heißen? So konntest du fragen. Dass uns die Welt gegeben wird? Von wem? Von ‚es'? Ist ‚es' dasselbe Es, das auch regnet? Oder friert? Oder geht? Oder Spaß macht? Oder Zeit ist? Wenn ja, dann hat Gott wohl etwas mit dem ‚Ich' gemeinsam. Beide sind nichts weiter als Pronomen. Ein grammatikalisches Problem."

Mia macht ein Geräusch, das man mit gutem Willen als eine Mischung aus Lachen und Husten deuten könnte.

„Du warst so klug. Nie wieder konnte ich ‚Es regnet' sagen, ohne dabei zu grinsen. *Regnet es?* Welche Jahreszeit haben wir überhaupt? Jeder Mensch sollte eine dunkle Baumkrone vor dem Fenster haben oder ein schwarzes Schieferdach auf der anderen Straßenseite, irgendetwas, auf das er starren kann, um herauszufinden, ob es regnet. Wir brauchen ein Grundrecht auf Schwärze. Ich werde mich dafür einsetzen. Die Nacht wurde erfunden, damit wir uns Stück für Stück an die Dunkelheit gewöhnen. Der Schlaf wurde erfunden, damit wir uns Nacht für Nacht an den Tod gewöhnen. Mach das Licht aus. Manchmal ergibt sich aus langen Gedankengängen nichts weiter, als dass Herbst ist."

Aus: Juli Zeh, Corpus Delicti. Ein Prozess, München: btb-Verlag[22] 2010, S. 237–240.
Die Schreibweise entspricht der Vorlage.
Offizielle Musteraufgabe für die Abiturprüfung 2024

TIPP **Bearbeitungshinweise**

TEILAUFGABE 1: Diese besteht aus zwei Bereichen, der **Einordnung der Textstelle in den Kontext** des Romans sowie deren **Interpretation**. Die geforderte Charakterisierung von Mia Holl gibt den Schwerpunkt vor.

Formulieren Sie nach einer ersten Lektüre Ihre spontanen **Eindrücke** und **offene Fragen**. Stellen Sie dann eine vorläufige **Deutungshypothese** auf. Im nächsten Schritt notieren Sie stichwortartig die Informationen, die für das Verständnis des Textauszugs im Gesamtzusammenhang des Romans wichtig sind **(Makrokontext)**. Beachten Sie auch, was der Textstelle unmittelbar vorausgeht und sich daran anschließt **(Mikrokontext)**. Wichtig ist es, die für das Verständnis wichtigen **kausalen Zusammenhänge** knapp herauszuarbeiten. Die Interpretation erfordert darüber hinaus eine gründliche **Textarbeit**, bei der Sie die Szene anhand der üblichen Analysebausteine untersuchen (u. a. Aufbau, Figuren, Sprache, Stil).

Bei der Niederschrift Ihrer Interpretation können Sie entweder linear vorgehen, also der **Chronologie des Textauszugs** folgen, oder sich an selbst gewählten **Analyseschwerpunkten** orientieren. Eine lineare Analyse erscheint vielen auf den ersten Blick einfacher, birgt aber die Gefahr, die nötige Distanz zum Text zu verlieren und die funktionale Deutung von Zusammenhängen zu versäumen. Ein aspektorientiertes Vorgehen gibt Ihren Ausführungen eine Struktur, die eine Einordnung von Einzelbeobachtungen in größere Zusammenhänge erleichtert. Der folgende Lösungsvorschlag ist nach Aspekten gegliedert. Bei längeren Textauszügen bietet sich eine **Unterteilung in Sinnabschnitte** an, die Sie nacheinander behandeln. Die Zerlegung hilft dabei, den Überblick zu behalten. Gleichzeitig verdeutlicht diese Methode Veränderungen im Laufe des Textes, z. B. im Hinblick auf die Sprache oder das Erzählverhalten. Bei der vorliegenden Textstelle ist folgende Einteilung sinnvoll: Z. 1–25 (Beschreibung der Folter), Z. 26–49 (Erinnerungen an Moritz' Philosophie), Z. 50–58 (Gedanken zu Dunkelheit und Tod).

TEILAUFGABE 2 verlangt von Ihnen, Moritz' Bedeutung für Mia zu erläutern, d. h. im Zusammenhang zu beschreiben und anschaulich mit Textbelegen zu erklären. Sinnvoll ist es, von den Ergebnissen der ersten Teilaufgabe auszugehen und dann über die Textstelle hinauszudenken. Beschränken Sie sich dabei nicht auf die Handlungsebene, sondern begeben Sie sich auf die **Deutungsebene**.

Nehmen Sie sich ausreichend **Vorbereitungszeit**. Blättern Sie im Roman nach Passagen, mit denen Sie Ihre Ausführungen belegen können. Eine detaillierte Textarbeit wird hier nicht erwartet, jedoch eine Absicherung zentraler Ergebnisse durch **Textbelege**. Direkte Zitate aus dem Roman sind wünschenswert, aber angesichts der Zeitknappheit sind auch Paraphrasierungen aus dem Gedächtnis erlaubt. Greifen Sie auf diese Möglichkeit zurück, wenn Sie kein passendes Zitat finden. Es empfiehlt sich, vor der Niederschrift eine **Gliederung** anzufertigen.

verwendete Textausgabe: Juli Zeh: Corpus Delicti. Ein Prozess. München: btb-Verlag 2010.

Lösungsvorschlag

TEILAUFGABE 1

„Die letzte der menschlichen Freiheiten besteht in der Wahl der Einstellung zu den Dingen." Mit diesen Worten beschreibt Viktor Frankl, der die Gefangenschaft im Konzentrationslager überlebt hat, die Möglichkeit, selbst zu entscheiden, welche Bewertung man einem äußeren Reiz gibt.

Hinführung zur Thematik

Diese innere Freiheit erlangt auch die Protagonistin des 2009 erschienenen dystopischen Romans „Corpus Delicti. Ein Prozess" von Juli Zeh, der die Frage aufwirft, in welcher Art von Gesellschaft wir zukünftig leben möchten. Die im Roman herrschende Gesundheitsdiktatur will Mia Holl, Opfer einer modernen Hexenjagd, durch Isolation und Folter zu einem falschen Geständnis zwingen. Ihr gelingt es aber, sich dem äußeren Zwang nicht zu unterwerfen und zu ihren Überzeugungen zu stehen.

allgemeine Informationen zum Roman

Die Romanhandlung spielt im 21. Jahrhundert in einem totalitären Staat, dessen oberstes Ziel die Erhaltung der Gesundheit ist und der keine Infragestellung seiner als **METHODE** bezeichneten Ideologie duldet. Die Biologin **Mia** Holl führt ein **systemkonformes Leben**, bis sie angeklagt wird, weil sie infolge der Trauer um ihren **Bruder Moritz** ihrer verpflichtenden Gesundheitsvorsorge nicht nachgekommen ist. Mias methodenfeindlicher Bruder hat sich vor dem Einsetzen der Romanhandlung das Leben genommen, nachdem er **zu Unrecht** für den Mord an einer jungen Frau **verurteilt** worden war. Da Mia intuitiv weiß, dass er unschuldig ist, gerät sie mehr und mehr in **Konflikt** mit der METHODE und entfernt sich zunehmend von deren Grundsätzen. Ihr Prozess, die Erinnerungen an ihren Bruder, die Gespräche mit der von ihm übernommenen imaginären idealen Geliebten sowie schließlich der Beweis seiner Unschuld führen dazu, dass sie sich **öffentlich gegen die METHODE stellt** und für die Wahrheit kämpft. Da Mia eine große Gefahr für das System darstellt, wird sie kaltblütig ausgeschaltet. Durch ein Komplott wird sie als angebliche Anführerin einer Widerstandszelle hingestellt und **inhaftiert**. Die METHODE versucht, Mia – zunächst durch das Angebot einer Strafmilderung, dann durch Androhung von Gewalt – zu einem falschen Geständnis zu zwingen, womit sie allerdings scheitert. Deshalb wird Mia **gefoltert:** Sie steht nackt, mit einer Kapuze über dem Kopf, auf einer Kiste, während sie mit Stromstößen durch ihre sensibelsten Körperteile gequält wird. Nach einer unbestimmten Zeit folgt als zweiter Teil der Tortur Schlafentzug. Da Mia trotzdem standhaft bleibt, verhängt das Gericht die Höchststrafe, das **Ein-**

Einordnung der Textstelle in den Kontext

frieren auf unbestimmte Zeit. Mia wird jedoch in letzter Sekunde **begnadigt**, damit sie nicht als Märtyrerin gelten kann. In einer Resozialisierungsanstalt soll sie vermutlich einer Gehirnwäsche unterzogen werden.

Inhalt der Textstelle

In der vorliegenden Textstelle wird der **zweite Teil der Folter** beschrieben. Nicht mehr an die Stromstöße erteilende Maschine angeschlossen, liegt Mia jetzt zuckend auf dem Boden. Durch schnelle Wechsel zwischen Helligkeit und Dunkelheit wird sie am Einschlafen gehindert. Im ersten Teil des Textauszugs (Z. 1–25) redet sie beruhigend auf sich ein und spricht schließlich im zweiten Sinnabschnitt (Z. 26–49) ihren Bruder an, wobei sie sich an gemeinsame Gespräche in ihrer Kindheit über die Existenz Gottes erinnert. Der dritte Teil (Z. 50–58) beinhaltet Mias Reflexionen über Dunkelheit, Schlaf und Tod.

Interpretation

1. Sinnabschnitt (Z. 1–25)

Folter, Abspaltung des Geistes vom Körper

Die Textstelle beginnt mit Mias Versuchen, die Schmerzen durch die Misshandlung auszuhalten, indem sie versucht, **Körper und Geist als getrennt voneinander wahrzunehmen:** „Es ist nur mein Körper. Der Körper. Nur der Körper.“ (Z. 2) Der Bezug, den sie noch im ersten Satz zu ihrem Leib hat, wird durch die **elliptischen Anschlusssätze** zurückgenommen. Aus dem Possessivpronomen „mein“ wird der Artikel „der“, abgeschwächt durch die Partikel „nur“. Mit **Parallelismen**, die ihre Äußerungen wie ein Mantra wirken lassen, zählt Mia auf, was „zum Körper“ (vgl. Z. 5 ff.) gehört. Schließlich gelingt es ihr, sich von ihrem Leib so abzuspalten, „dass sie sich nicht mehr spürt“ (Z. 17).

Grausamkeit der Folter durch sprachliche Gestaltung verdeutlicht

Der **auktoriale Erzähler** beschreibt die Grausamkeit der Folter an der ausgelieferten, schutzlosen Mia mit großer **Anschaulichkeit**. So wird sie nach den Stromstößen der vorangegangenen Szene einfach am Boden „zurückgelassen“ (Z. 14), liegt dort nackt und wird immer wieder von **Krämpfen** durchgeschüttelt, die ihren Kopf auf den harten Boden schlagen lassen (vgl. Z. 8 f. und 11 f.). Mias Hilflosigkeit wird mit dem **Vergleich** „[e]ingerollt wie ein Embryo“ (Z. 14) illustriert. Ihr Körper ist enorm geschwächt, was durch die **Hyperbel**, sie habe „sich […] seit einer halben Ewigkeit nicht bewegt“ (Z. 15 f.), deutlich wird. Diesen unbestimmten Zeitraum, seit Mia „[i]rgendwann“ (Z. 13) von der Maschine getrennt worden ist, ordnet der Erzählerkommentar zeitlich zumindest als relativ lang ein: Sie spricht „schon seit vielen Stunden […] mit sich selbst“ (Z. 3 f.). Das **Licht**, das in kurzen Abständen an- und wieder ausgemacht wird, erscheint in „gleißender Helligkeit“ (Z. 20) und „[j]eder neue Lichtblitz fährt ihr wie ein Messer ins Hirn“ (Z. 23). Die **Bildhaftigkeit** dieser Beschreibungen zeigt, wie schmerzhaft das grelle Licht für die geschundene Frau ist. Darüber hinaus hindert es sie am Denken und daran, sich der Situation durch Schlaf zumindest zeitweise zu entziehen. Diese Gnade (vgl. Z. 24) wird ihr nicht gegönnt, man hat sie stattdessen „dazu **verurteilt, hellwach zu sein**" (Z. 25).

Raum

Dass Mia Opfer eines Justizskandals ist, wird auch von der Beschreibung des Raumes widergespiegelt: Sie befindet sich in einer unmöblierten, „kleinen Zelle" (Z. 14), „[d]er Boden ist gekachelt und dementsprechend kalt und hart" (Z. 16). Eine Person zu foltern, sie nackt auf dem Fußboden liegen zu lassen und es in Kauf zu nehmen, dass ihr Kopf immer wieder auf den Fliesen aufschlägt, zeigt, wie weit die METHODE zu gehen bereit ist. Gleichzeitig wird durch die unmenschlichen Foltermethoden die **Widersprüchlichkeit dieser Ideologie** aufgedeckt. Ihr Grundsatz, dem Wohl des Menschen zu dienen (vgl. S. 110), verliert seine Gültigkeit, sobald staatliche Strukturen infrage gestellt werden. Dass Mia angesichts dieser Brutalität ihren **Widerstand nicht aufgibt**, zeugt von großer **Stärke**. Es gelingt ihr, standhaft zu bleiben, weil sie **Halt in ihrem Bruder** findet. Sein Name fällt in zwei ihrer direkten Äußerungen, die den Erzählerbericht durchbrechen (vgl. Z. 10 und 22). Während der Lichtblitze kommt ihr beispielsweise sein Vergleich eines freien Menschen mit „einer defekten Lampe" (Z. 21) in den Sinn, dieser müsse ebenso zwischen den Polen flackern (vgl. S. 149).

Widersprüchlichkeit der METHODE

Grund für Mias Standhaftigkeit: Moritz

2. Sinnabschnitt (Z. 26–49)

Erinnerungen an Moritz: philosophische Fragen, Gottesbeweis

Im zweiten Teil der Szene zeigt sich, dass man Mia die innere Freiheit nicht nehmen kann. Ihre philosophischen, existenziellen Gedanken stehen in deutlicher **Diskrepanz** zu der Darstellung der primitiv-grausamen Folter. Während ihre Sprache im ersten Sinnabschnitt, ihrer körperlichen Verfassung entsprechend, knapp und reduziert ist, mit parataktischem, teils elliptischem Satzbau, werden die **Strukturen im zweiten Teil komplexer**. Der Erzähler rückt in den Hintergrund und tritt lediglich zwei Mal kurz in Erscheinung, sodass die Leserschaft durch die **szenische Darstellung** an Mias Gedanken unmittelbar teilhaben kann. Trotz der Nachwirkungen der Stromstöße ist Mia in der Lage, **komplexe Gedankengänge** zu fassen sowie sich an Gespräche über philosophische Fragen und Gottesbeweise zu erinnern. Auch ihre regelmäßig auftretenden Krämpfe (Z. 11, 15 und 39) können ihre Gedanken nicht unterbrechen. Sie spricht Moritz direkt an und erinnert sich an den Versuch des damals Zwölfjährigen, ihr die Existenz Gottes durch Nietzsches berühmte Theorie „Gott ist tot" zu beweisen (vgl. Z. 31).

Mias geistige Freiheit

Auffallend in diesem Abschnitt ist **Mias gute geistige Verfassung**. Sie erinnert sich mit hoher Genauigkeit an sämtliche Details eines 15 Jahre zurückliegenden Gesprächs (vgl. Z. 26 ff.). So gibt sie ihre und Moritz' Überlegungen im Konjunktiv I wieder und greift für zentrale Aussagen auf wörtliche Rede zurück. Die Darlegung dieser

Gedankengänge ist **syntaktisch äußerst komplex**. Sich Moritz' Beweis der Existenz Gottes ins Gedächtnis zu rufen, verschafft Mia Sicherheit und Halt. Die weiterführenden Gedanken ihres Bruders lassen sie zudem an eine ausgelassene, fröhliche Zeit mit ihm denken, die sie mit positiv konnotierten Begriffen beschreibt (vgl. Z. 41 ff.). In kindlicher Unbeschwertheit haben die Geschwister sich philosophischen Fragen genähert, was damals zu einer Beschäftigung mit der Bedeutung des Pronomens „es" geführt hat, die Mia mit großer Detailtreue wiedergibt. Die Erinnerung an Moritz' ironische Schlussfolgerung, Gott sei nichts weiter als „[e]in grammatikalisches Problem" (Z. 47), löst bei Mia ein Geräusch aus, das der Erzähler „als eine Mischung aus Lachen und Husten" (Z. 48 f.) deutet. Ein Lachen in ihrer misslichen Situation würde die **starke positive Wirkung** veranschaulichen, die **ihre Gedanken** auf Mia haben.

Durch ihre Verbundenheit mit Moritz gelingt es Mia, standhaft zu bleiben. Im dritten Sinnabschnitt setzt sie sich mit ihrem Tod auseinander. Ausgehend von der Folter durch grelles Licht fordert sie ein „Grundrecht auf Schwärze" (Z. 54) und möchte, dass das Licht ausgemacht wird (vgl. Z. 56 f.). Sie verspürt **Sehnsucht nach Dunkelheit und Schlaf als Vorstufe des Todes**. Damit greift sie erneut einen Gedanken ihres Bruders auf: „Wir kommen aus dem Dunkel und gehen ins Dunkel. […] Anfang und Ende, Geburt und Tod werden nicht erlebt." (S. 148) Die Szene endet mit einer starken **Symbolik:** „Manchmal ergibt sich aus langen Gedankengängen nichts weiter, als dass **Herbst** ist." (Z. 57 f.) Der Herbst, die Jahreszeit, in der das Licht der Dunkelheit weicht, versinnbildlicht die **Endlichkeit** und den nahenden Tod, der Mia aber letztlich verwehrt bleiben soll.

3. Sinnabschnitt (Z. 50 – 58)

Auseinandersetzung mit dem Tod

Der Textauszug macht deutlich, welche Bedeutung Moritz für Mia während ihrer Gefangenschaft hat. Die Liebe zu ihm ermöglicht es ihr, sich unter unmenschlicher Folter von der Außenwelt abzuwenden und **im Inneren Freiheit und Würde zu erlangen**.

Zusammenfassung: Moritz' Bedeutung für Mia in der Textstelle

TEILAUFGABE 2

Die **Beziehung zwischen Mia und ihrem Bruder** ist trotz ihrer gegensätzlichen Charaktere und Lebensentwürfe von Kindheit an von **großer Nähe** und **inniger Verbundenheit** geprägt. **Moritz** ist ein Träumer und **Freidenker**. Er lässt sich von der METHODE nicht manipulieren, liebt die Natur und das Leben, will Erfahrungen machen und ein selbstbestimmtes Leben führen (vgl. S. 27). Seine **Schwester**, die rationale Biologin, ist zumindest nach außen hin eine **überzeugte Anhängerin der METHODE** und versucht immer wieder, ihren Bruder zu einem Gesinnungswechsel zu bewegen.

Mia und Moritz: nach außen konträre Persönlichkeiten

Der Grund für die unterschiedliche Lebensführung liegt darin, dass Moritz als Kind an Leukämie erkrankt ist. Während ihm durch diese **Endlichkeitserfahrung** deutlich wird, welchen Wert das Leben hat, über das er folglich selbst bestimmen will, sieht Mia seine Heilung allein durch die METHODE ermöglicht, was ihr systemkonformes Verhalten begründet. Diese **gegensätzliche Deutung** einer gemeinsamen Erfahrung führt immer wieder zu Auseinandersetzungen, die jedoch die Geschwister nicht dauerhaft voneinander entfernen.

Grund: unterschiedliche Auswirkung von Moritz' Leukämieerkrankung auf die Geschwister

Dass sich die beiden trotz ihrer unterschiedlichen Lebensführung von jeher nahe sind, zeigt sich beispielsweise daran, dass Moritz als Kind den halben Garten nach Mia benannt hat (vgl. S. 124). Er schafft es auch, seine vernünftige Schwester dazu zu bringen, die **Grenzen des Systems zu überschreiten** und sich in der Natur der Überwachung zu entziehen. Die Geschwister treffen sich wöchentlich verbotenerweise im Sperrgebiet, um über existenzielle Fragen zu philosophieren, aber auch über die METHODE zu sprechen. Ihr Bruder **zeigt Mia eine andere Sichtweise auf das Leben**, als sie der Staat propagiert. Kurz vor Moritz' Verhaftung lässt Mia sogar ihre nackten Füße im Wasser baumeln (vgl. S. 147), was sie zuvor bei ihm noch als unhygienisch kritisiert hat. Obwohl sie heimlich denkt, er sei „vielleicht nicht ganz richtig im Kopf" (S. 91), findet sie ihn „unwiderstehlich" (S. 91), bewundert ihn und verspürt Eifersucht, wenn er über seine Liebhaberinnen spricht (vgl. S. 91).

trotzdem: inniges Verhältnis

Mias Bewunderung für Moritz

Nach außen hin angepasst, scheint Mia innerlich von Beginn an **zwischen der METHODE und der Welt ihres Bruders** zu stehen. Das zeigt sich auch an ihren fehlenden Sozialkontakten. Moritz ist ihre einzige Bezugsperson und die Treffen mit ihm sind für sie von großer Bedeutung. Für Mia ist es „immer [gut], wenn sie zu zweit allein sein [können]" (S. 92), sie sieht sich als Moritz' Zuhause (vgl. S. 134). Sie liebt ihn und ist stets in Sorge um ihn (vgl. S. 133).

Mia „dazwischen"

Als Moritz im Gefängnis ist, vererbt er Mia seine imaginäre Traumfrau, die „**ideale Geliebte**", damit sie seine Schwester zu ihm zurückführe. Sie seien sich ein Leben lang im Reich der Fantasie begegnet, es werde „für immer [ihr] gemeinsames Zuhause sein" (S. 45). Moritz' folgender **Suizid** stürzt die Protagonistin in eine **Lebens- und Identitätskrise:** Sie hat ihren einzigen Bezugspunkt verloren und weiß intuitiv um Moritz' Unschuld, weil sie ihn kennt, „*[i]hn*, das heißt, seinen Geist. Seine Seele. Sein Herz. Jene Dinge, die nach Auffassung der METHODE beim Umgang mit Menschen keine Rolle spielen." (S. 108) Als Anhängerin der METHODE ist Mia aber gleichzeitig von deren Unfehlbarkeit überzeugt. Diese nicht aufzulösende Diskrepanz führt dazu, dass sie sich zunehmend selbst fremd wird und keine Bedeutung mehr in ihrem Leben sieht.

ideale Geliebte als Bindeglied nach Moritz' Tod

Mias innere Krise

Das zeigt sich einerseits im Chaos in ihrer Wohnung (vgl. S. 47), andererseits in der Vernachlässigung ihrer Meldepflichten, was den **Konflikt mit der METHODE** auslöst. Um zu ihrem wahren Selbst zu finden, benötigt Mia die Hilfe ihres Bruders, die sie in Form der idealen Geliebten, in der Moritz' Gedanken weiterleben, bekommt.

Aufforderung zur Entscheidung an „Zaunreiterin" Mia

Zunächst spricht die ideale Geliebte Mia tröstend zu und berät sie. Schließlich konfrontiert sie Mia aber mit deren Rolle als „**Zaunreiterin**" (S. 144), die zwischen den Grenzen schwebe, und fordert sie auf, sich zu **entscheiden**. Mia sei wie ihr Bruder, versuche aber ihr Anderssein hinter Systemtreue zu verstecken – im Gegensatz zu Moritz, der es öffentlich zur Schau getragen habe. Dieses Gespräch ist eine Schlüsselstelle des Romans, denn tief in ihrem Inneren gibt Mia der idealen Geliebten und somit ihrem Bruder bereits hier recht.

Mias Übernahme von Moritz' Verhalten

Mia schafft es zwar noch nicht, sich endgültig gegen die METHODE zu entscheiden, **nähert sich ihrem Bruder** aber immer mehr **an**. Bereits kurz nach seinem Tod raucht sie eine – streng verbotene – Zigarette, um sich ihm nahe zu fühlen. Während sie zunächst dauernd an Moritz denken muss und nichts ohne ihn tun kann (vgl. S. 68 f.), übernimmt sie irgendwann seine Verhaltensweisen. Mia sucht weiterhin seinen Ort im Sperrgebiet auf und wird dort verhaftet, als sie die Füße im Wasser baumeln lässt und sich eine Zigarette anzündet (vgl. S. 151). Die **starke Identifikation** mit ihrem Bruder wird auch dadurch zum Ausdruck gebracht, dass der Ablauf der Verhaftung und ihre Reaktion darauf der von Moritz sehr ähneln. Mia geht sogar so weit, dass sie im Gefängnis nicht sich selbst im Spiegel wahrnimmt, sondern ihren Bruder: „Im Spiegel sieht sie den Blick von jemandem, den sie kennt. Es ist nicht ihr eigener. Das ist dann wohl Moritz." (S. 195) Die willkürlichen Anschuldigungen, die verdrehten Fakten während Mias Prozesses und der Beweis für Moritz' Unschuld führen dazu, dass sich Mia **zu ihrem Bruder bekennt** und die **METHODE** öffentlich **als Unrechtssystem entlarvt**.

Identifikation mit Moritz

Fazit

Mias Selbstfindung über ihren Bruder

Durch die Liebe und Loyalität zu ihrem Bruder findet Mia über eine Identifikation mit ihm zu sich selbst. Mithilfe der idealen Geliebten zeigt er ihr über seinen Tod hinaus die Fehlbarkeit der METHODE auf und löst somit Mias Bereitschaft aus, in seine Fußstapfen zu treten und gegen das System zu kämpfen. Bis zum Schluss begleitet Moritz seine Schwester gedanklich und bietet ihr den nötigen Rückhalt, auch unter unmenschlichen Folterbedingungen standhaft zu bleiben. Zusammenfassend kann man festhalten, dass **Moritz für Mia von essenzieller Bedeutung** ist. Er ist ihr ganzes Leben hindurch ihre engste Bezugsperson, auch nach seinem Tod. Durch ihn lernt sie, „mit dem Herzen [zu] denken" (S. 183) und zu verstehen, „was es bedeutet zu leben" (S. 187).

Deutsch (Baden-Württemberg) ▪ Abiturprüfung (eAN)
Übungsaufgabe 3

ERÖRTERUNG EINES LITERARISCHEN TEXTES

Arbeitsanweisungen

1. Arbeiten Sie die Argumentation heraus und bestimmen Sie die Position des Regisseurs Ulrich Rasche. (ca. 30 %)
2. Setzen Sie sich mit der Position Rasches in Bezug auf Büchners Drama „Woyzeck“ auseinander. (ca. 70 %)

Material

Was ist das, das in uns lügt, mordet, stiehlt? Auszug aus einem Gespräch mit dem Regisseur Ulrich Rasche (2019)

In einem Interview zu seiner „Woyzeck“-Inszenierung am Theater Basel und dem Münchner Residenztheater erläutert der Regisseur Ulrich Rasche sein Verständnis des Dramas.

Ich finde es wichtig, dass wir Woyzeck nicht nur als Opfer wahrnehmen. Er besitzt viele Eigenschaften, die ihn als einen starken und in sich ruhenden Charakter auszeichnen. Woyzeck wird dadurch für andere zu einem Objekt, dessen Nähe man sucht oder das man vielleicht sogar besitzen möchte. Eine Figur, die einseitig die Repressionen einer Gesellschaft erdulden muss, ohne sie auch als Rad im Getriebe zu begreifen, interessiert mich im Grunde nicht. Wenn wir heute im Theater Machtverhältnisse untersuchen wollen, müssen wir im Auge behalten, dass unser Zusammenleben schon lange nicht mehr in einer oppositionellen Struktur wie Herr und Knecht oder Arm und Reich abgebildet werden kann. Im Grunde leiden alle Figuren in „Woyzeck“ unter den gesellschaftlichen Verhältnissen und an der Einrichtung der menschlichen Existenz schlechthin. Beides zusammenzudenken, ist für mich die größte Herausforderung der Arbeit. Büchner zeichnet ein kritisches Bild einer Gesellschaft, wie sie in der Restaurationsphase nach 1815 in Deutschland geherrscht hat. Dabei unterscheidet er klar zwischen der feudalen Klasse, dem liberalen Bürgertum und den Armen am unteren Ende der Leiter. Dennoch schildert Büchner auch soziale Konflikte innerhalb der oberen Klasse und deren Unfähigkeit, ihr Leben so zu gestalten, dass sie es als freie und gleichberechtigte Individuen genießen können. Angesichts der drohenden Aufstände und Proteste innerhalb der Bevölkerung, die in revolutionäre Handlungen münden könnten, wird das Militär zweckentfremdet und zur Unterdrückung der Opposition eingesetzt. Die Offiziere werden ihrer eigentlichen Aufgabe enthoben und sind gezwungen, ein inaktives, monotones Leben in den Garnisonsstädten zu führen. Der Hauptmann beispielsweise leidet aufgrund dieser Situation unter einer Melancholie, wie es bei Büchner heißt, die wir heute als Depression beschreiben würden. Er langweilt sich und weiß nicht, wie er seine Zeit verbringen soll. Da er aufgrund der strikten Verordnungen des Militärs nicht heiraten darf und durch die moralische Doktrin der Kirche zum Triebverzicht verurteilt ist, dehnt sich für ihn der Augenblick zu einer beängstigenden Leere, die er nicht füllen kann. Zwischen Woyzeck und dem Hauptmann bildet sich eine Beziehung zwischen Bewunderung und Ablehnung. Woyzeck liebt sein uneheliches Kind, das er mit Marie gezeugt hat. In ihm erkennt er eine beneidenswerte Hingabe an seine Familie. Diese alle gesellschaftlichen Regeln ignorierende Bindung gibt ihm Grund und Sicherheit zu leben. Woyzeck leidet unter den Umständen seines Lebens nicht wirklich, solange ihm die Liebe zu seiner Frau und seinem Kind nicht genommen wird. Er ist eigentlich ein ganz zufriedener Mensch, der sieht, in welchen Verhältnissen er lebt und damit glücklich sein kann, obwohl alle sozialen Faktoren das Gegenteil sagen. Das ist der Punkt, wo Woyzeck für den Hauptmann interessant wird. Tatsächlich entwickelt sich das Drama auch erst, als Woyzeck das Fundament seines Lebens entzogen wird. Natürlich gibt Büchner den Prozessen, durch die das passiert, großen Raum, aber es ist wichtig, Woyzeck zunächst in einem hellen Licht zu sehen, in seiner charakterlichen Größe und Liebesfähigkeit.

Aus: „Woyzeck“ von Georg Büchner. Programmheft des Residenztheaters München. Spielzeit 2019/20.

TIPP **Bearbeitungshinweise**

Die in der Aufgabenstellung angegebene **Gewichtung** bezieht sich nicht auf die von Ihnen erwartete Textmenge, sondern auf die **Bewertung**. Sie ist zudem als Orientierung und nicht in einem streng mathematischen Sinne zu verstehen. Ziel des von Ihnen zu schreibenden Aufsatzes ist eine Wiedergabe (Teilaufgabe 1) und Erörterung (Teilaufgabe 2) des Ihnen vorgelegten Außentextes, der sich auf Büchners „Woyzeck“ bezieht.

TEILAUFGABE 1: Es wird von Ihnen verlangt, die **Kernaussagen Rasches herauszuarbeiten**. Dazu sollten Sie die zentrale(n) These(n) identifizieren und die Argumentationsstruktur des Textes untersuchen. Sie müssen also herausfinden, wie der Autor seine These(n) begründet und anhand welcher Beispiele er sie illustriert. Im Hinblick auf das Vorgehen empfiehlt es sich, den Text mehrmals zu lesen und die unterschiedlichen Aspekte farbig zu markieren sowie Randnotizen anzufertigen. In Ihrem ausformulierten Text sollen Sie die Aussagen des Autors auf sachliche Weise (d. h. ohne Wertungen!) und **in eigenen Worten wiedergeben**, zentrale Formulierungen können Sie zitieren. Bei Rasches Aussagen sollten Sie bedenken, dass der Autor Theaterregisseur ist und seine Deutung des „Woyzeck“-Dramas dementsprechend auf eine **Realisierung des Werks auf der Bühne** ausgerichtet ist. Dies schlägt sich in seiner Interpretation insofern nieder, als er den Dramentext sowohl im Hinblick auf seine Bedeutung für die Gegenwart (zum Zeitpunkt der Theaterinszenierung) betrachtet als auch in seinem historischen Entstehungskontext. Achten Sie beim Lesen bereits auf aus Ihrer Sicht **fragwürdige Aspekte** in Rasches Argumentation. Diese sollten Sie notieren, da Sie sie für die Bearbeitung der zweiten Teilaufgabe benötigen.

TEILAUFGABE 2: Ausgehend von Ihren Ergebnissen aus Teilaufgabe 1 sollen Sie sich eigenständig und auf der Basis Ihrer Textkenntnis zu „Woyzeck“ mit dem Außentext auseinandersetzen. Es wird also eine **differenzierte Erörterung der Kernthesen aus Rasches Text und ihrer Begründungen** verlangt. Dabei soll **Ihre eigene Position** deutlich werden. Diese kann zustimmend oder ablehnend sein bzw. in einer Kombination aus diesen beiden Haltungen bestehen. Dazu müssen Sie Ihre Position **argumentativ entfalten**, d. h. in der Auseinandersetzung mit den Aspekten aus Rasches Text eigene Thesen entwickeln und diese begründen. Als Basis der Begründung dient **Ihre Kenntnis des „Woyzeck“-Dramas**. Diese schließt ein sehr gutes Wissen über Aufbau, Handlung, Themen, Figuren und (historische) Kontexte ebenso ein wie plausible Deutungen des Werks. Dabei sollten Sie auch auf die im Unterricht erarbeiteten Aspekte zurückgreifen. Rufen Sie sich **zentrale Textstellen** aus Büchners Drama in Erinnerung, die Sie für die Begründung Ihrer Position nutzen können. Bei der Ausformulierung Ihres Textes ist es ratsam, zentrale Stellen aus dem Drama zu zitieren (mit Angabe der Seitenzahl).

Die sehr pointierten Aussagen Rasches zum Opferstatus von Woyzeck und dem Hauptmann fordern zu einer differenzierten Betrachtung heraus. Es bietet sich zudem an, auch Rasches Ansatz, das Drama aus einer Analyse aktueller gesellschaftlicher Verhältnisse heraus zu deuten, kritisch zu hinterfragen. Wenn Sie einzelnen Positionen widersprechen wollen, sollten Sie Aspekte aus dem „Woyzeck“-Drama herausgreifen, die bei Rasche zu kurz kommen, nicht erwähnt, nicht ausreichend oder schlüssig begründet oder anders gedeutet werden, als Sie es vor dem Hintergrund Ihres Textverständnisses für angemessen halten.

Beide Teilaufgaben sollten **nicht isoliert voneinander behandelt**, sondern in einem **zusammenhängenden Aufsatz** dargestellt werden. Diesen sollten Sie mit einer Einleitung beginnen, die thematisch zielführend ist und die Basisinformationen zu Werk und Außentext enthält. In der **Überleitung** zu Teilaufgabe 2 bietet es sich an, die Thesen Rasches nochmals zusammenfassend auf den Punkt zu bringen. Damit schaffen Sie eine gute Basis für die anschließende **Auseinandersetzung**. Schließen Sie Ihren Aufsatz mit einem **Fazit** ab, das Ihre wesentlichen Ergebnisse knapp und pointiert zusammenfasst.

verwendete Textausgabe: Georg Büchner: Woyzeck. Stuttgart: Reclam 2021 (Reclam XL Text und Kontext).

Lösungsvorschlag

TEILAUFGABE 1

Einleitung
Autor, Titel, Erscheinungsjahr, Thema

Wenn Regisseurinnen und Regisseure Stücke für das Theater inszenieren, tun sie dies auf der Grundlage einer eigenen Interpretation der jeweiligen Werke. Ein wesentliches Ziel sehen die Theatermacher oft darin, **kanonische Texte auf ihre Bedeutung für die Gegenwart zu befragen**. Zugleich grenzen sie die eigene Sichtweise auf das Werk meist gegenüber älteren Deutungen ab. Von ähnlichen Überlegungen lässt sich der **Regisseur Ulrich Rasche** in seinen Interpretationsansätzen zu Georg Büchners unvollendetem Drama „Woyzeck“ (1837) leiten. In einem Interview anlässlich seiner Inszenierung des Dramas am Münchner Residenztheater (in der Spielzeit 2019/20) plädiert er für eine – gegenüber traditionellen Deutungen – **neue Sicht auf die Figur Woyzeck** im Kontext der im Stück vorgeführten gesellschaftlichen Verhältnisse.

Hauptteil
Neudeutung Woyzecks und anderer Dramenfiguren

Im Mittelpunkt von Rasches Ausführungen steht eine **Neubewertung der Opferrolle Woyzecks**. Eine ausschließliche Wahrnehmung Woyzecks als Opfer bzw. als Figur, „die einseitig die Repressionen einer Gesellschaft erdulden muss“ (Z. 4 f.), lehnt Rasche ab. Dieser aus seiner Sicht uninteressanten Sichtweise (vgl. Z. 6) stellt er eine **positive Deutung** des Protagonisten als „starke[r] und in sich ruhende[r] Charakter“ (Z. 2) gegenüber. Durch diese Eigenschaften werde Woyzeck für andere attraktiv und zu einem „Objekt, dessen Nähe man sucht oder das man vielleicht sogar besitzen möchte" (Z. 3 f.). Zugleich rücken aus Rasches Sicht **andere Figuren** in den Fokus, die **ebenfalls als Opfer gesellschaftlicher Verhältnisse** gedeutet werden können. Der Regisseur formuliert in diesem Zusammenhang die These, dass alle Figuren im Stück unter den sozialen Zwängen und „an der Einrichtung der menschlichen Existenz schlechthin" litten (Z. 10 f.).

Bezug auf historischen Hintergrund und aktuelle Gegenwart

Um diese Position zu begründen, verfolgt der Regisseur **zwei Argumentationsstränge**, die sich auf zwei unterschiedliche Zeitebenen beziehen: einerseits auf die Gegenwart zum Zeitpunkt seiner eigenen Theaterinszenierung und andererseits auf die Entstehungszeit von Büchners Drama. Beide Ebenen möchte er in seiner Theaterarbeit aufeinander beziehen (vgl. Z. 11 f.). Die **Gegenwart** wird für Rasche insofern zum Bezugspunkt, als es ihm, ausgehend von Büchners Drama, auch um die **Untersuchung von aktuellen Machtverhältnissen** geht. Diese bestimmt er *ex negativo*, indem er die These aufstellt, dass das gegenwärtige Zusammenleben „nicht mehr in einer oppositionellen Struktur wie Herr und Knecht oder Arm und Reich abgebildet werden" könne (Z. 8 f.). Im Hinblick auf den **historischen Kontext** des Stücks erläutert er die Herabwürdigung des Militärs zu einem Mittel, mit dem nach 1815 – in der restaurativen Phase in Deutschland – freiheitliche Bestrebungen unterdrückt wurden. Indem er ausführt, dass Offiziere aufgrund des Verlusts ihrer angestammten Tätigkeiten zu einem eintönigen, inaktiven Leben (inklusive Triebverzicht) verurteilt waren, charakterisiert Rasche den **Hauptmann als Opfer der gesellschaftlichen Umstände**, das unter Depressionen leide.

Beziehung zwischen Hauptmann und Woyzeck

Zudem erkennt er in dem **Verhältnis des Hauptmanns zu Woyzeck** „eine Beziehung zwischen **Bewunderung und Ablehnung**" (Z. 28) sowie ein Interesse des Hauptmanns an seinem Gegenüber, das auch auf Neid (vgl. Z. 29 f.) beruhe. An Woyzeck nehme der Hauptmann positiv konnotierte Aspekte wahr, wie dessen Liebe zu seinem unehelichen Kind und eine „Hingabe an seine Familie" (Z. 30), die sich über alle Konventionen hinwegsetze. Diese Beziehungen gäben Woyzeck Sicherheit und einen Lebenssinn.

Rasches Charakterisierung von Woyzeck

Aufgrund dieser Merkmale charakterisiert Rasche **Woyzeck** als einen – trotz der Verhältnisse, in denen er lebt und die ihm bewusst sind – **glücklichen und zufriedenen Menschen**. Er zeige sich „in seiner charakterlichen Größe und Liebesfähigkeit" (Z. 39), bis ihm die Grundlage seiner Existenz, Maries Liebe, zerbricht (vgl. Z. 36 f.). Laut Rasche beginnt die **negative Entwicklung** der Dramenhandlung **erst mit dieser Verlusterfahrung Woyzecks**.

Der Regisseur weist die Reduzierung Woyzecks auf ein Opfer sozialer Verhältnisse also in zweifacher Hinsicht zurück. Erstens deutet er Woyzeck als einen über weite Strecken zufriedenen sowie seine Zufriedenheit wahrnehmenden Charakter. Zweitens relativiert er den Opferstatus Woyzecks insofern, als er postuliert, dass auch andere Figuren als Opfer gesellschaftlicher Strukturen gelten können, was er an der Figur des Hauptmanns festmacht.

Zusammenfassung von Rasches Position

TEILAUFGABE 2

Wenn Rasche eine einseitige Betrachtung Woyzecks als Opfer gesellschaftlicher Verhältnisse ablehnt, dann erkennt er damit zugleich an, dass Woyzeck zumindest zu Teilen als ein solches betrachtet werden kann.

Überleitung

Diese **Fremdbestimmung** lässt sich anhand der zahlreichen **Abhängigkeitsverhältnisse** festmachen, die im Drama dargestellt werden. So tritt Woyzeck aufgrund **materieller Not** in die Dienste des Hauptmanns und des Doktors, um den Lebensunterhalt für sich und seine kleine Familie zu sichern. Dabei wird er von den Vertretern gesellschaftlicher Institutionen – des Militärs und der Medizin – auf unterschiedliche Weise **unterdrückt** bzw. in seine untergeordnete Rolle verwiesen. Er ist den **Demütigungen des Hauptmanns** ausgesetzt, der ihn durch Fangfragen als „ganz abscheulich dumm" (S. 16) herabzuwürdigen versucht und sich angesichts von Woyzecks unehelichem Kind als moralisch überlegen darstellt (vgl. S. 16). Der Vertreter des Militärs nutzt also seine Stellung als Vorgesetzter, um Woyzeck dessen Abhängigkeit vorzuführen. Der **Doktor** wiederum bedient sich seiner überlegenen Position als medizinische Autorität sowie der Not Woyzecks, um diesen für **fragwürdige wissenschaftliche Experimente** zu missbrauchen (vgl. S. 19 f., 24 f.). In beiden Fällen wird Woyzeck für die Vertreter der gesellschaftlichen Ordnung zu einem **Objekt**, an dem sie ein je eigenes Interesse haben. In dem Ernährungsexperiment – Woyzeck darf nur noch Erbsen essen – begegnen sich medizinische und militärische Macht: Versuche an Soldaten mit einseitiger Ernährung dienten dazu, eine günstige und effiziente Versorgung des Militärs zu erproben.

Auseinandersetzung mit Rasches Position

Widerlegung: Woyzeck als Opfer von Hauptmann und Doktor

An diesem Punkt zeigt sich ein Bezug zu Rasches Beobachtung, dass Woyzeck für andere Figuren „zu einem Objekt [wird], dessen Nähe man sucht oder das man vielleicht sogar besitzen möchte" (Z. 3 f.). Sowohl der Doktor als auch der Hauptmann zeigen sich in physischer wie psychischer Hinsicht zudringlich und ergreifen Besitz von ihm, indem sie sich über seine Grenzen hinwegsetzen und seine

teilweise Zustimmung zu Rasches Aussage: Interesse anderer an Woyzeck

Unversehrtheit bedrohen. Auf diese Weise wird **Woyzeck zum Objekt militärischer und medizinischer Machtausübung**.

Anders als Rasche es nahelegt, dominieren hier jedoch Erkenntnis- und Machtinteressen und **weniger Bewunderung oder Neid**. Der Hauptmann mag Woyzeck möglicherweise um Dinge beneiden, die ihm selbst verwehrt bleiben – vor allem Familie und ein Ausleben der Sexualität. Aufgrund der fehlenden Innensicht – ein Charakteristikum der Gattung Drama – äußert sich dies jedoch allenfalls indirekt in den Aussagen des Hauptmanns. Wenn dieser die eigene Verführbarkeit durch sexuelle Reize erwähnt, seine Triebunterdrückung hervorhebt (vgl. S. 17) und zugleich Woyzecks Triebhaftigkeit anprangert (vgl. S. 16), dann mag man darin auf einer psychologischen Ebene **Projektionen des Hauptmanns** erkennen, mittels derer er eigene Wünsche externalisiert. Diese Deutung ist allerdings höchst **spekulativ** und nicht vom Text gedeckt. Zudem liegt im Drama eine starke **Fokussierung auf Woyzeck** vor, der im Mittelpunkt nahezu aller Szenen steht. Aufgrund dieser Konzentration auf die Titelfigur führt die Handlung viel stärker vor, wie sich die Verhaltensweisen des Hauptmanns auf Woyzeck auswirken. Die Beweggründe des Militärs geraten dagegen in den Hintergrund. Die **Beziehung Woyzeck – Hauptmann** zeichnet sich somit weniger durch (geheime) Nähe aus als durch ein **Ausnutzen der Machtposition** innerhalb der militärischen Hierarchie, auf deren unterster Stufe der Rekrut Woyzeck steht. In diesem Sinne ist auch ein Leiden an der „Existenz schlechthin" (Z. 10 f.) weniger Thema des Dramas als **konkrete soziale Abhängigkeits- und Machtstrukturen**. Büchner arbeitet hier auf der Basis zeitgenössischer Fakten und Quellen, die etwa in seiner politischen Schrift „Der Hessische Landbote" (1834 gemeinsam mit Friedrich Ludwig Weidig verfasst) erläutert werden.

Relativierung: Unklarheit der Motive des Hauptmanns; Fokus auf Ausbeutung Woyzecks

Dass Woyzeck ein gewisses Maß an **charakterlicher Stärke** aufweist, wie Rasche feststellt, lässt sich am Text durchaus belegen. So setzt er den Demütigungen des Hauptmanns eigenständige Gedanken entgegen, mit denen er sich gegenüber den tautologischen Aussagen seines Vorgesetzten (vgl. S. 16: „Moral das ist wenn man moralisch ist") sogar überlegen zeigt. Auch **durchschaut** Woyzeck die **Verbindung von Armut und Ausbeutung** und die Tugendhaftigkeit als ein Privileg der höheren gesellschaftlichen Schichten: „[A]ber wenn ich ein Herr wär und hätt ein Hut und eine Uhr und en Anglaise und könnt vornehm rede, ich wollt schon tugendhaft sein." (S. 17) Eine Stärke Woyzecks zeigt sich darüber hinaus auch im **Erdulden** der zahlreichen Formen der Unterdrückung, deren Folgen sich in **körperlichen und seelischen Degenerationserscheinungen** offenbaren.

Zustimmung: Belege für Charakterstärke Woyzecks

Diese Auswirkungen thematisiert Rasche nicht. Doch gerade sie sind es, die Woyzeck in viel stärkerem Maße zu einem **Opfer gesellschaftlicher Verhältnisse** machen, als es der Regisseur nahelegt. Zudem widerlegen sie die Aussage, Woyzeck leide „nicht wirklich" (Z. 32) an den Verhältnissen. Er hat mit Angstzuständen, Halluzinationen, Unruhe und erhöhtem Pulsschlag zu kämpfen. Vor allem die körperlichen Beschwerden dürften eine Folge des Ernährungsexperiments sein. In diesem Zusammenhang kann auch nicht von Zufriedenheit und Glück gesprochen werden, allenfalls von einer **Anpassung an seine von Ausbeutung geprägte Lage**, die mit großem Leid verbunden ist.

Widerlegung: negative Auswirkungen auf Woyzecks Gesundheit

Auch die **familiäre Situation** bleibt, anders als Rasche dies sieht, nicht unberührt von den sozialen Determinanten und ist deshalb keine „alle gesellschaftlichen Regeln ignorierende Bindung" (Z. 30f.): Vielmehr ist sie aufgrund des fehlenden kirchlichen Segens gesellschaftlich **geächtet**, sie ist zudem geprägt von **Armut** sowie einem Mangel an Zeit, die zu einer zunehmenden Entfremdung der Partner führen. Zwar sind die Liebe Woyzecks zu seinem Sohn Christian (vgl. S. 15) und das Sorgen für seine Familie unter schwierigen Bedingungen ein Ausdruck von **„Größe und Liebesfähigkeit"** (Z. 39). Was Rasche dabei jedoch nicht berücksichtigt, ist, dass Woyzeck **kaum Zeit bleibt, sich seiner Familie zu widmen**. Aufgrund der zahlreichen Arbeiten (Militärdienst, Stöckeschneiden für den Hauptmann, Rasieren des Hauptmanns, Versuchsobjekt und Assistent des Doktors) ist er permanent beschäftigt und kann sich bei seinen kurzen Besuchen zu Hause seiner Familie nicht emotional zuwenden (vgl. Maries Aussage nach einem solchen Besuch: „Er [Woyzeck] hat sein Kind nicht angesehn", S. 11). Stattdessen liefert er rasch seinen Lohn bei Marie ab, um dann zu einer weiteren Tätigkeit zu hetzen (vgl. S. 15). Somit ist die Liebe zu Frau und Kind keinesfalls eine sorgenfreie.

Widerlegung: negative Auswirkungen auf Familie

Letztlich ist Rasches **Charakterisierung Woyzecks als „in sich ruhende[r] Charakter" (Z. 2) nicht zutreffend**. Tatsächlich steht diese im Widerspruch zu Woyzecks Rastlosigkeit, seiner Zerrissenheit zwischen der Versorgung der Familie und seinen Arbeiten sowie zu den Beschreibungen anderer (vgl. Hauptmann: „er sieht immer so verhetzt aus", S. 16). Es ist also fraglich, ob erst die Untreue Maries die Entwicklung zum Schlechten auslöst, wie Rasche mit seiner Anspielung auf das „Fundament seines Lebens", das Woyzeck entzogen werde, andeutet (vgl. Z. 36f.). Denn nicht erst der Liebesverrat Maries (vgl. Z. 32f.) löst das **Leiden** Woyzecks aus. Vielmehr ist dieses **von Beginn der Dramenhandlung an** vorhanden, als Folge seiner ausweglosen sozialen Situation (vgl. etwa die Eingangsszene, die die Angstvisionen und Halluzinationen Woyzecks zeigt, S. 9).

Widerlegung von Rasches Woyzeck-Bild

Schließlich kulminieren in Woyzecks Eifersucht und der Ermordung Maries die gesamten Erfahrungen der Unterdrückung. Das „Fundament des Lebens" ist für Woyzeck von Anfang an aufgrund seiner sozialen Stellung und Armut brüchig; mit dem Verlust von Maries Liebe geht es dann vollends entzwei.

Gleichwohl ist **Rasche** zumindest **in Ansätzen zuzustimmen**, wenn er feststellt, dass nicht nur Woyzeck durch die sozialen Bedingungen negativ beeinflusst werde, sondern „[i]m Grunde [...] **alle Figuren** in ‚Woyzeck' **unter den gesellschaftlichen Verhältnissen**" (Z. 9 f.) **litten**. Im Hinblick auf den **Hauptmann** kann Rasche dies, auch unter Rückgriff auf zeitgeschichtliche Kontexte, plausibel machen. In der Tat scheinen dessen Langeweile und Melancholie Folge seines ereignislosen Dienstes zu sein. Seine Disziplinierung von Woyzeck ließe sich dann – wenn auch, aufgrund der fehlenden Innensicht, wiederum in spekulativer Weise – als **Kompensation** lesen, die seine eigenen Verlust- und Verzichterfahrungen, allen voran seine Triebunterdrückung, ausgleichen soll. Auch ist der Hauptmann nicht nur aktiv an der Unterdrückung anderer beteiligt, sondern er wird **selbst Opfer von Machtausübung**. So spielt der Doktor mit der Angst des Hauptmanns vor dem körperlichen Verfall und einer tödlichen Krankheit und bringt diesen damit in seelische Nöte (vgl. S. 21). Wie Woyzeck wird er zum Objekt wissenschaftlichen Interesses. Zu ergänzen wäre, dass auch Woyzecks Geliebte **Marie als ein Opfer** der gesellschaftlichen Verhältnisse gesehen werden kann. Ihre soziale und wirtschaftliche Notlage sowie der ebenfalls sozial bedingte Verlust der Bindung an Woyzeck machen sie anfällig für die Verführungen des Tambourmajors, an die sie die Hoffnung auf einen sozialen und materiellen Aufstieg knüpft (vgl. S. 14 f.). Selbst das **Kind** ist stark von der prekären sozialen Lage geprägt, was Woyzeck hellsichtig bemerkt, als er Marie gegenüber sagt, dass sein Sohn „sogar Schweiß im Schlaf" (S. 15) habe.

bedingte Zustimmung: auch andere Figuren als Opfer deutbar

Woyzeck allerdings als ein „Rad im Getriebe" (Z. 5) und ein Opfer unter anderen einzuordnen, **verfehlt** die im Drama deutlich werdende **Differenzierung**. Es ist zu bedenken, dass sich die gesellschaftlichen Rahmenbedingungen höchst unterschiedlich auf Woyzeck und die anderen Charaktere auswirken – **abhängig von ihrem sozialen Status:** Woyzeck als Vertreter der unterprivilegierten Schicht und die Repräsentanten des Bürgertums mit ihren Privilegien haben mit sehr unterschiedlichen Problemen zu kämpfen. Dies gilt vor allem im Hinblick auf die **Befriedigung materieller Grundbedürfnisse**. Während der Hauptmann unter Langeweile und Beschäftigungslosigkeit leidet, aber materiell abgesichert ist, muss Woyzeck fortwährend um die physischen Grundlagen seiner Existenz fürchten. Hier offenbart sich das Phänomen des Pauperismus,

Einwand: Leugnen sozialer Unterschiede durch Gleichsetzung von Woyzeck mit anderen Figuren

d. h. der Massenarmut, als eines der zentralen Probleme im 19. Jahrhundert.

Als höchst **fragwürdig** ist **Rasches Ansatz** einzustufen, seine Deutung mit **heutigen gesellschaftlichen Verhältnissen** zu begründen. Zwar ist es ein nachvollziehbares Erkenntnisinteresse eines Theaterregisseurs, die Bedeutung eines Dramas aus einer früheren Epoche für die Gegenwart zu suchen. Dies ist insofern sinnvoll, als Theater, auch wenn es ältere Texte zur Aufführung bringt, immer im Hier und Jetzt stattfindet. Problematisch erscheint es jedoch, wenn Rasche zentrale Aspekte des Textes so umdeutet, dass sie zwar den Verhältnissen zum Zeitpunkt der Inszenierung entsprechen, nicht jedoch denjenigen, die im Text dargestellt werden. In der Gesellschaft der 1830er-Jahre gab es sehr wohl **klare Oppositionen und soziale Ungleichheiten** (arm vs. reich, privilegiert vs. nicht privilegiert, gebildet vs. ungebildet) und auch heute ist das im Übrigen noch der Fall in der deutschen Gesellschaft und, in z. T. noch gravierendem Ausmaß, weltweit. Die Argumentationslogik, aus einer Diagnose heutiger Verhältnisse die Charakterisierung einer Dramenfigur abzuleiten, die stark von den Bedingungen ihrer Entstehungszeit geprägt ist, ist als **anachronistisch** zu bewerten. Ein solches Vorgehen führt, wie gezeigt werden konnte, zu Deutungen, die am Text vorbeigehen.

Einwand: Hinterfragen der Methode, heutige Erfahrungen auf Dramenfiguren von 1837 zu projizieren

In der Gesamtbewertung erscheint **Rasches Position zwiespältig:** Seine historisch gut informierten Ausführungen zur Figur des Hauptmanns machen überzeugend deutlich, dass auch der Vertreter des Militärs unter gewissen gesellschaftlichen Bedingungen seiner Zeit zu leiden hat. Diesen Zustand jedoch mit demjenigen Woyzecks zu parallelisieren, erscheint höchst fragwürdig. Zu unterschiedlich sind die an die jeweilige soziale Schicht gebundenen Lebensverhältnisse und deren Folgen. Vollends an der im Text geschilderten Lebensrealität vorbei geht Rasches Bild von Woyzeck als einem glücklichen und zufriedenen, in sich ruhenden Menschen. Die damit verbundene **Relativierung seines Opferstatus** missachtet vor allem die sozioökonomischen Bedingtheiten und Machtverhältnisse, die in Büchners Drama deutlich werden. **Fragwürdig** ist auch Rasches **methodischer Zugang**, heutige soziale Verhältnisse zugrunde zu legen, um ein Bild des Protagonisten zu zeichnen. Maßstab einer Interpretation sollte zunächst der Text in seinem Entstehungszusammenhang sein. Die Frage nach Gemeinsamkeiten und Unterschieden zwischen Entstehungs- und Jetztzeit ist ein davon unabhängiger Schritt. Vermischt man beide Aspekte miteinander, wie Rasche das tut, wird man weder dem Text noch der eigenen Gegenwart gerecht.

Fazit
differenziertes Abwägen zwischen zutreffenden und problematischen Aussagen Rasches

Deutsch (Baden-Württemberg) ▪ Abiturprüfung (eAN)
Übungsaufgabe 4

ERÖRTERUNG EINES LITERARISCHEN TEXTES

Arbeitsanweisung

1. Geben Sie die Hauptthesen des Textes in eigenen Worten wieder. (ca. 30 %)
2. Erörtern Sie, inwiefern Zehs These zutrifft, dass der Roman „Corpus Delicti" nicht in der Zukunft spielt, also keine Dystopie ist, sondern lediglich die Gegenwart überspitzt. (ca. 70 %)

Material **Juli Zeh: Fragen zu „Corpus Delicti" (2020, Auszug)**

Der Text ist ein Auszug aus dem Begleitbuch zu „Corpus Delicti", das Juli Zeh selbst im Jahr 2020 unter dem Eindruck der Corona-Pandemie verfasst hat. Sie führt darin eine Art Interview mit sich selbst über ihren Roman aus dem Jahr 2009.

Ich würde jetzt gern den konkreten Plot[1] genauer anschauen. Fangen wir mal vor der eigentlichen Story an. Die *Corpus-Delicti*-Welt wird ja von der sogenannten METHODE geprägt, einem Herrschaftssystem, das Gesundheit absolut setzt. Hast du dir überlegt, wie es dazu gekommen ist?

Ehrlich gesagt habe ich beim Schreiben kaum darüber nachgedacht, welche konkreten politischen Entwicklungen dem Entstehen der METHODE vorangegangen sind. Es hat mich einfach nicht besonders interessiert. Das liegt wahrscheinlich daran, dass *Corpus Delicti* für mich gar nicht in der Zukunft spielt. Es ist eher eine Überspitzung von Denkweisen und Handlungsformen, die in unserer heutigen Welt bereits existieren. Die METHODE ist die politische Antwort auf die verbreitete Überzeugung, dass Gesundheit „das höchste Gut" des Menschen sei. Aus der Vorstellung, der Mensch sei im Wesentlichen eine Körpermaschine, ein Stück biologisches Leben, das man verwalten, betreuen und verbessern muss, um seine Arbeitsfähigkeit und sein Wohlbefinden zu optimieren, folgt automatisch ein Politikverständnis, das vor allem auf Kontrolle und Steuerung von Lebensgewohnheiten fußt.

Auch das sinkende Interesse der Bevölkerung an Demokratie und politischer Mitgestaltung ist eine Folge dieser Idee. Wenn man sich als Designer des eigenen Lebens fühlt und ständig dazu aufgerufen ist, an der Perfektionierung und Präsentation der eigenen Person zu arbeiten, wird man zu einem Ich-Universum. Damit geht zwangsläufig die soziale Dimension des Menschseins immer weiter verloren. Man hat heutzutage vielleicht viele Kontakte, viel Kommunikation – aber man lebt doch eigentlich zunehmend nur für sich selbst, während die vielen „Freunde" eher ein Publikum darstellen, vor dem man sich präsentiert, oder Wettbewerber, mit denen man sich in vielfältigen Rankings[2] vergleicht.

Wenn der Gemeinschaftssinn schwindet und die Gesellschaft eigentlich nur noch eine Bündelung von lauter Einzelkämpfern ist, verliert auch die Politik an Bedeutung. Dann wird Politik für den Bürger zu einem Unterhaltungsprogramm, das möglichst viel Aufregung generieren[3] muss. Oder zu einer Bedürfniserfüllungsmaschine, die entweder funktioniert oder nicht. Im letzten Fall müsste man sie optimieren – oder abschaffen.

Wozu soll man sich eigentlich weiterhin ein Parlament leisten, das in umständlichen, teuren und ineffizienten Verfahren um das Finden von Kompromissen ringt? Viel pragmatischer[4] wäre doch ein Expertengremium, in dem sich richtig fähige Leute mit dem Entwickeln von perfekten Lösungen und einer optimalen Verwaltung des Staates befassen.

Dieser Gedankengang liegt der METHODE zugrunde, und ich glaube, dass es sich nicht um Science-Fiction[5] handelt. Bestimmt würde eine Menge Leute heute schon der METHODE zustimmen, wenn sie eine reale Option wäre. Mit anderen Worten: Die Vorgeschichte von *Corpus Delicti* sind wir.

Aus: Juli Zeh: Fragen zu „Corpus Delicti", Wann wird der Begriff der „Gesundheitsdiktatur" von der Polemik zur Zustandsbeschreibung? München: btb Verlag 2020.

Anmerkungen

1 Plot: Handlungsgerüst
2 Ranking: Rangliste
3 generieren: erzeugen
4 pragmatisch: sachbezogen, praktisch
5 Science-Fiction: Bereich der fiktionalen Literatur bzw. Filmkunst, der eine ferne, von wissenschaftlichen und technologischen Neuerungen geprägte Zukunft der Menschheit entwirft

TIPP **Bearbeitungshinweise**

TEILAUFGABE 1: Auch wenn der Sachtext auf den ersten Blick eher einfach erscheint, lohnt es sich, ihn mehrmals **aufmerksam mit Stift zu lesen**, **Schlüsselbegriffe** zu markieren und den **Gedankengang** mit Randnotizen sichtbar zu machen. Untersuchen Sie insbesondere, wie Zeh auf die Interviewfrage eingeht, wie sie ihre Kerngedanken entwickelt und zu welchem Schluss sie gelangt.

Gestützt auf diese Vorarbeiten können Sie die **Hauptthesen in eigenen Worten** wiedergeben. Im Unterschied zur Inhaltsangabe dürfen Sie auch **zitieren** und paraphrasieren. Achten Sie dabei darauf, den richtigen Modus (Konjunktiv der indirekten Rede) zu verwenden und wichtige Begriffe oder ungewöhnliche Formulierungen bei Bedarf zu erläutern.

TEILAUFGABE 2: Auf diesem Teil liegt der Schwerpunkt der Aufgabe. Rekapitulieren Sie zunächst den Inhalt des Romans für sich. Stellen Sie Ihren Leserinnen und Lesern, falls noch nicht geschehen, den **Roman** mit Angabe von Titel, Erscheinungsjahr, Thema und Verfasserin vor und geben Sie einen **knappen Überblick** über die darin entworfene Welt. Eine komplette Inhaltsangabe ist hier nicht zielführend, denn in der Erörterung sollen Sie eine **konkrete These überprüfen:** Inwiefern ist der Roman dystopisch, inwiefern überspitzt er lediglich die Gegenwart? Vor dem Schreiben sollten Sie intensiv im Roman blättern und **thematisch relevante Stellen** notieren, eventuell auch Zitate (mit Seitenangaben) herausschreiben.

Die Aufgabenformulierung gibt Ihnen bereits Hinweise darauf, wie Sie bei der Erörterung der These argumentieren sollten. Es geht nicht um eine Entscheidung von *entweder – oder*, sondern um ein **differenziertes Abwägen**. Hilfreich sind Formulierungen wie z. B. *einerseits – andererseits, sowohl – als auch, jedoch, aber, allerdings, dennoch* usw. Am Ende Ihrer Ausführungen sollten Sie zu einem abschließenden **Fazit** kommen. Um Ihre Leserinnen und Leser mit Ihrer Erörterung zu **überzeugen**, müssen Sie den **Bezug Ihrer Argumente sowohl zum Interview als auch zum Inhalt des Romans** verdeutlichen. Konzentrieren Sie sich auf die thematisch relevanten Romanstellen und bauen Sie **Schlüsselsätze** als Zitate in Ihre Argumentation ein. Gehen Sie jedoch auch über den Romaninhalt hinaus und bringen Sie Ihr **Weltwissen** und **aktuelle Bezüge** ein, z. B. Ihre Kenntnisse über real existierende demokratische und autokratische Staaten, über das deutsche Gesundheitssystem, über gesellschaftliches Engagement in Deutschland und weltweit usw.

Auch in diesem Teil lohnt es sich, das Schreiben gut vorzubereiten: Führen Sie ein schriftliches **Brainstorming** durch, visualisieren Sie Ihre Ideen in einer **Mindmap** oder stellen Sie in einer Tabelle zusammen, was für und was gegen die These spricht. Auf dieser Grundlage wird es Ihnen leichtfallen, einen **Schreibplan** für Ihren Aufsatz zu entwerfen.

verwendete Textausgabe:
Juli Zeh: Corpus Delicti, Ein Prozess. München: btb 2010.

Lösungsvorschlag

TEILAUFGABE 1

Mitten in der Corona-Pandemie ist 2020 Juli Zehs Buch „Fragen zu ‚Corpus Delicti'" erschienen. In einer Art **Selbstinterview** kommentiert die Schriftstellerin ihren **Roman „Corpus Delicti"** von 2009, der als **Dystopie** rezipiert wurde. In ihm entwirft Zeh eine Welt, die von einem diktatorischen Herrschaftssystem namens METHODE gelenkt wird, für das Gesundheit die höchste Priorität hat.

Einleitung
Autorin, Titel, Jahr, Textsorte, Thema

Im vorliegenden Text beantwortet Juli Zeh eine Frage zur Story, die sie in ihrem Roman erzählt: **Wie ist es zu dieser erfundenen Welt gekommen?** Über die konkreten politischen Entwicklungen, die zur METHODE geführt haben könnten, habe sie beim Schreiben „[e]hrlich gesagt" (Z. 5) kaum nachgedacht. Vielmehr habe sie bereits existierende typische „Denkweisen und Handlungsformen" (Z. 9) der **jetzigen Realität überspitzt**. Deshalb sei „Corpus Delicti" für sie überhaupt nicht in der Zukunft angesiedelt (vgl. Z. 8), also kein Science-Fiction-Roman.

Wiedergabe von Zehs Thesen:
METHODE als überspitzte Realität

Als Beleg für diese These verweist sie auf Beobachtungen, die sie in der Gesellschaft der Gegenwart macht. Für viele Menschen gelte **Gesundheit** bereits heute als „das höchste Gut" (Z. 11), werde also **allen anderen Werten übergeordnet**. Durch diese Überzeugung werde der Mensch auf „ein Stück biologisches Leben" (Z. 12) reduziert. Wie eine Maschine müsse er seinen Körper durch ständige Pflege und Wartung funktionstüchtig erhalten und sogar **optimieren**, um größtmögliches persönliches Wohlbefinden zu erreichen und die Arbeitsfähigkeit zu erhalten (vgl. Z. 12 ff.). Aus diesem mechanistischen und biologistischen Menschenbild ergibt sich für Zeh zwangsläufig ein Politikverständnis, in dem der **Staat** – wie im Roman „Corpus Delicti" – eine **umfassende Kontrolle über alle Lebensbereiche** ausüben muss.

Fixierung auf Gesundheit

Des Weiteren registriert die Schriftstellerin einen **Wandel im individuellen Selbstverständnis**. Der Mensch entwickle sich vom sozialen Wesen zum „Ich Universum" (Z. 19), in dem er sich als „Designer des eigenen Lebens" (Z. 17) fühle und ständig an seiner Selbstoptimierung arbeiten müsse. Auch die vielen Kontakt- und Kommunikationsmöglichkeiten, die heute genutzt werden, können für Zeh nicht darüber hinwegtäuschen, dass Menschen in **zunehmender Isolation** leben. Ohne Facebook, Instagram u. a. explizit zu nennen, stellt sie fest, dass Freundschaft zu einer quantitativen Größe geworden sei: Unter Freunden werde nur mehr die Zahl der Follower in den sozialen Medien verstanden, die als Publikum für die

Fixierung auf eigene Person

eigene Selbstdarstellung dienen. Freunde werden so zu Konkurrenten, die sich in Rankings vergleichen (vgl. Z. 22 ff.). **Solidarität und Zuneigung**, so kann man folgern, **bleiben auf der Strecke**.

Diese Tendenz setzt sich für Zeh auch im **politisch-sozialen Bereich** fort, wo die Fokussierung auf die individuelle Existenz ein **abnehmendes Interesse an Demokratie** und politischer Partizipation mit sich bringe. Ohne Gemeinschaftssinn zerfalle die Gesellschaft in lauter Einzelkämpfer. Dadurch verliere die Politik an Relevanz und werde für die Bürgerinnen und Bürger zu einem „Unterhaltungsprogramm“ (Z. 27) oder gar einer „Bedürfniserfüllungsmaschine“ (Z. 28). Mit dieser Diagnose kritisiert Zeh, dass das Vertrauen in demokratische Werte und die Ernsthaftigkeit politischer Arbeit schwinden würden. Ihr Gedankengang gipfelt in einer ironisch gefärbten rhetorischen Frage: Wozu soll sich eine Gesellschaft weiterhin ein teures Parlament „leisten“ (Z. 30), das in mühsamen Prozessen Kompromisse aushandelt, wenn doch ein Expertengremium aus „richtig fähige[n] Leute[n]“ (Z. 32) wesentlich effizienter arbeiten würde?

Aktualität der Romanhandlung

Am Schluss des Textauszugs kommt Juli Zeh noch einmal auf ihre Ausgangsthese zurück und bestätigt sie: „Corpus Delicti“ ist aus ihrer Sicht **kein Zukunftsroman** und die METHODE eine Option, der schon heute viele Menschen zustimmen würden. „Die Vorgeschichte von *Corpus Delicti* sind wir“ (Z. 37 f.) ist das Fazit von Zehs Überlegungen.

TEILAUFGABE 2

Erörterung – Zehs These und „Corpus Delicti“:

Zukunftswelt in „Corpus Delicti“

Inwieweit kann man sich dieser These der Autorin anschließen? Wenn man das erste Kapitel des Romans „Corpus Delicti“ liest, das den Titel „Mitten am Tag, in der Mitte des Jahrhunderts“ trägt, gewinnt man zunächst den **Eindruck**, in einer **idealen Zukunft** gelandet zu sein. Alle Umweltprobleme unserer Gegenwart sind überwunden, Mensch und Natur sind gesund. Aus Industrieanlagen sind Kulturzentren, aus Kies- und Kohlegruben künstliche Seen zum Baden und Sich-Erholen geworden, Verkehrsmittel mit Verbrennungsmotoren wurden durch umweltfreundliche Magnetschwebebahnen ersetzt, die die Menschen in den „zusammengewachsene[n] Städte[n]“ (S. 11) befördern. Aber die **utopische Idylle** erweist sich schnell als **trügerisch**, denn im keimfreien METHODEN-Staat gibt es nichts organisch Gewachsenes mehr. Die **Natur** ist zum **Sperrgebiet** und vermeintlichen Treffpunkt geheimer Widerständler geworden.

In der Mitte dieser durchgeplanten Welt steht das Gerichtsgebäude, in dem **Mia Holls Fall** verhandelt wird: Sie hat gegen die Gesundheits- und Hygienenormen des Staats verstoßen und muss zu einem „Klärungsgespräch“ (S. 19) vor der Richterin erscheinen. Die 34-jährige Biologin Mia ist die Protagonistin des Romans. Sie entwickelt sich **von einer systemtreuen Anhängerin zur unbeugsamen Kritikerin** der METHODE. Auslöser für ihren Wandel ist der Selbstmord ihres Bruders Moritz, der aufgrund eines Fehlers im System des Sexualmordes angeklagt und unschuldig verurteilt wurde. In ihrer Lebenskrise beginnt Mia gegen jegliche staatliche Einmischung zu rebellieren: Sie wird schließlich vor Gericht gestellt, als Terroristin verurteilt und im letzten Moment begnadigt, damit sie nicht von den Anti-Methodisten als Märtyrerin vereinnahmt werden kann.

Handlung von „Corpus Delicti“

Ist diese Romanwelt aus „der Mitte des Jahrhunderts“ (S. 11) bereits in der Gegenwart angelegt, sodass die Erzählerin sie nur zu überspitzen braucht?

Erörterungsfrage

Eine Gegenüberstellung von Roman und Realität zeigt beim jeweils herrschenden staatlichen Rahmen eine grundlegende Differenz: Der heutige **demokratische Staat** ist über **freie Wahlen** legitimiert; die Gewalt geht vom Volk aus. Exekutive, Legislative und Judikative sind aufgeteilt und kontrollieren sich wechselseitig. Wenn die Bevölkerung nicht mit der Arbeit der Regierung zufrieden ist, hat sie die Möglichkeit, diese **abzuwählen**. Ein System konkurrierender Parteien sorgt dafür, dass unterschiedliche Interessen und Sichtweisen im Parlament vertreten sind. Von Juli Zehs Schreckensvision einer Expertenregierung, die parlamentarische Prozesse überflüssig macht (vgl. Z. 30 ff.), sind wir momentan eher weit entfernt. Vielmehr wird der **Rat von Experten**, z. B. Virologen oder Klimaforschern, herangezogen, um angemessene politische Entscheidungen zu treffen, die dann auch immer wieder neu überprüft werden. Die **Erhaltung der Gesundheit** der Bevölkerung zählt dabei sicher auch zu den **Zielen** politischen Handelns, doch ist es nur eines unter vielen.

Staatsform – Realität

Der Unterschied zum Roman ist deutlich, denn in der erzählten Welt herrscht eine **totalitäre Gesundheitsdiktatur:** Zwar werden Aufbau und Verfassung nicht genau beschrieben, doch wird erkennbar, dass es **weder Gewaltenteilung noch unabhängige Gerichte** und keine freie Wissenschaft gibt. Die im Roman genannten Vertreter der Judikative, darunter die Richterin Sophie und der Staatsanwalt Bell, agieren ganz im Sinne der staatlich vorgegebenen Doktrin. Und diese lautet: **Gesundheit** ist das **alleinige „Prinzip staatlicher Legitimation“** (S. 8) und darf nicht hinterfragt werden. Die Erfolge,

– Roman

etwa die Ausrottung von Erkältungsviren „seit den zwanziger Jahren“ (S. 20) und die durch Datenbanken ermöglichte Hilfe bei schweren Krankheiten wie Leukämie, sind beachtlich. Als Moritz in seiner Kindheit an Blutkrebs erkrankt war, konnte dank des staatlichen Registers ein Knochenmarkspender für ihn gefunden und er geheilt werden. Doch wenn **Zweifel an der Unfehlbarkeit der METHODE** aufkommen – etwa, als sich der DNA-Beweis, mit dem Moritz des Mordes überführt wurde, als falsch erweist –, wankt die Grundlage der ganzen Staatsform. Aus diesem Grund wird Kritik an der METHODE mit brutalen Mitteln unterdrückt. Es zeigt sich, dass Welten zwischen einer freien demokratischen Ordnung und der beschriebenen Diktatur liegen. Hier kann man nicht von Überspitzung sprechen, sondern eher von einer **Darstellung des Gegenteils**.

Gesundheitssystem
– Realität

Welche Rolle spielt Wohlbefinden in unserer Staatsform? Juli Zeh verweist im Interview darauf, dass **Gesundheit bei uns als hohes Gut** gilt (vgl. Z. 10 f.). Tatsächlich trägt der Staat Sorge für die Gesundheit seiner Bürgerinnen und Bürger. In Deutschland existiert ein **durchorganisiertes Gesundheitssystem** aus Krankenkassen, Kliniken, Rehabilitationseinrichtungen, Gesundheitsämtern und vielem mehr. Durch routinemäßige pränatale und frühkindliche Vorsorgeuntersuchungen, z. B. die U1 direkt nach der Geburt, Verordnungen zum Arbeits- und Gesundheitsschutz in Betrieben, Drogengesetze und Rauchverbote in öffentlichen Räumen **greift der Staat in die Eigenverantwortung** seiner Bürgerinnen und Bürger **ein**. Das in der Corona-Pandemie angewandte Infektionsschutzgesetz sieht massive Beschneidungen von Grundrechten vor, z. B. Kontaktbeschränkungen und Ausgangsverbote. Hier zeigen sich reglementierende Tendenzen, die an den Roman erinnern. Doch müssen solche Maßnahmen in unserem Rechtsstaat im Unterschied zum Regime der METHODE begründet werden und sowohl **verhältnismäßig** als auch **zeitlich begrenzt** sein.

– Roman

Zudem sind die **Mechanismen und Techniken des METHODEN-Staats** weitaus rigider. Dabei richtet sich die umfassende Gesundheitsfürsorge einerseits auf den individuellen **Körper des Einzelnen**, das Funktionieren der „Körpermaschine“ (Z. 12), andererseits auf die **ganze Bevölkerung**, denn „Gesundheit führt über die Vollendung des Einzelnen zur Vollkommenheit des gesellschaftlichen Zusammenseins“ (S. 7), wie es im „Vorwort“ des Journalisten Heinrich Kramer, des Gegenspielers von Mia Holl, heißt. Die Machthaber verfügen, u. a. durch implantierte Chips, über einen ständigen Zugriff auf alle messbaren biologischen und gesundheitsrelevanten Daten der Bürgerinnen und Bürger, z. B. auf Blutwerte, Kalorienverbrauch und Stoffwechsel. Die Ergebnisse von verpflichtenden Urintests, Schlaf- und Ernährungsberichte, Bewegungsprofile und vieles mehr werden in einer zentralen Datenbank gesammelt. Auch die sportlichen Aktivitäten, die Einhaltung von Hygieneregeln, der verbotene Konsum von Genussmitteln und sogar eine biologisch erfolgversprechende Partnerwahl werden streng kontrolliert. So darf der Anwalt Rosentreter nicht die Frau heiraten, die er liebt, da ihrer beider Immunsysteme als nicht kompatibel gelten.

– Parallelen zu heutigen autoritären Systemen

Diese Überwachungsmaßnahmen haben wenig mit unserer heutigen Lebensrealität zu tun. Weiter fortgeschritten als bei uns ist diese Entwicklung allerdings in der Volksrepublik **China**, wo ein *Social Credit System* die Bürger auf Schritt und Tritt überwacht und ihnen für – aus Sicht der Partei – wünschenswertes Verhalten Vorteile im Alltagsleben gewährt, bis hin zu billigen Krediten. Unerwünschtes Verhalten wird bestraft. Diese **Strategie aus Überwachung, Belohnung und Bestrafung** erinnert sehr an das Vorgehen der METHODE in „Corpus Delicti". Insofern ist der Roman keine Science-Fiction, sondern variiert die Art und Weise, wie heute schon autoritäre Systeme mit ihrer Bevölkerung umgehen.

Gesundheit als Wirtschaftsfaktor

Es gibt einen weiteren wesentlichen Unterschied zwischen Roman und Realität: In „Corpus Delicti" ist es der **Staat** und nur der Staat, der die Bürgerinnen und Bürger **verpflichtet**, sich auf die Gesundheit zu fixieren. In der Realität gibt es noch andere Einflussfaktoren: Gesundheit wird heute als **Konsumgut** vermarktet und wir gehorchen mit dem Selbstoptimierungswahn nicht einer staatlichen Direktive, sondern den **Maximen von Wirtschaft und Werbung**. Solche Faktoren werden in dem Roman völlig außen vor gelassen. Viele Menschen trainieren in Fitnessstudios, abonnieren YouTube-Videos mit Werbung für Gesundheitsprodukte, besuchen Yoga- und Qigongkurse, konsumieren teure Nahrungsergänzungsmittel und nehmen Lifestyle-Medikamente ein, um leistungsfähig zu bleiben. Der **Wunsch nach Jugendlichkeit, Wohlbefinden und Schönheit** generiert auch ein wachsendes kommerzielles Angebot an Anti-Aging-Therapien, Wellnessmethoden und sogar chirurgischen Eingriffen, die den perfekt gestylten Körper versprechen. **Kontrolle** darüber gestehen wir aber nicht dem Staat zu, wie das in „Corpus Delicti" der Fall ist, sondern **globalen Wirtschaftsunternehmen** wie Google und Apple, denen wir freiwillig unsere persönlichen Daten per Smartwatch übermitteln – sofern wir uns solche Dinge leisten können.

Zwischenfazit

Zusammenfassend lässt sich sagen, dass der Roman zwar einige gegenwärtige Tendenzen, die Gesundheitsdaten der Bevölkerung zu erfassen, **aufgreift und überspitzt**. Andererseits **vereinfacht** er die Zusammenhänge und geht so an einer Diagnose der Gegenwart vorbei. Denn es wirken diverse Kontrollmechanismen einer Verabsolutierung der Gesundheit entgegen. Von einer willkürlichen Gesundheitsdiktatur wie in „Corpus Delicti“ sind wir demnach weit entfernt.

Rolle des Journalismus
– Realität

Zu den genannten Kontrollinstanzen zählt unsere **vielstimmige Presselandschaft**. Die Tatsache, dass Juli Zeh selbst immer wieder ihre Stimme erhebt gegen Missstände, wie etwa den Missbrauch von Daten, zeigt, dass Kritikerinnen und Kritiker sich durchaus Gehör verschaffen können. Selbst während der Pandemie gibt und gab es **gesellschaftliche Kontroversen** und parlamentarische Debatten um den Datenschutz der Warn-App, die Einführung einer allgemeinen Impfpflicht und ein Impfregister. Auch gegen Lenkungsinstrumente wie die digitale Gesundheitskarte wird immer wieder öffentlich protestiert, weil viele Menschen nicht zum gläsernen Patienten werden wollen. Die Ansätze zu einer Entwicklung zu einer Gesundheitsdiktatur wie der METHODE werden von unserer Politik, Presse und Öffentlichkeit also **kritisch beobachtet** und dadurch auch unterbunden.

– Roman

Im Roman ist die sogenannte vierte Gewalt, d. h. ein unabhängiger und **kritischer Journalismus, ausgeschaltet**. Dies zeigt bereits der Name der Talkshow, in der der Chefideologe Kramer die Bekämpfung der METHODEN-Feinde begründet: Die Fernsehsendung heißt „**Was alle denken**“. Auch der Name der Zeitschrift, in der Kramer seine Propaganda verbreitet, „Der gesunde Menschenverstand“, ist vielsagend, denn er legt nahe, dass jede abweichende Meinung verurteilenswert und krank ist.

politisches Engagement des Einzelnen und Umgang mit Andersdenkenden
– Roman

Eng mit einer freien Presse verbunden ist die **Möglichkeit, Kritik an der Regierungspraxis zu üben und sich als Einzelner zu engagieren**. Laut Zeh folgt aus der Idee von Gesundheit als oberstem Lebenszweck, dass Menschen sich zu **Ich-Universen** (vgl. Z. 19) entwickeln, die an Demokratie wenig Interesse haben und lieber die eigene Person perfektionieren. Diese Schlussfolgerung klingt schief, wenn man sie auf den Roman bezieht. Hier ist es der Staat, der den Einzelnen zwingt, sich vermehrt mit seiner Gesundheit und seinem Körper auseinanderzusetzen. Die METHODE ist als Diktatur alles andere als daran interessiert, dass der Einzelne politisch partizipiert. Ein **autoritäres System will** vielmehr **Mitläufer**. Dass sich die Bürgerinnen und Bürger der METHODE also lieber um ihre privaten Dinge als um den Staat kümmern, ist systemimmanent und keine Folge von persönlichem Gesundheits- oder Selbstoptimierungswahn.

– Realität

Auch bezogen auf unsere **Gegenwart** lässt sich Zehs Aussage hinterfragen, denn die Autorin übersieht, dass es auch **gegenläufige Entwicklungen** gibt: Seit 2018 schließen sich Jugendliche auf der ganzen Welt unter dem Motto *Fridays for Future* zusammen, um durch Schulstreiks und Demonstrationen eine nachhaltige Klimapolitik zu fordern. Die Maßnahmen zur Eindämmung der Corona-Pandemie haben dazu geführt, dass sich eine bunte, allerdings nicht immer demokratisch gesinnte Protestbewegung formiert hat, die ihre Freiheitsrechte beeinträchtigt sieht. An den Demonstrationen gegen den russischen Ukraine-Krieg beteiligen sich Menschen aus unterschiedlichen politischen Lagern und überall in Deutschland gibt es 2022 eine Welle der Hilfsbereitschaft für die Flüchtlinge, die aus ihrer ukrainischen Heimat vertrieben wurden. All dies zeigt, dass in der gegenwärtigen Gesellschaft nicht nur unpolitische „Einzelkämpfe[r]" (Z. 26) leben, wie von Zeh dargestellt, sondern ganz im Gegenteil auch „**Gemeinschaftssinn**" (Z. 25) und gelebte **Solidarität** herrschen.

– Roman

Während eine Demokratie andere Meinungen ertragen muss, folgt ein totalitärer Staat einer anderen Logik: **Andersdenkende** werden in der **METHODE** nicht gern gesehen und möglichst rasch **mundtot gemacht**. Wer nicht nach dem „Zustand des vollkommenen körperlichen, geistigen und sozialen Wohlbefindens" (S. 7) strebt, gilt als krank (vgl. S. 8). Er oder sie verstößt gegen das staatlich verordnete „Ziel des natürlichen Lebenswillens" (S. 7) und muss mit Bestrafung rechnen. So erscheint Moritz, der gegen die Zwänge aufbegehrt und den Genuss von Freiheit, Leben und Liebe an die erste Stelle setzt, den Machthabern als Staatsfeind. Während er ein Einzelgänger ist, fordert die Untergrundorganisation R.A.K. allgemein ein Recht auf Krankheit ein. Wer sich diesen sogenannten „Anti-Methodisten" (S. 87) anschließt, gilt als anormal, sein Verhalten als „kriegerischer Angriff, dem wir [= die METHODE] mit Krieg begegnen werden" (S. 89). Mia Holl muss erfahren, was das bedeutet: Sie wird gefoltert, eingesperrt und schließlich „zum Einfrieren auf unbestimmte Zeit" (S. 10) verurteilt, weil sie ebenfalls das Recht auf Krankheit und Tod einfordert und den Staat infrage stellt.

Umgang mit Tod und Krankheit
– Realität

Überhaupt unterscheidet sich der im Roman vorgeführte **Umgang mit Krankheit und Tod** stark von der Realität: In unserer gegenwärtigen Gesellschaft ist das Verhältnis der Menschen zu Leben und Tod sehr viel **ambivalenter und differenzierter** als in „Corpus Delicti". In Ethikkommissionen, z. B. dem Deutschen Ethikrat, werden Richtlinien zum Umgang mit Krankheit und Behinderung erarbeitet, Fragen nach dem selbstbestimmten Tod werden in einer breiten Öffentlichkeit diskutiert. Auf der Suche nach Gesundheit schlagen die Menschen in unserer Gesellschaft verschiedene Wege ein. So setzen z. B. viele auf alternative Medizin und natürliche Selbstheilungskräfte, die sie durch einen gesunden Lebensstil mit biologisch erzeugter Nahrung, mit Heilkräutern, Homöopathie usw. anregen. Ein **ganzheitlicher Ansatz der Medizin** bemüht sich, den

Menschen nicht „im Wesentlichen [als] eine Körpermaschine“ (Z. 11 f.) zu betrachten, sondern berücksichtigt das **Zusammenspiel von Körper und Psyche**. Deshalb spielen in unserer Gesellschaft psychologische und psychosomatische Therapien eine wichtige Rolle.

– Roman

Die **METHODE hingegen blendet Geist, Seele, Herz vollkommen aus**, wie Mias Verteidiger Rosentreter bemerkt (vgl. S. 108). Diese Werte vertritt vor allem Moritz Holl, Mias jüngerer Bruder, der dem Weltbild der METHODE eine andere Vorstellung entgegensetzt: Der verbotene Aufenthalt im „unhygienischen Wald“ (S. 90) bedeutet für ihn Freiheit, er bewegt sich gerne, erfüllt aber seine sportlichen Pflichten nur widerwillig (vgl. S. 90), raucht und träumt von einer „Stadt zum Leben“ (S. 62). Er möchte selbst über „das eigene Leben und den eigenen Tod“ (S. 92) entscheiden. Erst nach seinem Selbstmord, den sie ihm durch eine ins Gefängnis geschmuggelte Angelschnur ermöglicht hat, beginnt Mia ihren Bruder zu begreifen.

Für die METHODE gilt Gesundheit als „Synonym für Normalität“, als das „Störungsfreie, Fehlerlose, Funktionierende“ (S. 181). Krankheit und Tod sind kein Thema. Insofern überspitzt der **Roman** nicht die reale Situation, sondern **verflacht** sie vielmehr.

Fazit

Wo spielt nun der Roman „Corpus Delicti“, in ferner Zukunft oder in einem überspitzt dargestellten Hier und Jetzt? Manche unserer „Denkweisen und Handlungsformen“ (Z. 9) könnten wie die Vorgeschichte von „Corpus Delicti“ sein – etwa ein Zuviel an staatlicher Fürsorge oder der Wunsch nach Selbstoptimierung, manche führen in eine andere Richtung. Schlussendlich muss man feststellen, dass trotz medizinischer Fortschritte die aktuelle Welt noch weit davon entfernt ist, auf Krankheit als „historisches Phänomen“ (S. 85) zurückzublicken. Ähnlich groß ist auch der Unterschied zwischen dem METHODEN-Staat und unserer Demokratie. Dennoch kann Juli Zehs Dystopie dazu beitragen, auf gefährliche Tendenzen auch in unserer Gesellschaft aufmerksam zu machen und einen aktiven Einsatz für die Demokratie anzustoßen.

Deutsch (Baden-Württemberg) ▪ Abiturprüfung (eAN)
Übungsaufgabe 5

TEXTINTERPRETATION MIT WERKVERGLEICH

Arbeitsanweisung

1. Interpretieren Sie die Textstelle. Beziehen Sie dabei das für das Verständnis Wesentliche aus der vorangegangenen Handlung ein. (ca. 50 %)

2. *Sinnkrisen werden meist durch Brüche im Kontinuitätserleben ausgelöst. Diese treten auf, wenn innere Widersprüche ein kritisches Maß überschreiten, oder wenn äußere Ereignisse das bisherige Leben unterbrechen und infrage stellen.*
(Tatjana Schnell, Psychologie des Lebenssinns, Berlin: Springer-Verlag 2016, S. 7)

   Wolfgang Koeppens „Tauben im Gras“ und Katharina Hackers „Die Habenichtse“: Erörtern Sie in einer vergleichenden Betrachtung, inwieweit Philipp und Isabelle eine Sinnkrise im Sinne Schnells durchleben. (ca. 50 %)

Material **Katharina Hacker: Die Habenichtse**

Jakob sah noch, wie Bentham auf die Eingangstür zuging, von Maude und Alistair begrüßt wurde, Alistair blickte kurz auf, winkte ihm zu, dann setzte sich das Taxi in Bewegung, bog links ab und fädelte sich in den Verkehr auf der Great Portland Road ein, um gleich darauf am Regent's Park entlang Richtung Norden zu fahren. Es ist aber nichts passiert, dachte Jakob, Alistair sagt, daß sie nur einen Schock hat. – Schicken Sie Alistair, wenn Sie Ihre Frau nicht erreichen! hatte Bentham schließlich ungeduldig verlangt. – Sie müssen doch wissen, ob etwas passiert ist, und dann hatte Alistair sie zu Hause angetroffen, – aber sie wollte mich nicht reinlassen, du solltest sofort kommen, sie mußte die Polizei rufen, weil die Nachbarn sich geprügelt haben. Jakob hatte nicht verstanden, was geschehen war, das Mädchen, hatte er gedacht, es ist bestimmt das Mädchen, und Bentham hatte darauf bestanden, daß sie noch am Nachmittag zurückflogen. Das Taxi erreichte die Kentish Town Road, bog langsam in die Lady Margaret Road ein, im Morgenlicht traten die viktorianischen Fassaden so plastisch hervor, daß es Jakob vorkam, als sähe er sie zum ersten Mal, die Straße lag friedlich da, Fenster leuchteten in der Sonne, das Laub der Platanen zeigte die ersten Anzeichen des Herbstes, es war September. Ein Mann mit einem Karren versperrte die Straße, hielt das Taxi auf, er bimmelte mit einer Glocke, stand vor der Kirche mitten auf der Fahrbahn, rief dem Pfarrer etwas zu, unablässig die Glocke schwingend, der Pfarrer gestikulierte heftig. Jakob hielt die Blumen, die er auf dem Flughafen für Isabelle gekauft hatte, vorsichtig von sich weg, damit kein Wasser auf seine Hosen tropfte. Isabelle stand in der Tür, als er ausstieg und zahlte, er warf einen Blick auf das Nachbarhaus, in das Fenster, hinter dem über der Lehne des Sofas die Decke mit dem Tiger ausgebreitet war, aber die Katze, die sonst dort gelegen hatte, fehlte, und Jakob fragte sich, wo sie jetzt war. Dann winkte Isabelle schüchtern, sie ließ die Tür los und lief auf ihn zu. Aber was ist passiert? fragte sich Jakob, warum trägt sie diese Kleider? Sie roch nach Schweiß, er mußte sich überwinden, sie zu umarmen. Sie schmiegte sich nicht an ihn, ihre Augen waren geschlossen, er betrachtete einen Moment ihr Gesicht, es zog ihm das Herz zusammen. – Es wird anders jetzt, sagte er leise. Ihr Gesicht war fremd und traurig, aber da waren all die Jahre, die er auf sie gewartet hatte, darauf, ihr Gesicht wiederzusehen, und hier war es, die glatte Stirn und der Leberfleck auf der linken Wange, das klare, ovale Gesicht, unsicher, verstört. – Es wird wieder gut, sagte er, er legte die Blumen auf seinen Koffer und schloß Isabelle in die Arme. Man muß Erbarmen haben, hatte Bentham gesagt, dachte er, aber worum war es gegangen, worüber hatte er gesprochen? – Es wird wieder gut, murmelte er und versuchte vergeblich, sich zu erinnern, was Bentham genau gesagt hatte, er blickte über ihre Schulter die Straße entlang, die Häuser standen noch immer da, solide, plastisch, ihre geschmückten Fassaden, mit Säulen geschmückt, mit Simsen, die keine Funktion hatten, und niemand kam von da her, wo er den Mann mit dem Karren, den Pfarrer gesehen hatte, gestikulierend, aufgeregt, keiner der Anwohner war zu sehen, nicht einmal hinter einer Fensterscheibe, es war alles verlassen, als wären sie einer Warnung gefolgt, dachte Jakob, einer Warnung, die Straße zu räumen, nur er und Isabelle hatten nichts begriffen. Er drehte den Kopf zu den leeren Fenstern, zu dem Sofa mit der häßlichen Überdecke, aber der Geruch war hier, er kam aus diesen Kleidern, aus den Männerkleidern, die Isabelle trug. – Wir müssen hineingehen, sagte Jakob. Er bückte sich und hielt die Blumen, die gerade von seinem Rollkoffer rutschen wollten, fest. – Isabelle? sagte er, wir können hier nicht stehenbleiben. Sie öffnete die Augen und sah ihn an. – Ja, antwortete sie und ging langsam auf die Tür zu, die ins Schloß gefallen war.

Aus: Katharina Hacker, Die Habenichtse, Fischer Taschenbuchverlag: Frankfurt/M. 2011, S. 307–309.

Die Schreibweise entspricht der Vorlage.

Offizielle Musteraufgabe für die Abiturprüfung 2024

TIPP **Bearbeitungshinweise**

TEILAUFGABE 1: Den Begriff Sinnkrise, der im Außentext zu Teilaufgabe 2 behandelt wird, können Sie bereits für die **Einleitung** Ihres Aufsatzes nutzen. Überlegen Sie, ob Krisen oder Brüche in den beiden Werken eine Rolle spielen, und lassen Sie Ihre Erkenntnisse in den Vorspann einfließen. Nennen Sie zudem Autorin, Titel, Erscheinungsjahr und Thema des Romans „Die Habenichtse".

Bei der ersten Teilaufgabe geht es darum, die vorliegende Textstelle aus Katharina Hackers Roman zu **interpretieren**. Dabei sollen Sie die **grundlegenden Aspekte des bisherigen Geschehens** mitberücksichtigen. Da es sich bei dem Textauszug um das Ende des Romans handelt, ist es nicht möglich, alle vorherigen Ereignisse wiederzugeben. Beschränken Sie sich deshalb auf die **Entwicklung der Beziehung von Jakob und Isabelle**. Daneben müssen Sie die **Gewalterfahrungen** Isabelles und Saras mit Jim einbeziehen, um den Textauszug zu verstehen.

Interpretieren heißt, Sinnzusammenhänge zu erschließen und die Wechselbeziehung zwischen Inhalt, Form und Sprache zu nutzen, um zu einer Deutung zu kommen. Zur besseren Orientierung ist es hilfreich, die Textstelle in **Sinnabschnitte** zu unterteilen, z. B. Z. 1–12 (Jakobs Ankunft in London), Z. 12–24 (Beschreibung der Szenerie), Z. 24–47 (Aufeinandertreffen von Isabelle und Jakob).

Bei der Interpretation sollten Sie die **Zwiespältigkeit der Situation** zwischen Jakob und Isabelle herausarbeiten, d. h., wie sie sich langsam (auch räumlich) näherkommen, was aber auch einer Annäherung der beiden im Wege steht. Gefundene **sprachliche Merkmale** sollten Sie stets in Beziehung zum Inhalt setzen. Auch Jakobs Wahrnehmung der Umgebung und die Kommunikation zwischen Jakob und Isabelle können Sie in Ihre Überlegungen miteinbeziehen.

TEILAUFGABE 2: Setzen Sie sich intensiv mit dem Außentext auseinander, indem Sie ihn mehrfach lesen. Zu Beginn Ihrer Ausführungen geben Sie dessen wesentliche Aussagen kurz wieder. Wichtig ist es, zu erkennen, dass in dem Text verschiedene **Voraussetzungen für Sinnkrisen** genannt werden. Sie sollen nun überprüfen, inwiefern diese auf Isabelle und Philipp zutreffen.

Dazu müssen Sie die beiden Romane gut kennen und auf aussagekräftige Textstellen zurückgreifen, die Ihre Überlegungen stützen. Belege durch **direkte Zitate** sind gern gesehen, aber angesichts der begrenzten Bearbeitungszeit sind auch **sinngemäße Wiedergaben** in Ordnung. Überprüfen Sie zunächst, ob bei Isabelle eine Sinnkrise vorliegt. Anschließend wiederholen Sie dies an der Figur Philipp. Bereits zu diesem Zeitpunkt können Sie beginnen, die **Unterschiede oder Gemeinsamkeiten zwischen Isabelle und Philipp** herauszuarbeiten. Alternativ können Sie die beiden Werke nebeneinander behandeln und den Aufsatz nach Aspekten gliedern (z. B. äußere Ereignisse, innere Widersprüche).

Beenden Sie Ihren Werkvergleich mit einem kurzen **Fazit**, in dem Sie begründen, ob und in welchem Ausmaß bei Isabelle und Philipp eine Sinnkrise vorliegt.

verwendete Textausgaben:
Katharina Hacker: Die Habenichtse. Frankfurt am Main: S. Fischer Verlag 2017.
Wolfgang Koeppen: Tauben im Gras. Frankfurt am Main: Suhrkamp 2006.

Lösungsvorschlag

TEILAUFGABE 1

Äußere Ereignisse haben das Leben der Protagonisten des Romans „Die Habenichtse" von Katharina Hacker, der 2006 erschienen ist, unterbrochen und stellen den bisherigen Ablauf infrage. So müssen es Jakob und Isabelle wohl empfinden, als sie nach vorstörenden Vorkommnissen wieder aufeinandertreffen.

Einleitung:
Basisinformationen zu „Die Habenichtse"

Erschütternde Erlebnisse hat auch Philipp, eine der Hauptfiguren in Wolfgang Koeppens Roman „Tauben im Gras". Seine existenziellen Fragen betreffen gänzlich andere Themen als bei Jakob und Isabelle. Dennoch lassen sich Philipps und Isabelles Erfahrungen durchaus miteinander vergleichen: im Hinblick auf ihre Bedeutung für das jeweilige Leben und die Frage, wie sich innere Krisen auf dessen Gestaltung auswirken.

Bezug zu „Tauben im Gras"

Die Handlung des Romans „Die Habenichtse" beginnt am Tag des Anschlags auf das World Trade Center 2001. **Jakob**, ein junger Anwalt, und **Isabelle**, Teilhaberin einer Grafik-Agentur, treffen sich am 11. September auf einer Party wieder, nachdem sie sich zuvor **zehn Jahre nicht gesehen** haben. Um Isabelle wiederzubegegnen, hat Jakob einen beruflichen New-York-Aufenthalt verschoben. Sein für ihn eingesprungener Kollege fällt dem Anschlag zum Opfer.

Hauptteil
relevante Handlung vor der Textstelle
– Wiedertreffen von Isabelle und Jakob zu 9/11

Jakob und Isabelle werden ein Paar, heiraten und **ziehen** gemeinsam **nach London**, wo Jakob in der Kanzlei von Bentham arbeitet. Isabelle, die weiterhin für ihre Agentur in Berlin tätig ist, wird mit den **Konflikten** konfrontiert, die sich **im Nachbarhaus** abspielen. Dort lebt eine Familie, deren Kinder Dave und Sara unter ihrem gewalttätigen Vater leiden. Auch darüber hinaus begegnet Isabelle in London häufig Gewalt. So werden sie, Jakob und seine Kollegen nach einem abendlichen **Theaterbesuch** von einer fünfköpfigen Bande **überfallen** und mit Messern bedroht.

– Isabelles Begegnungen mit Gewalt in London

Die sich rasch abkühlende Beziehung zu Jakob und die Begegnungen mit Gewalt verändern Isabelle. Obwohl sie um die Misshandlung des Nachbarkindes Sara weiß, schreitet sie nicht ein. Isabelle

– Isabelles Gleichgültigkeit gegenüber dem Schicksal anderer zeigt zunehmend eine passive, weitgehend **emotionslose und distanzierte Haltung** anderen Menschen gegenüber.

– Isabelles Affäre mit Jim

Jim, ein Kleinkrimineller, der ebenfalls in der Nachbarschaft wohnt, findet Gefallen an Isabelle. Die beiden kommen sich näher und es entwickelt sich eine **erotische Beziehung**. Diese Affäre füllt die emotionale Lücke, die in Isabelles Leben durch die fehlende Nähe zu Jakob entstanden ist.

– zunehmende Intensität der Gewalterfahrungen

Jim zeigt jedoch bereits früh seine **Gewaltbereitschaft**, wegen der Isabelle später zum Opfer seiner Abneigung gegen alles Bürgerliche wird. Im Laufe der Zeit verstärkt sich sein gewalttätiges Verhalten gegenüber Isabelle. Er dringt in ihre Wohnung ein und wird zunehmend aufdringlich. Auch die Vernachlässigung und die Gewalt, die das Nachbarskind Sara erleiden muss, werden immer offensichtlicher.

– Verprügeln und Einsperren Saras und Isabelles durch Jim

Die Handlung, die kurz vor der vorliegenden Textstelle stattfindet, zeigt die **Eskalation der Gewaltspirale:** In Abwesenheit von Jakob, der sich geschäftlich in Berlin aufhält, kommt es zu einem Zusammentreffen von Jim, Isabelle und Sara in Jims Wohnung. Dort schlägt Jim Sara und ist auch gewalttätig gegenüber Isabelle, die sich endlich um die übel zugerichtete Sara kümmert. Jakob tritt direkt den Rückflug nach London an, als er von den Vorfällen erfährt. Dort erwartet ihn Isabelle, die mittlerweile auch die elterliche Gewalt gegenüber Sara der Polizei gemeldet hat.

1. Sinnabschnitt der Textstelle (Z. 1–12)

– Rückblick auf das gerade Geschehene

Die vorliegende Textstelle, die das **Schlusskapitel des Romans** darstellt, beginnt mit einem kurzen Rückblick auf die Ereignisse, die **Jakob** dazu bewogen haben, **nach London zurückzukehren**. Nachdem er Isabelle mehrfach telefonisch nicht hat erreichen können, macht Bentham ihm deutlich, dass er seinen Kollegen Alistair in London zu Isabelle schicken soll, um sicherzustellen, dass seiner Frau nichts passiert ist. Mittels **indirekter Rede** wird der Leserschaft aus Jakobs Sicht mitgeteilt, Isabelle habe nach den Gewalterlebnissen mit Jim und Sara einen Schock erlitten. Auf die in **direkter Rede** wiedergegebene verwirrende Aussage Alistairs, es habe Prügeleien in der Nachbarschaft und daraufhin einen Polizeieinsatz gegeben, kann sich Jakob keinen Reim machen. Dennoch muss er direkt an Sara denken (vgl. Z. 10 f.). Der souverän reagierende und väterlich besorgte Arbeitgeber Bentham besteht darauf, „daß sie noch am Nachmittag zurückflogen“ (Z. 11 f.). Nachdem Bentham bereits das gemeinsam genutzte Taxi verlassen hat, fährt Jakob allein weiter zur Lady Margaret Road.

2. Sinnabschnitt (Z. 12–24)

Die ungewisse Lage, in der sich Jakob befindet, scheint sich nach der **Ankunft an seinem Haus** zunächst „im Morgenlicht“ (Z. 13) zu klären. Es ist ihm, „als sähe er sie [die Straße] zum ersten Mal" (Z. 14). Jakobs Blick auf diese **friedliche und angenehme Szenerie** scheint mit einer Erkenntnis verbunden zu sein. Auch die Lichtverhältnisse sorgen für einen klaren, unverstellten Blick auf die Situation: Das „Morgenlicht" (Z. 13) lässt die viktorianischen Fassaden plastisch hervortreten (vgl. Z. 13 f.) und die Fenster leuchten in der Sonne (vgl. Z. 15). Zugleich gibt es aber auch **Hindernisse**, die ihm den direkten Weg zu Isabelle verbauen: „Ein Mann mit einem Karren versperrte die Straße, hielt das Taxi auf" (Z. 16 f.). Ebenso deutet der heftig gestikulierende Pfarrer (vgl. Z. 18 f.), der mit dem Mann im Gespräch ist, darauf hin, dass etwas Unübliches, Diskussionswürdiges geschehen ist. Nicht zuletzt ist die Glocke, die unablässig bimmelt (vgl. Z. 18), ein **Warnhinweis**.

– friedliche Szenerie mit Anzeichen von Unruhe

Die rückblendenden Andeutungen, die der Romanschluss enthält, **greifen auf das bereits Geschehene zurück** und lassen sich mit der aktuellen Handlung in Verbindung bringen. Der **Mann mit dem Karren**, den Jakob beobachtet, ist derselbe, der an einem öden Regentag durch die Straßen Londons zieht und Sara ihre Puppe zurückbringt, die sie bereits seit Längerem vermisst (vgl. S. 75). Diese zunächst freundlich scheinende Geste verkehrt sich ins Gegenteil, als der Mann „häßlich" (S. 75) grinst und die Puppe auf die Zaunspitzen rammt. Dies ist nicht der einzige Verweis auf die beklagenswerte Situation Saras: Das **Fehlen der Katze** Polly, die das Mädchen besonders gern hatte, fällt auch Jakob bei seiner Rückkehr auf (vgl. Z. 23). Ebenso ist die **Decke**, die im Fenster des Nachbarhauses zu sehen ist, ein deutlicher Verweis auf die Erfahrungen, die Isabelle und Sara gerade gemacht haben.

– Rückblenden

Es finden sich viele Anzeichen für eine **ruhige und ausgeglichene Stimmung**, zum Beispiel die „friedlich" (Z. 14) wirkende Straße, das „langsam" (Z. 12) fahrende Taxi sowie die Blumen, die Jakob am Flughafen für Isabelle gekauft hat (vgl. Z. 19 f.) und mit denen er sehr umsichtig und sorgsam umgeht (vgl. Z. 20 f.). Diese harmonische Ruhe wird zugleich durch die bereits genannten **irritierenden Momente** wieder zunichte gemacht.

– schwankende Stimmung

Diese **Zwiespältigkeit** zeigt sich im dritten Sinnabschnitt auch **im Verhalten Isabelles**, die Jakob nur „schüchtern" (Z. 24) zuwinkt und sich vorerst nicht aus dem schützenden Haus bewegt. Schließlich lässt sie aber doch die Tür los und läuft auf ihren Mann zu (vgl. Z. 24 f.).

3. Sinnabschnitt (Z. 24 – 47)

– Aufeinandertreffen von Isabelle und Jakob

Beim Anblick von Isabelle bemerkt Jakob, dass sie „Männerkleide[r]" (Z. 43) trägt. Zudem riecht sie nach Schweiß, sodass er sich „überwinden" (Z. 26) muss, sie in den Arm zu nehmen. Hin- und

– Jakobs mitleidige Reaktion auf Isabelles Zustand

hergerissen **zwischen Zuneigung und Mitleid** umarmt er sie doch, schaut sie an und erkennt ihre Gesichtszüge, die er kennt und liebt. Schließlich bilanziert er „all die Jahre, die er auf sie gewartet hatte" (Z. 29), und ruft sich damit den Wert ihrer Beziehung in Erinnerung. Jedoch versteht er auch, dass sich etwas verändern muss (vgl. Z. 28). In dieser Situation denkt Jakob an Bentham, der ihm mitgegeben hat, man müsse „Erbarmen" (Z. 32 f.) haben. Ob **Erbarmen**, also das Empfinden von Mitgefühl, die Empfindung ist, die man seiner Ehefrau entgegenbringen sollte, kann man infrage stellen.

In jedem Fall ist eine Veränderung zum Negativen in der Beziehung zwischen Isabelle und Jakob zu beobachten. Dass Isabelle sich nicht an ihn schmiegt, ihre Augen geschlossen hält (vgl. Z. 26 f.) und ihr Gesicht von Jakob als „fremd und traurig" (Z. 28 f.) sowie als „unsicher, verstört" (Z. 31) beschrieben wird, zeigt den Wandel in ihrem Verhältnis zueinander. Während Jakob Isabelle zunächst verspricht, dass jetzt alles anders wird, versucht er später, die zwischen beiden herrschende **Leere** durch ein formelhaftes „Es wird wieder gut" (Z. 31 und Z. 34) zu überbrücken. Gleichzeitig zeigt die Metapher „es zog ihm das Herz zusammen" (Z. 27 f.), dass Jakob durchaus noch **starke Gefühle** für Isabelle besitzt und sich an die guten Zeiten erinnert, die sie vor allem in Berlin gemeinsam erlebt haben.

– Anzeichen für Veränderung ihrer Beziehung zum Negativen

Im dritten Sinnabschnitt ist ein stetiger **Wechsel von direkter Rede und erzählenden Passagen** zu verzeichnen. Durch die **personale Erzählperspektive**, bei der die Wahrnehmungen Jakobs im Vordergrund stehen, ist die Leserschaft unmittelbar am Geschehen beteiligt. Verstärkt wird dieser Effekt durch die **distanzlose, zersplitterte Syntax** (vgl. z. B. Z. 34–44), die die Emotionen und Eindrücke unvermittelt weitergibt.

– Erzähltechnik und Satzbau

Die Leere, die zwischen Jakob und Isabelle herrscht, wird durch die äußere Szenerie widergespiegelt. Während eben noch das Sonnenlicht die viktorianischen Häuser zum Leuchten brachte, werden nun die Fassaden „mit Simsen, die keine Funktion hatten" (Z. 37), hervorgehoben, „niemand" (Z. 37) ist auf der Straße, „keiner der Anwohner war zu sehen, nicht einmal hinter einer Fensterscheibe" (Z. 39 f.), und alles ist „verlassen" (Z. 40). Die **Häufung der Negationswörter** zeigt, wie einsam, wie sehr auf sich zurückgeworfen Isabelle und Jakob sind. Die widrigen Umstände lassen sich auch an der „häßlichen Überdecke" (Z. 42) und dem schlechten Geruch, der aus Jims Kleidern strömt, erkennen. Ob sie sich durch Jakobs Versicherung, es werde wieder gut, wettmachen lassen, bleibt fraglich.

– Szenerie als Spiegel der Gefühle der Figuren

Jakob bemüht sich jedoch trotzdem um Haltung und Ordnung. Dies ist erkennbar daran, dass er die **Blumen**, die vom Rollkoffer zu rut-

– Jakobs Bemühen um Haltung

schen drohen, festhält (vgl. Z. 44 f.). Zudem appelliert er an Isabelle, ins Haus zu gehen. Die **Aufforderung** „Wir müssen hineingehen" (Z. 44), die eine Notwendigkeit ausdrückt, wird durch die Veränderung des Modalverbs („wir können hier nicht stehenbleiben", Z. 46) zur Beschreibung einer Unmöglichkeit, die ein sofortiges Handeln erfordert. Gleichzeitig kann man die letzte Äußerung auch als **Aufruf** verstehen, die **Gesamtsituation** der beiden **zu verändern**.

Dass Isabelle Jakob versteht und ihm sogar beipflichtet, lässt sich daran erkennen, dass sie ihre zuvor geschlossenen **Augen** (vgl. Z. 27) **öffnet** (vgl. Z. 46), ihn ansieht und ihm zustimmt. Ihre Antwort „**Ja**" (Z. 46) bleibt die einzige Äußerung Isabelles in diesem Textauszug. Als weiteres affirmatives Verhalten könnte man das **Zugehen auf die Tür** werten, die jedoch – auch dadurch wird die ambivalente Situation deutlich – „ins Schloß gefallen war" (Z. 47).

– Isabelles Zustimmung zu Jakobs Worten

Die **geschlossene Tür** ist ein aussagekräftiges Symbol, das mehrere Deutungen zulässt. Sie könnte das **Scheitern der Beziehung** zwischen Jakob und Isabelle markieren oder das **Ende einer schwierigen Phase** in ihrer Ehe verdeutlichen. Schlussendlich stellt die Abgeschlossenheit dieses Lebensabschnitts einen Bruch dar, der das bisherige Leben infrage stellt und eine Sinnkrise auslösen könnte.

– Deutung des Schlussbilds

TEILAUFGABE 2

Was ist eine Sinnkrise? **Sinnkrisen** werden oft als **Phasen der Orientierungslosigkeit** beschrieben, als ein Zustand, der durch existenzielle Probleme und kritische Ereignisse hervorgerufen wird. Tatjana Schnell gibt im vorliegenden Zitat keine explizite Definition, sondern beschreibt als **Auslöser** für solche Krisen **Brüche im Kontinuitätserleben**. Diese entstehen Schnell zufolge durch innere Widersprüche, die das übliche Maß überschreiten, oder durch das Leben infrage stellende äußere Ereignisse.

Erläuterung des Begriffs Sinnkrise

Die Beantwortung der **Frage, inwieweit Philipp und Isabelle** in den Romanen „Tauben im Gras" und „Die Habenichtse" **eine Sinnkrise durchmachen**, erfordert eine Suche nach Brüchen in ihrem Leben, die ein kritisches Maß übersteigen und ihr bisheriges Dasein infrage stellen. Verschiedene äußere Ereignisse wirken auf die beiden Protagonisten ein und sie werden dadurch in ihrer inneren Verfasstheit verändert, doch geschieht dies in unterschiedlichem Ausmaß.

Überleitung zur vergleichenden Betrachtung Isabelles und Philipps

In Isabelles Leben gibt es einige Disharmonien. Dazu gehört das **distanzierte, kühle Verhältnis**, das sie zu ihren **Eltern** hat. Diese sind noch nicht einmal bei ihrer Hochzeit anwesend (vgl. S. 78). Ihr beruflicher Einstieg als Grafikerin wird ihr erst durch den **Tod ihrer**

Isabelle

– Disharmonien vor dem Wiedertreffen mit Jakob

Freundin Hanna ermöglicht, die ihr ihre Anteile an der Agentur vermacht (vgl. S. 32). In dieser Zeit wohnt sie mit **Alexa**, einer weiteren Freundin, gemeinsam in einer WG. Alexa jedoch zieht nach zwei Jahren zu ihrer neuen Lebensgefährtin Clara, was Isabelle als **Verrat an ihrer Freundschaft** ansieht (vgl. S. 14).

Am 11. September 2001 trifft Isabelle Jakob auf einer Party wieder. Die Terroranschläge an diesem Tag überschatten das Wiedersehen. Isabelle reagiert **bestürzt**, bricht fast in Tränen aus und ruft in ihrer Besorgnis Alexa an (vgl. S. 10). Gleichzeitig **relativiert** sie ihre **eigene Betroffenheit**, als sie sich fragt, ob es nicht abwegig sei, Tote zu beweinen, die man gar nicht kenne. Auch die Tatsache, dass sie am Tag nach den Anschlägen neue Schuhe kauft, zeugt nicht von einer großen Erschütterung, sondern weist eher auf eine gewisse **Gleichgültigkeit** hin.

– widersprüchliches Verhalten an 9/11

Gleichwohl wird die latente Terrorgefahr nach dem 11. September im Roman immer wieder thematisiert und spielt auch in Isabelles Leben eine Rolle. Nicht nur berichten die Zeitungen über den Irak-Krieg und die Al-Qaida-Kämpfer, auch der Alltag der beiden Protagonisten ist davon betroffen, denn **Isabelle hortet Vorräte**, um auf den Ernstfall vorzubereitet zu sein (vgl. S. 140). Da Isabelle und Jakob nach ihrer Heirat nach London ziehen, sind sie durch die **Beteiligung der Briten am Krieg** noch stärker von den politischen Ereignissen betroffen. Freunde aus Berlin und sogar Isabelles Vater erkundigen sich nach ihrem Ergehen und geben ihrer Besorgnis Ausdruck, dass es in London gefährlich sei (vgl. S. 121).

– Umgang mit Terrorgefahr in der Folgezeit

Ob Isabelle diese politischen Geschehnisse wirklich als Bruch in ihrem Leben wahrnimmt, kann man allerdings infrage stellen. Es sind vielmehr private Entscheidungen, die ihre persönliche Situation verändern. Hier ist zuvorderst die etwas vorschnell getroffene Entscheidung, Jakob zu **heiraten**, zu nennen, mit der gleichzeitig der **Umzug nach London** einhergeht (vgl. S. 59).

– private Entscheidungen prägender als politische Lage

In London hat Jakob, auch weil er viel in der Kanzlei arbeitet, immer weniger Zeit für Isabelle und für gemeinsame Unternehmungen. „Es war, an manchen Tagen, **langweilig**, zu Hause zu arbeiten, Andras und Peter und Sonja fehlten ihr" (S. 140). „Sie wußte nicht, woran Jakob dachte, wenn er abwesend wirkte" (S. 144). Die Zitate machen deutlich, dass Isabelle sich zunehmend alleingelassen fühlt und ihr ein **Austausch mit Jakob fehlt**.

– Einsamkeit in London

Aufgrund ihrer Einsamkeit zu Hause streift Isabelle allein durch die Straßen Londons und trifft dort auf **Jim**, einen Kleinkriminellen. Sie fühlt sich derart zu ihm hingezogen, dass sie mit ihm eine **Affäre** beginnt, die zunehmend von **Gewalt und sexueller Übergriffigkeit**

– von Gewalt geprägte Affäre mit Jim

seinerseits geprägt ist (vgl. S. 172 ff.). Mit Jim an ihrer Seite wird sie selbst zur **Aggressorin**, zum Beispiel als Bauarbeiter ihr gegenüber zudringlich werden (vgl. S. 271). Die sexuelle Aufdringlichkeit ruft bei Isabelle eine unmittelbare, gewalttätige Handlung hervor, denn sie ohrfeigt und tritt die Männer.

– weitere Gewalterlebnisse in der Großstadt

Neben der an Jims Seite erlebten Aggressivität kommt Isabelle mit weiteren Formen von Gewalt in Kontakt. Anonymisierte Gewalt scheint in der Großstadt London allgegenwärtig zu sein. Beispielsweise trifft Isabelle dort auf **Zeugenaufrufe** und **Vermisstenanzeigen**, so auch auf die von Mae, Jims ehemaliger Freundin (vgl. S. 150). Nach einem Theaterbesuch werden Isabelle, Jakob und seine Kollegen zudem von einer **Gruppe Männer mit Messern bedroht**. Isabelle rettet die Situation, indem sie einem der Angreifer entgegentritt, so tut, als ob sie ihn küssen wolle, und dann die Chance nutzt, um zu entkommen.

– zunächst kein Handeln bei Gewalt im Nachbarhaus

Neben der Unruhe, die London als Großstadt mit sich bringt, erlebt Isabelle auch in ihrer direkten Nachbarschaft Gewalt, nämlich gegenüber den beiden Kindern, die dort wohnen. Insbesondere **Sara**, die Nachbarstochter, leidet unter den physischen und psychischen **Misshandlungen durch ihre Eltern**. Isabelle bemerkt schon früh die Geräusche von nebenan, bleibt aber zunächst eine **passive und distanzierte Beobachterin** (vgl. z. B. S. 151, 164). Obwohl die Gewalt gegen Sara eine Störung der für Isabelle so wichtigen Ordnung darstellt, kann sie sich lange nicht dazu entschließen, ihre abwartende Haltung aufzugeben und aktiv dagegen anzugehen.

– Notwendigkeit zum Handeln nach eigener Gewalterfahrung

Erst als Isabelle individuelle Gewalt am eigenen Leib erfährt, begreift sie deren Tragweite. Als sie gemeinsam mit Sara **in Jims Wohnung gefangen** ist, erlebt sie hautnah mit, wie Jim Sara die Zähne ausschlägt und ihr außerdem psychisch zusetzt („Deine Scheißkatze, tot ist sie, kapierst du?“, S. 298). Zudem greift er auch Isabelle körperlich an. Die unausweichliche, direkte Konfrontation mit Gewalt erzwingt bei Isabelle eine Handlung. Sie begreift, dass sie endlich etwas unternehmen muss, und erkennt: „Am Ende würde sie all das getan haben, wußte sie, es war sinnlos, etwas aufzuschieben.“ (S. 303) Damit ist einerseits die **Anzeige der elterlichen Gewalt an Sara und Dave** bei der Polizei gemeint, andererseits können diese Handlungen aber auch **Isabelles Lebensentwurf** betreffen. Das Ende des Romans lässt bewusst offen, ob Veränderungen in der Beziehung zwischen Jakob und Isabelle anstehen oder ob Isabelle plant, ihr Leben anders zu gestalten.

Zusammenfassend lässt sich festhalten, dass besonders der Umzug nach London und die dortigen Ereignisse sowie auch die Veränderungen zum Negativen in der Ehe mit Jakob die **inneren Widersprüche in Isabelles Leben** deutlich erkennbar machen. Allerdings scheinen diese kein „kritisches Maß [zu] überschreiten" (Zitat von Tatjana Schnell), denn Isabelle blendet widrige Umstände bis zu einem gewissen Grad aus. Sie handelt erst, als äußere Ereignisse sie dazu zwingen. Durch ihre Erlebnisse in London sind zumindest **teilweise die Voraussetzungen für einen Bruch** in der Biografie Isabelles **gegeben**, der Schnell zufolge eine Sinnkrise auslösen könnte. Allerdings ist bei Isabelle nicht zwangsläufig eine solche vorhanden.

– abschließende Beurteilung Isabelles

Die äußeren Gegebenheiten, mit denen sich Philipp, einer der Protagonisten des Romans „**Tauben im Gras**", verfasst 1951 von Wolfgang Koeppen, auseinandersetzen muss, sind bedingt durch einen massiven Kontinuitätsbruch, nämlich die **Auswirkungen des Zweiten Weltkriegs auf Deutschland**. Der Roman spielt in der Nachkriegszeit und schildert die Ereignisse in einer bayerischen Großstadt an einem Tag. Eingeführt wird der **Schriftsteller Philipp** damit, wie er eine Nacht in einem Hotel verbringt, um sich seiner Frau Emilia zu entziehen, mit der er in einer unglücklichen Ehe lebt. Doch die **trostlose Welt**, die draußen herrscht, dringt bis in das neu eingerichtete Hotelzimmer hinein (vgl. S. 17).

Philipp

– Trostlosigkeit im Deutschland der Nachkriegszeit

Philipp, der seine Frau enttäuscht, weil er **nicht schriftstellerisch tätig wird**, scheitert an seinen Ansprüchen ebenso wie an der Zeit, in der er sich „als einziger übriggeblieben" (S. 21) fühlt. Die Feststellung „Philipp kam mit der Zeit nicht zurecht" (S. 20) kann man einerseits auf einer Metaebene auf die Nachkriegszeit und ihre Belastungen zurückführen. Andererseits bezieht sich die Aussage auch konkret auf den augenblicklichen Zustand, in dem Philipp sich vor die Notwendigkeit gestellt sieht, Geld zu verdienen, um dem **materiellen Druck** standzuhalten.

– Scheitern an eigenen Ansprüchen und denen seiner Zeit

Philipp erlebt die **Instabilität seines Daseins** und fühlt sich nutzlos (vgl. S. 27). Sein im Dritten Reich verbotenes Buch ist nach dem Krieg in Vergessenheit geraten (vgl. S. 57); Drehbücher für Filme, die seiner Ansicht nach „falsch[e] Gefühle" (vgl. S. 58) vermitteln, will er nicht verfassen. Als er in einem Schreibwarengeschäft versucht, als Vertreter für Patentkleber tätig zu werden, scheitert er, weil er sich gedemütigt fühlt und nicht auf den Käufer zugehen kann. Er, der Schriftsteller, weiß „das Zauberwort nicht. Er hatte es vergessen. Er hatte nichts zu sagen." (S. 59) Er **fühlt sich überflüssig und feige** (vgl. S. 59).

– Gefühl der Nutzlosigkeit

Seine unsichere Positionsbestimmung offenbart er mit der Frage, ob er ein Berichterstatter sei (vgl. S. 60). Diese Überlegung ist auch deshalb von Bedeutung, da ein Nachrichtenmagazin ihm den **Auftrag** erteilt hat, den amerikanischen Dichter **Mr. Edwin zu interviewen**, also als Berichterstatter tätig zu werden. Die im Schreibwarengeschäft ausgestellten Diktafone würden die Aufzeichnung des Interviews erleichtern, doch als er seine **aufgenommene Stimme** hört, erschrickt Philipp. „Die Stimme befremdete ihn. Was sie sagte, beschämte ihn. Es war eine Exhibition, eine **intellektuelle Exhibition**." (S. 61)

– Unsicherheit, Selbstfremdheit

Philipp flieht aus dem Laden. In diesem Verhalten erkennt man seine **ausgeprägten Selbstzweifel**, die von seinen anhaltenden Misserfolgen herrühren. Es gelingt Philipp nicht, den Ansprüchen seines Umfelds gerecht zu werden – sämtliche Möglichkeiten zum Broterwerb scheitern. Er muss von dem Geld seiner Frau leben, scheint antriebslos zu sein und erlebt sich **als Schriftsteller** als **unfähig zu kommunizieren**. In der Flucht vor dem Hören der eigenen Aussagen im Diktafon manifestiert sich seine Selbstentfremdung, denn einst war er ein Mann der Worte. Diese Misserfolge kann man als **Bruch im Kontinuitätserleben** beschreiben. Dass Philipp angesichts dieser Erfahrungen sein bisheriges Leben und dessen **Sinn infrage stellt**, ist offensichtlich.

– anhaltender Misserfolg beim Geldverdienen

Gleichwohl fällt es ihm schwer, sich Hilfe zu holen. Bei den regelmäßigen Konsultationen bei dem Psychiater Dr. Behude verfällt Philipp dem Nervenarzt gegenüber in eine **apathische Haltung**. So verspricht er „sich nichts von einer Begegnung mit Dr. Behude, keine Deutung, keine Erhellung, weder Vertrauen noch Mut" (S. 28). Seine pessimistische Haltung und Einstellung zeigt sich im **Misstrauen gegenüber den Fähigkeiten des Arztes:** „[E]s wird ihm nicht gelingen mich zu ändern." (S. 150) Dabei ist er in den Sitzungen mit den Gedanken bei seiner Arbeit, statt Dr. Behude zuzuhören.

– fruchtlose Besuche beim Psychiater

Die Erfolglosigkeit Philipps wird des Weiteren deutlich, als eine Gruppe amerikanischer Lehrerinnen ihn für einen deutschen Kollegen des **Schriftstellers Mr. Edwin** hält. Der Protagonist muss sich eingestehen, dass „ein Philipp geachtet wurde, den es gar nicht gab, den es aber leicht hätte geben können, ein Philipp, der er hatte werden wollen, ein bedeutender Schriftsteller" (S. 107). Philipp erscheint aus Versagensangst nicht zum Interviewtermin, doch als er Edwin zufällig begegnet, trifft er auf einen **Gleichgesinnten**. Beide sind eher menschenscheu, meiden die Öffentlichkeit und stellen sich selbst nicht gerne vor anderen Menschen dar. Sie erkennen im jeweils anderen den Schriftsteller und sind sich sicher, dass sie einander verstehen könnten, doch **meiden** sie sich gegenseitig (vgl.

– Erfolglosigkeit und Menschenscheue

S. 115). Diese Szene zeigt, welche Befürchtungen und welche Ängste Philipp einerseits, Edwin andererseits umtreiben.

– Reflexion über gesellschaftliche Stellung

Philipp ist sich über seine **Außenseiterposition** im Klaren. Am Abend reflektiert er, dass er von keiner Arbeit zu seiner Familie zurückkommt, und seine **Selbsttäuschung** wird ihm bewusst. Philipp entzieht sich aller Determiniertheit und gehört keiner Gruppe an. Sich selbst bezeichnet er als „Sonderling" (S. 176). Weil er keine Meinung äußert und alles nur aus der Entfernung beobachtet, muss er sich keiner Kritik stellen. Ob das seine Art von Freiheit ist oder eine **Möglichkeit, mit seinen inneren Widersprüchen umzugehen?**

– gescheitertes Rendezvous mit Kay

Später am Abend begegnet Philipp bei Edwins Vortrag Kay, die zur Gruppe der amerikanischen Lehrerinnen gehört. Verführerischer als die junge Frau selbst wirkt auf ihn ihre Freiheit (vgl. S. 222). Von seiner Frau Emilia ist Philipp abhängig; er empfindet sich als unfrei und gerade deshalb fühlt er sich zu **Kay**, einer **jüngeren, frischeren Version von Emilia**, hingezogen. Kay erwartet ein romantisches Abenteuer, sie hofft darauf, dass Philipp sie verführt und möglichst in seine Wohnung mitnimmt. Doch er bringt sie in das schäbige Hotel „Zum Lamm". Philipp ist der Ansicht, dass Zärtlichkeit ihn jetzt nicht weiterbringt. Stattdessen ist er **entschlossen, Kay hart anzufassen**, um ihr trotz der trostlosen Umgebung etwas zu bieten (vgl. S. 235). Kay ist enttäuscht und äußert den Wunsch zu gehen.

– abschließende Beurteilung Philipps

Das missglückte Rendezvous mit Kay reiht sich ein in die **Liste der Fehlschläge**, die Philipp erlebt: Er scheitert als Ehemann, als Schriftsteller, als Verkäufer von Klebstoffen, als Drehbuchautor und Reporter. So kann man bilanzieren, dass Philipp tatsächlich als ein **Gescheiterter**, als ein mit inneren Widersprüchen Belasteter, bezeichnet werden kann. Jemand, der sich und sein Leben derart infrage stellt, steckt **in einer tiefen Sinnkrise**.

Fazit

Vergleich Isabelle und Philipp

Damit trifft das Zitat von Tatjana Schnell viel mehr auf den Protagonisten Philipp zu als auf Isabelle, die trotz der Ereignisse, mit denen sie sich auseinandersetzen muss, handlungsfähig bleibt. Deshalb ist bei ihr keine eindeutige Sinnkrise vorhanden, bei Philipp hingegen schon: Er kann seiner Welt nicht entfliehen und ist dazu verdammt, immer wieder aufs Neue an inneren Widersprüchen und äußeren Ereignissen zu scheitern. Ihm bleibt – wie den anderen Deutschen in der Nachkriegszeit – nur eine „Atempause auf einem verdammten Schlachtfeld" (S. 237).

Deutsch (Baden-Württemberg) ▪ Abiturprüfung (gAN/eAN)
Übungsaufgabe 6

TEXTINTERPRETATION LYRIK

Themenfeld „Umbrüche in der deutschsprachigen Literatur um 1900“

Arbeitsanweisung

- Interpretieren Sie das Gedicht „Im Dämmer“ von Paul Zech. (ca. 60 %)
- Vergleichen Sie die inhaltliche und sprachlich-formale Gestaltung des Motivs der Dämmerung in den Gedichten „Im Dämmer“ von Paul Zech und „In der Dämmerung“ von Rainer Maria Rilke. (ca. 40 %)

Beachten Sie, dass die Bearbeitung der Aufgabenstellung die Bezugnahme auf das Themenfeld „Umbrüche in der deutschsprachigen Literatur um 1900“ erfordert.

Material 1 **Paul Zech (1881–1946): Im Dämmer (1911)**

Im schwarzen Spiegel der Kanäle zuckt
die bunte Lichterkette der Fabriken.
Die niedren Straßen sind bis zum Ersticken
mit Rauch geschwängert, den ein Windstoß niederduckt.

Ein Menschentrupp, vom Frohndienst[1] abgehärmt,
schwankt schweigsam in die ärmlichen Kabinen;
indes sich in den qualmigen Kantinen
die tolle[2] Jugend fuselselig lärmt.

Nocheinmal wirft der Drahtseilzug mit Kreischen
Den Schlackenschutt hinunter in die flachen
Gelände, drin der Schwefelsumpf erlischt.

Fern aber gähnen schon, vom Dampf umzischt,
des Walzwerks[3] zwiegespaltne Feuerrachen –
und harrn des Winks den Himmel zu zerfleischen.

Aus: „Der Sturm“, 11. November 1911, S. 677.

Anmerkungen

1 Frohndienst (eigentlich: Frondienst): körperliche Arbeiten, die Bauern im Feudalsystem unentgeltlich für ihre Leib- und Grundherren erbringen mussten
2 toll: hier im Sinne von: wild, verrückt, ausgelassen
3 Walzwerk: Fabrik zur Verarbeitung von Stahl

Material 2 Rainer Maria Rilke (1875–1926): In der Dämmerung (1898)

Und einmal lös ich in der Dämmerung
der Pinien von Schulter und vom Schoß
mein dunkles Kleid wie eine Lüge los
und tauche in die Sonne bleich und bloß
und zeige meinem Meere: ich bin jung.

Dann wird die Brandung sein wie ein Empfang,
den mir die Wogen festlich vorbereiten.
Und eine jede zittert nach der zweiten, –
wie soll ich ganz allein entgegenschreiten:
das macht mich bang …
Ich weiß: die hellgesellten Wellen weben
mir einen Wind;
und der erst beginnt,
so wird er wieder meine Arme heben –

Aus: Rainer Maria Rilke: Die Gedichte. Frankfurt a. M.: Suhrkamp 2010.

TIPP **Bearbeitungshinweise**

Die **vergleichende Gedichtinterpretation** steht im Kontext des **Themenfelds** „Umbrüche in der deutschsprachigen Literatur um 1900“, das Sie im Unterricht erarbeitet haben. Die vorliegende Aufgabe gliedert sich in zwei Teile:

1. die **Interpretation** des Gedichts „Im Dämmer“ von Paul Zech und
2. den **Vergleich** mit dem Gedicht „In der Dämmerung“ von Rainer Maria Rilke unter einem bestimmten **Aspekt: Gestaltung des Motivs der Dämmerung**. Dabei sind inhaltliche, sprachliche und formale Elemente zu berücksichtigen.

Ihr Wissen über das Themenfeld müssen Sie an geeigneten Stellen des Aufsatzes einarbeiten. Eine rein textimmanente Deutung genügt deshalb nicht.

Wie bei allen Gedichtinterpretationen gilt: Eine mehrmalige **sorgfältige Lektüre** mit Stift und Textmarker ist der erste Schritt, für den Sie ausreichend Zeit einplanen sollten. Denn durch Ihre Bearbeitung mit **Unterstreichungen** (Linien, Schlangenlinien usw.), **Markierungen** (verschiedene Farben und Stifte), Hervorhebungen (durch Einkreisung u. Ä.), **Randbemerkungen** (z. B. zur Form, zu Schlüsselwörtern usw.) und Zeichen (Fragezeichen, Ausrufezeichen, Symbole usw.), Pfeilen und Verbindungslinien wird das Textblatt zu einer Art Landkarte, die Ihnen beim Schreiben der Interpretation als Navigator dient. Aktivieren Sie auch Ihr Wissen über die Literatur der Jahrhundertwende, also z. B. über Epochen und Stilrichtungen, aber auch über historische Ereignisse.

In Gedichtvergleichen bietet es sich an, zunächst Autor, Textsorte, Entstehungszeit und Titel zu betrachten. Formulieren Sie dann eine erste **Deutungshypothese**, indem Sie die Fragestellung der Aufgabe beantworten. Auf diese Weise gelangen Sie zur **Kernaussage** der Gedichte, die Sie nun Schritt für Schritt analysieren: Thema, inhaltliche Aspekte, formaler Aufbau, Gestaltungsmittel im Hinblick auf ihre Funktion für die Aussage, Sprecher (z. B. lyrisches Ich).

Der **Aufbau** Ihres Aufsatzes orientiert sich an der Aufgabenstruktur:

- Einleitung mit Vorstellung des ersten Gedichts („Im Dämmer“)
- Interpretation des ersten Gedichts
- Überleitung mit Vorstellung des zweiten Gedichts („In der Dämmerung“)
- Gedichtvergleich im Hinblick auf die Gestaltung des Motivs der Dämmerung
- Schluss

Wichtig: Die **zweite Teilaufgabe** fließt nur zu 40 % in die Bewertung Ihrer Arbeit ein und sollte dem im Umfang ungefähr entsprechen. Für das zweite Gedicht wird folglich **keine ebenso differenzierte Interpretation** verlangt wie für das erste. Hier müssen Sie vor allem die Aspekte herausgreifen, die für den Vergleich mit dem ersten Gedicht ergiebig sind.

Ihre Kenntnisse zum Themenfeld, die Sie in die Deutung integriert haben, können Sie am Ende des Aufsatzes in einem **Fazit** bündeln. Begründen Sie hier auch die **Zuordnung** der Texte zu einer literarischen Strömung um 1900. Während das Sonett von Paul Zech unverkennbar ein Text des Expressionismus ist, lässt sich das Rilke-Gedicht durchaus in unterschiedlichen Strömungen verorten.

Lösungsvorschlag

TEILAUFGABE 1

Einleitung
Assoziationen zum Motiv der Dämmerung

„Im Dämmer“ – der Titel des Gedichts von Paul Zech öffnet einen weiten Raum für **Assoziationen:** Dämmer, laut Duden das gehobene Wort für Dämmerung, bezeichnet die Phase kurz vor Untergang oder Aufgang der Sonne. Beim Leser wird die Vorstellung einer harmonischen Landschaft im gedämpften Licht geweckt, in dem der Mensch zur Ruhe kommt und nicht mehr hellwach sein muss, aber noch nicht schlafen geht. In seinem „Abendlied“, das vielen Kindern als Gute-Nacht-Lied bekannt ist, drückte der Dichter Matthias Claudius die Atmosphäre der Dämmerung so aus: „Wie ist die Welt so stille, / und in der Dämmrung Hülle / so traulich und so hold. / Als eine stille Kammer, / Wo ihr des Tages Jammer / Verschlafen und vergessen sollt.“

Interpretation von „Im Dämmer“
Basisinformationen

In Paul Zechs expressionistischem Gedicht (1911) ist von dieser tröstlichen Botschaft nichts zu spüren. Es führt uns die **bedrohliche, geradezu dämonische Welt einer Industrieanlage** zu Beginn des 20. Jahrhunderts vor Augen, wo die Menschen nicht zur Ruhe kommen dürfen, sondern Tag und Nacht gefährliche Schwerarbeit verrichten müssen.

formale Gestaltung

Formal besteht das **Sonett** aus vier Strophen: zwei Quartette und zwei Terzette, die ein **fünfhebiges jambisches Metrum** aufweisen. Lediglich Vers 4 weicht mit sechs Hebungen davon ab. Die **umarmenden Reime** (abba/cddc) der beiden **Quartette** erwecken den Eindruck von Abgeschlossenheit. Sie beginnen und enden mit männlichen Kadenzen (a, c), die die weiblichen (b, d) umschließen. Die **Terzette** folgen einem anderen Schema. Durch eine Art **spiegelbildliche Reimfolge** (efg/gfe) sind sie miteinander verschränkt und entfalten eine gewisse Dynamik. Es überwiegen weibliche Kadenzen (e, f; f, e), nur der letzte Vers im ersten und der erste Vers im zweiten Terzett enden männlich (g, g). Die meisten Verse sind durch Enjambements verbunden, manchmal reißt der Endreim eine syntaktische Einheit förmlich auseinander (z. B. V. 12/13: „umzischt,/des Walzwerks“).

Inhaltsangabe

Nicht nur formal, auch inhaltlich lässt sich eine **Gliederung in zwei Teile** erkennen: In den Quartetten wird der **Schauplatz**, ein Industriegebiet zur Zeit der Dämmerung, mit den dort arbeitenden Menschen geschildert. In den Terzetten stehen die **technischen Abläufe** der industriellen Produktion im Mittelpunkt.

Bereits im **ersten Quartett** wird deutlich, dass in der modernen Industrielandschaft die **Natur nur noch in Schwundstufen** vorkommt. Nicht die untergehende Sonne oder der aufgehende Mond, sondern die **künstlichen Lampen** der Fabrik spenden Licht in der Dämmerung. Sie spiegeln sich nicht im natürlichen Gewässer eines Flusses oder Sees, sondern „zuck[en]" (V. 1) in den dunklen Wasserstraßen, die der Mensch zum ökonomischen Nutzen angelegt hat. Der Wind bringt keinen erfrischenden Abendhauch, sondern drückt die **Abgase** aus den hohen Schornsteinen in die Straßen hinunter und bewirkt, dass die Luft zum Atmen vergiftet wird. Der **naturferne und lebensfeindliche Charakter der Industrielandschaft** wird durch Adjektive und Verben betont: Das Schwarz des Kanals steht im Kontrast zur „bunte[n] Lichterkette der Fabriken" (V. 2), deren hohe Gebäude sich von den „niedren Straßen" (V. 3) abheben. Die **depressive Stimmung** wird explizit im Prädikat „niederduckt" (V. 4) benannt, beim Zucken der Lichterkette (vgl. V. 1 f.) denkt man an ein verwundetes Lebewesen, beim Verb „schwängern" (vgl. V. 4) schwingt die Assoziation einer Vergewaltigung mit, aus der kein neues Leben entsteht.

Detailanalyse 1. Quartett

Beschreibung der Industrielandschaft

Im **zweiten Quartett** ändert sich der Fokus, die in der Fabrik **arbeitenden Menschen** kommen in den Blick. Allerdings geht der Einzelne unter in der **Masse**, die der lyrische Sprecher kollektiv als „Menschentrupp" (V. 5) bezeichnet. Mit diesem Neologismus bringt er zum Ausdruck, dass das Leben der Arbeiter von strengen Regeln und Normen wie beim Militär bestimmt wird. Die Metapher vom „Frohndienst" (V. 5), ein Begriff aus dem mittelalterlichen Feudalsystem, verweist zudem darauf, dass die Arbeit in der Fabrik nicht selbstbestimmt ist, sondern eine **auferlegte Mühsal und Plage**, die die Menschen so erschöpft, dass sie nur noch schwankend und schweigend (vgl. V. 6) in ihre armselige beengte Unterkunft gehen können. Ihre „ärmlichen Kabinen" (V. 6) stehen, wohl auch wegen des Reims, im Kontrast zu den „qualmigen Kantinen" (V. 7), in denen sich die jüngeren Arbeiter wild und lautstark vergnügen (vgl. V. 8: „tolle Jugend", „lärmt"). Seligkeit versprechen sie sich nicht von einem besseren Jenseits, sondern von **diesseitigen Vergnügungen**. Zigaretten und billiger Alkohol bescheren ihnen ein kurzfristiges Glück, für das der lyrische Sprecher das Adjektiv „fuselselig" (V. 8) erfindet. Der Leser ahnt indes, dass auf die jungen Menschen in ein paar Jahren das gleiche Schicksal, eine trostlose, „abgehärmt[e]" (V. 5) Existenz, wartet.

2. Quartett: Ausbeutung der Arbeiterschaft

Die beiden nun folgenden **Terzette** des Sonetts rücken die **Maschinen** in den Mittelpunkt. Sie werden mit menschlichen Eigenschaften ausgestattet und nehmen grammatisch die Rolle handelnder Subjekte ein: Durch Verben, die eigentlich menschliche Verhaltensweisen be-

Terzette: Darstellung der Maschinen

zeichnen (z. B. „Kreischen“, V. 9; „gähnen“, V. 12), werden die **Maschinen personifiziert**, aber auch dämonisiert (z. B. „zerfleischen“, V. 14). Beide Terzette bestehen aus jeweils **einem Satz**, der sich über die drei Verse erstreckt. Das **Sprechtempo erhöht sich**, der Text wird dynamischer. Durch die überwiegend negativ konnotierten Verben („kreischen“, „gähnen“, „umzischen“, „ausharren“, „zerfleischen“) sowie die Komposita „Schwefelsumpf“ (V. 11) und „Feuerrachen“ (V. 13) entsteht eine **Atmosphäre von Gewalt und Aggression**, die klanglich durch die zahlreichen Zischlaute intensiviert wird (s. o. sowie V. 10: „Schlackenschutt“; V. 11: „erlischt“).

Das erste Terzett beginnt mit dem Temporaladverb „[n]ocheinmal“ (V. 9), das aufzeigt, dass sich die folgenden **Vorgänge stetig wiederholen**. Der lyrische Sprecher schildert die unermüdliche Arbeit der Maschinen und benennt zum ersten Mal, um welche Art von Fabrik es sich handelt: ein **Walzwerk**, d. h. eine Produktionsstätte, in der Stahl verarbeitet wird, beispielsweise zu Blechen, Rohren oder Schienen. Der „Drahtseilzug“ (V. 9) steht dabei als Pars pro toto für die gesamte Produktionsanlage, in der große Mengen von **Abfällen** („Schlackenschutt“, V. 10) und ungesunde stinkende **Dämpfe** („Schwefelsumpf“, V. 11) entstehen, die für den Menschen eine Gefährdung darstellen.

1. Terzett: Konkretisierung des Orts

Während im ersten Terzett die technischen Abläufe unter Verwendung von Fachbegriffen beschrieben werden, führt das zweite Terzett in den **Bereich des Mythos**. Im Motiv des feuerspeienden **Drachens** erreicht die Schilderung der **Eigendynamik** des Walzwerks ihren Höhepunkt. Es wird klar, dass sich die Fabrikarbeiter nicht nur in einer armseligen Lebenssituation befinden, sondern **existenziell bedroht** sind: Die beiden Produktionsstraßen der Fabrik werden im apokalyptischen Bild der „zwiegespaltne[n] Feuerrachen“ (V. 13) visualisiert. Sie „gähnen schon“ (V. 12), um auf ein Zeichen, einen „Win[k]“ hin „den Himmel zu zerfleischen“ (V. 14) – ein rätselhaftes Bild, denn beim Verb „zerfleischen“ assoziiert man eher Lebewesen als den Himmel. Die Botschaft ist dennoch klar: Nicht nur die Arbeitswelt des Menschen nimmt der Sprecher des Gedichts als hoffnungslos und zerstörerisch wahr, auch die **göttliche Sphäre des Himmels sieht er in Gefahr**, denn Schwefeldämpfe und Feuer spuckende Drachen sind klassische Attribute des Satans und der **Hölle**.

2. Terzett: mythische Überhöhung

Wer den zeitlichen Kontext des Sonetts kennt, denkt unwillkürlich an das Erscheinen des Halley'schen Kometen im Mai 1910, der vielfach als **Ankündigung des Weltuntergangs** und Vorbote eines großen Kriegs gedeutet wurde. Tatsächlich war die Produktion von Waffen für einen potenziellen großen Krieg damals schon lang in Gang. So gelesen, verweist „Im Dämmer“ weniger auf eine Phase

Einordnung in geistesgeschichtlichen Kontext

des Tages als auf einen **Zustand der Welt:** In der von den Expressionisten beschworenen „Menschheitsdämmerung“, so der Titel der berühmten Anthologie (1920) von Kurt Pinthus, droht der **Untergang der Menschheit**. Von der damit verbundenen Hoffnung auf die Morgendämmerung des neuen Menschen ist in Zechs Gedicht nichts zu spüren.

TEILAUFGABE 2

Überleitung

In starkem Kontrast zur Endzeitstimmung bei Zech steht die festliche Atmosphäre des Aufbruchs in Rainer Maria Rilkes „In der Dämmerung“ von 1898. Das Gedicht ist 13 Jahre älter als „Im Dämmer“, das 1911 erschien. Der noch junge Dichter Rilke ist offensichtlich mehr am eigenen **Seelenleben** als an der Außenwelt interessiert, die um die Jahrhundertwende von gesellschaftlichen Umbrüchen bestimmt wird. Die zunehmende Technisierung und Industrialisierung erzeugen Zukunftsangst und Fortschrittsglauben gleichermaßen. Doch nichts davon findet sich in Rilkes „In der Dämmerung“.

Vergleich der Gestaltung des Motivs der Dämmerung bei Zech und Rilke

formale Gestaltung

Das Gedicht verzichtet auf klassische Formen. Es besteht aus **zwei Strophen**, die sich nicht nur in der Länge, sondern auch im Aufbau unterscheiden. Die Verse 1 bis 5 (erste Strophe) sowie 6 bis 10 (Beginn der zweiten Strophe) **reimen** sich in einer **Variation des umarmenden Schemas** (abbba, cdddc), das regelgerechte Schema (effe) setzt in den letzten vier Versen ein. Während die erste Strophe die regelmäßige Struktur eines fünfhebigen Jambus aufweist, zeigt die zweite Strophe ein eher ungeordnetes Bild: In den unterschiedlich langen Versen 10 bis 14 gibt es kein einheitliches Metrum, die Einleitung des Relativsatzes mit der Konjunktion „und“ (V. 13) ist zumindest ungewöhnlich, ebenso die Verwendung der Partikel „so“ im letzten Vers. Auch die Interpunktion ist auffällig. An drei Stellen des Gedichts steht ein Doppelpunkt, dem jeweils eine Art Ich-Botschaft des lyrischen Ichs folgt (vgl. V. 5, 9 und 11). Von der **strophischen Form** her stellt Rilkes **Gedicht** also einen **Gegensatz** zum streng komponierten **Sonett** des Expressionisten Paul Zech dar. Die formalen Vorgaben der traditionellen Gedichtform geben dem beunruhigenden Geschehen in der modernen Arbeitswelt einerseits **Halt und Struktur**. Ihre Regelmäßigkeit entspricht andererseits der mechanischen Dynamik, mit der die industrielle Produktion abläuft. Bei **Rilke** hingegen spiegelt sich die **Selbstfindung** eines lyrischen Ichs in einer **freien Strophengestaltung**, die sich an keinem bekannten Muster orientiert.

Masse Mensch vs. Individuum (lyrisches Ich)

Paul Zechs „**Im Dämmer**“ gleicht einem **expressionistischen Gemälde**, in dem die starken Farben aggressiv wirken, die verschiedenen Wirklichkeitselemente der Industrielandschaft ins **Hässliche** verzerrt sind und eine einheitliche Perspektive durch ein sinngebendes Ich fehlt, wohingegen der Leser bei **Rilkes Gedicht** eher an **impressionistische Malerei** mit sanften Farben und **ohne klare Konturen** denkt. Bei Zech werden die Menschen (vgl. Strophe 2) unpersönlich in der **Masse** wahrgenommen, als „Menschentrupp" und „tolle Jugend" zu Kollektiven vereinheitlicht. Bei Rilke hingegen spricht ein individuelles **lyrisches Ich**. Es stellt sich vor, wie es „einmal" (M 2, V. 1) die Dämmerung intensiv erleben wird, fernab der Zivilisation.

Stadt vs. Natur

Somit ist das **Setting** beider Gedichte genau gegensätzlich: Typisch für den Expressionismus beschwört Zechs Gedicht die dämonische Atmosphäre einer **Industrieanlage** am Rand der **Großstadt**, in der die Natur keine Rolle mehr spielt. Bei Rilke befindet sich das lyrische Ich dagegen mitten in einem lebendigen **Naturszenario** aus Meer, Brandung, Wogen und Wind. Dieses wirkt wie ein Gegenbild zu Zechs Industrielandschaft, in der das Fließen des verschmutzten Kanalwassers mechanisch geregelt wird und wo die zerstörerischen **Feuer** des Walzwerks an die Stelle der lebensspendenden **Sonne** treten.

Ich-Zentrierung und Harmonie bei Rilke vs. Entfremdung und Ausbeutung bei Zech

Die Natur scheint in Rilkes lyrischem Ich eine **Initiation** zu bewirken, die es ganz **zu sich selbst finden** lässt. Dabei kommt ihm sein „dunkles Kleid wie eine Lüge" (M 2, V. 3) vor, ein Vergleich, der darauf hinweist, dass es sich von gesellschaftlichen Konventionen loslösen will. Indem das lyrische Ich dieses Kleid abstreift und „bleich und bloß" (M 2, V. 4) in die Sonne „tauch[t]" (ebd.), konzentriert es sich auf sich selbst und seinen Körper. „[Ich] zeige meinem Meere: ich bin jung" (M 2, V. 5) ist das Fazit der ersten Strophe. Die **Egozentrik** des lyrischen Ichs lässt sich in der zweiten Strophe durch die Häufung von Personal- und Possessivpronomina der ersten Person Singular ablesen (vgl. M 2, V. 7, 9 f., 11 f., 14). Auch wenn nirgends andere Menschen zu sehen sind, fühlt sich das Ich nicht allein. Es steht in engem **Kontakt zur Natur**, bezieht diese ganz auf sich und eignet sie sich sogar an („meinem Meere", M 2, V. 5). Der Eindruck von **Harmonie** zwischen Mensch und Natur wird dabei auch sprachlich verstärkt, etwa durch auffallend viele Alliterationen, die sogar über die Versgrenze hinausreichen (M 2, V. 11 ff.: Wellen – weben – Wind – wird – wieder). Während die Natur in Zechs Gedicht keine Rolle für die „nieder[ge]duckt[en]" (M 1, V. 4) Arbeiter spielt, erlebt sie der Mensch in Rilkes Gedicht als elementare Kraft, die ihm Zukunftsoptimismus verleiht („so wird er wieder meine Arme heben –", M 2, V. 14). Das dargestellte **Erwachen der Jugend** wirkt selbstverliebt und lebensbejahend. An eine solch **genussvoll und bewusst gelebte Individualität** ist für die **Arbeiter** aus Zechs Gedicht nicht zu denken. Sie werden als **entfremdete** Proletarier ohne Individualität gezeichnet.

Kurzzeitigen Genuss findet die Arbeiterjugend nur im **kollektiven Alkoholkonsum** (vgl. M 1, V. 8), der zur Betäubung führt. Dieser **Rauschzustand** ist aber etwas völlig anderes als die **Selbstberauschung**, mit der Rilkes lyrisches Ich das Leben feiert. Zentrales Motiv der zweiten Strophe ist der „Empfang" (M 2, V. 6), den die Natur in Gestalt der Brandung mit ihren personifizierten zitternden Wogen dem lyrischen Ich „festlich vorbereiten" (M 2, V. 7) wird. Das lyrische Ich könnte hier verschlüsselt von ersten **sexuellen Erfahrungen** sprechen, denen es erwartungsvoll und furchtsam („bang", M 2, V. 10) zugleich entgegensieht, für die es sich zuvor seiner Kleider entledigt und seiner Jugend vergewissert hat. Gestützt wird diese Deutung auch vom dritten Vers der zweiten Strophe: „Und eine jede zittert nach der zweiten, – ". Das lyrische Ich, dessen Geschlecht wir nirgends erfahren, beobachtet, wie die Wellen paarweise auftreten und eine beim Anblick der anderen in Erregung gerät, es fragt sich, wie es selbst „ganz allein entgegenschreiten" (M 2, V. 9) soll, und lässt offen, wem oder was es sich auf diese feierliche Weise (schreitend) nähern will.

Alkohol vs. sexueller Genuss

Trotz solcher Unsicherheiten blickt es voller Zuversicht in die Zukunft. Es vertraut darauf, dass es von der **paradiesischen Natur** getragen wird; das Spiel von Wellen und Wind in der Morgendämmerung wird ihm „wieder [s]eine Arme heben –" (M 2, V. 14). Auf zu neuen Ufern! Diese Botschaft vermittelt das Gedicht von Rainer Maria Rilke. Die Dämmerung kündigt dem jungen lyrischen Ich eine helle Zukunft an, die erst beginnt. Paul Zechs Sonett zeichnet hingegen eine düstere Welt, in der die Menschen dem **Untergang** entgegendämmern.

konträres Welt- und Menschenbild

Die Bedeutung der Begriffe „Dämmerung" und „Dämmer" erweist sich damit als unterschiedlich: **Zech** beschreibt in bedrückenden Bildern den **Übergang vom Tag zur dunklen Nacht**, wohingegen **Rilke** die belebende **Morgenstimmung** des anbrechenden Tages schildert, die dem jungen lyrischen Ich eine helle Zukunft ankündigt.

Bezug zu den Titeln

Die beiden Gedichte gehören zwei um 1900 in Kunst und Literatur konkurrierenden Stilrichtungen an, die jeweils unterschiedliche Aspekte der Moderne betonen. Mit der symbolischen Inszenierung von jugendlicher Selbstgewissheit lässt sich Rilkes Gedicht dem **Symbolismus** oder der Strömung des **Jugendstils** zuordnen. Es handelt sich um eine Feier von Leben und Genuss, der sich nur privilegierte Menschen oder Künstler hingeben konnten. Zechs **expressionistisches** Gedicht beleuchtet dagegen die Unterschicht: die getriebene Masse der Armen und Ausgebeuteten, die unter dem Diktat einer schweren körperlichen Arbeit standen. Die Gegenüberstellung der beiden Gedichte offenbart damit nicht nur die **künstlerischen**, sondern auch die **sozialen Widersprüche der Jahrhundertwende**.

literaturhistorische Einordnung (Bezug zum Themenfeld)

Deutsch (Baden-Württemberg) ▪ Abiturprüfung (gAN/eAN)
Übungsaufgabe 7

TEXTINTERPRETATION LYRIK

Arbeitsanweisung

1. Interpretieren Sie das Gedicht „HART STOSSEN SICH DIE WÄNDE IN DEN STRASSEN …" von Ernst Wilhelm Lotz. (Material 1) (ca. 60 %)

2. Vergleichen Sie das Gedicht von Ernst Wilhelm Lotz (Material 1) mit dem Gedicht „offline" von Larissa Hieber (Material 2) im Hinblick auf die inhaltliche, sprachliche und formale Gestaltung des Lebensgefühls einer jungen Generation. Berücksichtigen Sie dabei den jeweiligen literatur- oder zeitgeschichtlichen Kontext. (ca. 40 %)

Material 1 **Ernst Wilhelm Lotz (1890–1914): HART STOSSEN SICH DIE WÄNDE IN DEN STRASSEN … (1913/14)**

Hart stoßen sich die Wände in den Straßen,
Vom Licht gezerrt, das auf das Pflaster keucht,
Und Kaffeehäuser schweben im Geleucht

Der Scheiben, hoch gefüllt mit wiehernden Grimassen.
Wir sind nach Süden krank, nach Fernen, Wind,
Nach Wäldern, fremd von ungekühlten Lüsten,
Und Wüstengürteln, die voll Sommer sind,
Nach weißen Meeren, brodelnd an besonnte Küsten.

Wir sind nach Frauen krank, nach Fleisch und Poren,
Es müßten Pantherinnen sein, gefährlich zart,
In einem wild gekochten Fieberland geboren.
Wir sind versehnt nach Reizen unbekannter Art.

Wir sind nach Dingen krank, die wir nicht kennen.
Wir sind sehr jung. Und fiebern noch nach Welt.
Wir leuchten leise. – Doch wir könnten brennen.
Wir suchen immer Wind, der uns zu Flammen schwellt.

Aus: Ernst Wilhelm Lotz: Wolkenüberflaggt. Gedichte von Ernst W. Lotz, Leipzig 1917, S. 53.

Material 2 **Larissa Hieber (geb. 1993): offline (2012)**

online jetzt komm nimm photoshop
wenn unsere werte
an kontur verlieren
ein mausklick und
ich stell dir die schatten schärfer
als unsere gedanken es sein sollten
verändere meine farbpalette
wenn der kontrast zwischen uns
unschärfer wird

wir denken uns viel aus nicht nach
gehen raus um gemeinsam allein zu sein

nicht heute komm wir machen eine spritztour
alles so clean hier
hab mir die natur längst in den tank geholt
setz den blinker mach mir luft wir steigen aus
dreh dich mal um
unsere welt
gespeist aus starkstrom
hey lach mit uns
über alles
wir strahlen um die wette
heller höher weiter

stromausfall

Aus: Larissa Hieber: offline, in: Ich stell dir die Schatten schärfer. Anthologie zum 27. Treffen junger Autoren 2012. Bundeswettbewerbe der Berliner Festspiele (Hg.), Berlin 2013, S. 119.

Hinweis

Die Rechtschreibung in beiden Gedichten entspricht den Textvorlagen.

Offizielle Musteraufgabe für die Abiturprüfung 2024, Originalaufgabe 2020

TIPP **Bearbeitungshinweise**

Bei dieser Aufgabe liegen Ihnen als Material lediglich 16 plus 23 kurze lyrische Zeilen vor. Sie haben also die Zeit, die Gedichte brauchen. Sprechen Sie sich jeden Text probeweise und dann mit Stift in der Hand leise vor; setzen Sie sich in M 2 Satzzeichen, um den einen oder anderen Satzschluss oder grammatischen Einschnitt zu markieren, über den Sie anfangs gestolpert sind. Wie wirkt auf Sie, was Sie lesen (und sehen), und wodurch wird die jeweilige Wirkung hervorgebracht? Wie fallen die Sätze? Wie sind Sprechhaltung und Ton? Welches Temperament spricht jeweils aus dem Gedicht, welche innere Verfassung und Weltsicht teilt sich Ihnen mit? Wie also müssten die Gedichte Ihrer Meinung nach vorgetragen werden? Analysieren Sie die jeweilige Struktur (Aufbau bzw. Gliederung). Wie verhalten sich **Inhalt und Struktur** zueinander? Untersuchen Sie **Metrum, Klang, Wortwahl und Rhetorik** (Satzumstellungen um der Wirkung willen, Wiederholungen, Metaphern, Bilder u. a.). Haben Sie bei M 2 besonders viel Geduld mit allem, was sich nicht auf Anhieb erschießt: Stellen Sie Fragen! Ihre Leistung besteht besonders darin, aus den verschiedenen formalen, sprachlichen und klanglich-rhythmischen Einzelbeobachtungen und inneren Bezügen eine in sich überzeugende, textbezogen begründete Interpretation zu entwickeln.

TEILAUFGABE 1: Da Ihnen die Zeit des Berliner Expressionismus nicht fremd ist und Aufgabe 1 60 BE schwer wiegt, wäre es sinnvoll, bereits bei Aufgabe 1 den **literatur- und zeitgeschichtlichen Kontext** mit zu berücksichtigen. (Anmerkung: Ernst Wilhelm Lotz wurde Berufsoffizier und fiel 1914 bereits im dritten Monat des Ersten Weltkriegs in Frankreich.)

Legen Sie, schreibend, nicht sofort mit M 1 los. Es macht methodisch einen sehr viel besseren Eindruck, wenn Sie zunächst aus dem Überblick über M 1 und M 2 heraus eine kleine, den Vergleich vorläufig und grob vorbereitende **Einleitung** formulieren.

TEILAUFGABE 2: Den **detaillierten Vergleich** können Sie bereits in die Erarbeitung von M 2 einbeziehen. Dennoch empfiehlt sich auch hier, als Entsprechung zur Einleitung wie zu einer dritten Aufgabe neu anzusetzen, um Ihr Resümee zu ziehen: Was ist Ihnen im Laufe Ihrer Arbeit über Vergleichbarkeit und Nichtvergleichbarkeit in Lebensgefühl und Ausdruck junger Menschen um 1913 und 2012 aufgegangen? Für wie exemplarisch und/oder **epochenspezifisch** halten Sie diese beiden Gedichte? Sie können an dieser Stelle auch Ihr subjektives Urteil anfügen.

Lösungsvorschlag

TEILAUFGABE 1

Einleitung
Vorstellung beider Gedichte
Vergleichsaspekt

Zwei Gedichte liegen vor, eins von 1913 und eins von 2012, zwei Stimmen von jungen Leuten, die ihre jeweilige Generation repräsentieren könnten. Aus dem Text von Ernst Wilhelm Lotz (M 1) spricht unbändiger **Lebenshunger**. Im 100 Jahre später geschriebenen Text von der da erst 19-jährigen Larissa Hieber scheint mir dagegen die Lebenslust eher gedämpft oder versehrt zu sein.

Interpretation von M 1
Form und Metrum

Ernst Wilhelm Lotz gehört zu den Berliner Expressionisten der ersten Stunde, das signalisiert bereits die Überschrift bzw. der Vers, mit dem sein Gedicht einsetzt: „Hart stoßen sich die Wände in den Straßen". Insgesamt vier Strophen aus jeweils vier Versen mit regelmäßigen 5- oder 6-hebigen Jamben liegen vor, und gleich die eröffnende Strophe ist **Stadt- und Zivilisationskritik** in der Bildsprache der 1910er-Jahre: Die die Stadt, wohl Berlin, bezeichnenden Elemente Wände, Straßen, Pflaster, Laternen und Kaffeehäuser „stoßen" sich hart, werden gezerrt, keuchen und sind auf bedrohliche Weise lebendig und aktiv (Personifikation). Das vorangestellte Adverb „hart" wird klanglich und semantisch zum Vorzeichen für die brutale und **bedrängende steinerne Enge** der Stadt. **Menschen** dagegen, reduziert auf ihre „wiehernden Grimassen" (V. 4), sind **verdinglicht**. Sie füllen die berühmten Kaffeehäuser Berlins, als wären sie gestapelte Dinge (vgl. V. 4). Es wird sich um **Literaten**, **Kritiker und Intellektuelle** handeln. Doch das lyrische Ich, das eigentlich zu ihnen gehört, hat sie ebenso satt wie die Stadt; sein Blick auf beides ist der des Karikaturisten: Er verdichtet, verfremdet, verzerrt, übertreibt – und distanziert sich.

1. Strophe: kritische Darstellung der Großstadt

Verhältnis von Rahmen- und Binnenstrophen

Da aus Strophe 1 die Unerträglichkeit eines Weiterlebens in der Stadt resultiert, entwickelt sich als Antithese zu ihr in den Folgestrophen 2 und 3 der **Gegenentwurf:** die Vision eines freien, schönen **Lebens in vorzivilisatorischen Naturräumen**. Diese beiden Strophen bilden die inhaltlich, syntaktisch und rhythmisch eng zusammengehörenden Binnenstrophen. **Strophen 1 und 4** fungieren als ihr **Rahmen**. Während aber Strophe 1 – markiert sogar durch den umarmenden Reim – in sich abgeschlossen dasteht, gibt es zwischen Binnenstrophen und Schlussstrophe keinen Bruch. Der Kreuzreim setzt sich fort und auch der markante Satzanfang; Strophe 2 und 3 führen gedanklich zu dem abschließenden Quartett hin.

Sprecherhaltung

Ab Strophe 2 wechselt die **Perspektive**. Die Stadt (V. 1–4) war wie von außen charakterisiert. Das lyrische Ich vermittelte sich zwar indirekt in den Bildern, meldete sich aber noch nicht direkt zu Wort.

Nun tritt es stürmisch in einer Sequenz von Anaphern als „**Wir**" hervor. Sieben der zwölf folgenden Verse beginnen, syntaktisch parallel, mit dem Subjekt „Wir", fünf von ihnen mit „Wir sind". Sie schreien gleichsam heraus, wonach nicht nur das eine, individuelle Ich, sondern die ganze Generation krank ist und sich sehnt. Im Zeilenstil der Schlussstrophe verdichtet sich dieses Muster: In ihr beginnt sogar jeder Vers mit „Wir", aber Haltung und Ton wechseln.

Strophe 2/3: Wünsche der jungen Generation

Der Ausgangssatz **„Wir sind nach Süden krank"** zieht eine Kaskade von Präpositionalobjekten und ihren Ergänzungen nach sich: „krank, nach Fernen, Wind, / Nach Wäldern, fremd von ungekühlten Lüsten,/ Und [...]/ Nach [...]" (V. 5–8). Zunächst soll vor allem Natur, exotische, heiße Natur die Wunden heilen, die Stadt und Zivilisation schlugen. Aber die Fantasien werden kühner, das Begehren steigert sich, und mit ihm steigern sich die Metaphern bis zum „wild gekochten Fieberland" (V. 11). Strophe 2, gebildet aus nur einem einzigen Satz, ist prall von Wünschen. Sie stehen alle im Plural und sind anfangs noch eher unspezifisch und sogar widersprüchlich (Wüstengürtel und Meere). Aber in Strophe 3 sammeln sich die vielerlei Sehnsüchte in dem einen zentralen Punkt: in dem **Verlangen nach Sinnlichkeit und Liebesekstasen**. Wahrscheinlich hat Lotz hier Paul Gauguins Südseelandschaften mit bräunlichen, blumengeschmückten Polynesierinnen vor Augen, die 1910 in Berlin zu sehen waren. Sie mögen ihm die Vorstellung von der Frau als dem animalischen Wesen, der gefährlich-zarten Pantherin (vgl. V. 10 f.) eingegeben haben.

Für den Zustand des krank machenden Verlangens erfindet er im zusammenfassenden Vers der dritten Strophe (V. 12) die Intensivierung „versehnt", ein aus ‚sich verzehren nach' und ‚sich sehnen nach' verschmolzenes Partizip: „Wir sind versehnt nach Reizen unbekannter Art."

historischer Hintergrund: wilhelminische Moral

Zum zeitgeschichtlichen Hintergrund für diese Flucht- und Ausbruchsfantasien gehört sicherlich die rigide bürgerliche Sexualmoral der Wilhelminischen Ära. Jungen Frauen und Männern aus den sogenannten guten Häusern fehlte, sofern sie nicht ins Bordell gingen, nicht selten bis zu ihrer Verheiratung alle Erfahrung mit dem anderen Geschlecht. Weil alle so sozialisiert waren, kann Lotz sich also als Teil von ihnen empfinden und das emphatische „Wir" anschlagen.

4. Strophe: Aufbegehren gegen Status quo

Vers 12 legt nahe, dass es aber vielleicht neben dem Traum von erregend-exotischer Erotik noch ganz anderes gibt, das diese junge Generation vor 1914 aufbegehren ließ. Verstärkt durch Vers 13, äußert sich, dass sie Reize und Dinge ersehnt, die ihnen offensichtlich vorenthalten wurden. Es ist bekannt, dass die Jugend gegen Ende der

Gründerjahre unter der geistigen **Stagnation** ihrer wirtschaftlich fetten Zeit litt. Heym, Stadler, Lichtenstein und Lotz selbst sehnten sich nach **Taten**, fantastischen Heldentaten (Heym), vitalem und emotionalem Aufbruch (Stadler), grimmiger Weltzertrümmerung (Lichtenstein) oder revolutionärem Umsturz (Lotz selbst). In der Schlussstrophe sind der Wind und die Flamme die Metaphern dafür. In ihr bündelt sich alles Vorangegangene in dem Fazit, dass hier eine Jugend nach der Erweiterung ihres Radius fiebert, endlich Welt erfahren und sich in ihrer Vitalität verausgaben möchte. Sie fühlen sich wie in einer Art **Latenzzustand** fixiert: „Wir leuchten leise. – Doch wir könnten brennen." (V. 15) Ersehnt ist ein Impuls (Wind), der sie entflammt, ein Ziel, für das sie brennen und ihr Potenzial entfalten und auf diese Weise endlich leben können.

Spannungsverhältnis: Rebellion im Inhalt – Tradition in der Form

Das Aufregende an diesem Gedicht von Ernst Wilhelm Lotz: Sein vermeintlich entfesselter Expressionismus äußert sich in der **gebundenen Form** des traditionellen Strophengedichts mit regelmäßigem Metrum und durchgehaltenem, in Strophe 1 bewusst abgewandeltem Reim. Sein klarer Aufbau mit These, Antithese und Fazit und seine formal und rhythmisch feine Durchgestaltung stehen in sonderbarer **Spannung** zu dem überbordenden Gefühlsrausch der mittleren Strophen. Die Kette der parallel gefügten Sätze mit anaphorischem Beginn wird dank kleiner Variationen nie mechanisch-leiernd. Endlossequenzen und wilde Häufungen der ersten drei Strophen sind in den Kurzsätzen der vierten Strophe aufgefangen und zur Ruhe gebracht; das Strömend-Dynamische wird durch Zäsuren gestaut (besonders in V. 14 u. 15). Diese junge Generation, die sich so artikuliert, rast nicht blindwütig los, sondern ist traditionell erzogen, gebildet und reflektiert. Vielleicht zu reflektiert: Ihre **Rebellion** geht **nach innen**, sie nimmt sich nicht, wonach sie fiebert, sondern bleibt **passiv**, angewiesen auf eine Kraft von außen, den Wind, der sie befreien soll. Leider wird das der reale Weltkrieg sein, in den sie begeistert wie endlich Erlöste hineinziehen, um darin umzukommen.

TEILAUFGABE 2

Interpretation zu Hieber: „offline"

formale und grafische Gestaltung

„**offline**", ein freirhythmischer Text der 19-jährigen Larissa Hieber von 2012, irritiert. Er verweigert sich mit seinem ungewohnten Druckbild, der durchgängigen **Kleinschreibung** und dem **Verzicht auf Satzzeichen** der raschen Les- und Erschließbarkeit. Es gibt syntaktisch korrekte Sätze und Satzgefüge, aber manche Satzteile sind durch häufigen Zeilenumbruch zerrissen und auf verschiedene, mal längere, mal kurze Zeilen verteilt. **Der Text ist zentriert** gesetzt und durch **Absätze** gegliedert, sodass man diese Aufteilung, zumindest in den ersten neun Zeilen und von Z. 12–22, als Strophen bezeichnen kann. Die Funktion des Zweizeilers (Z. 10/11) und der letzten Zeile wird sich klären lassen.

Die jeweilige Zeilenlänge schwankt, aber es scheint ein Gestaltungswille hinter der Entscheidung zu stehen, ob mehrere oder nur wenige Wörter auf einer Zeile stehen sollen. Bis Z. 15 dominieren recht lange Zeilen; nur der Schluss der ersten „Strophe" ist auf zwei Wörter verknappt (vgl. Z. 9). Dann mehren sich die Kurzzeilen (vgl. Z. 13, 16, 17, 20), das grafische Bild des Textes spitzt sich gleichsam nach unten hin zu bis zum doppelsinnig finalen Einzelwort „stromausfall" (Z. 23). Der Text nimmt sozusagen **zum Ende hin Fahrt** auf. Spätestens hier ist zu begreifen, dass **die Zeilenumbrüche** nichts mit fließenden Enjambements zu tun haben, sondern im Gegenteil Stockungen (Sprechpausen) erzwingen und die **Betonung steuern:** Je knapper der Text einer Zeile, desto mehr Akzent, Prägnanz und Aussagekraft fällt ihm zu. Die Einwort-Zeile, die den Text abschließt, hat nach dieser Logik das meiste Gewicht und ist die Pointe. Sie müssen wir lesen und in ihrem Bezug zum Vorangegangenen entschlüsseln. Und wirklich führt nun von der Formanalyse ein Weg zum Verständnis des Inhalts und seiner Bedeutung.

sprachliche Besonderheiten

Neben Erkenntnissen zur Gliederung ist auch relativ früh zu erkennen, wie Larissa Hieber mit **Sprache und Sprachvarianten** spielt. Sie nimmt lockere jugendsprachliche Ausdrücke auf („clean", Z. 13; „hey", Z. 19). Alltagssprachlich fällt bei Verben im Imperativ und in der 1. Person Singular das Endungs-e weg („ich stell", Z. 5; „hab", Z. 14; „setz den blinker", „mach", Z. 15; „dreh", Z. 16). Sie spielt auf Werbesprüche an („Tiger im Tank", vgl. Z. 14; „schneller, höher, weiter", vgl. Z. 22) und kombiniert Begriffe des Computerzeitalters (online, offline, Photoshop, Mausklick) und der modernen Technik und Atomenergie (Starkstrom, strahlen) mit Begriffen der philosophisch-ethisch-poetischen Tradition („unsere werte", Z. 2; „gedanken", Z. 6; „nachdenken", vgl. Z. 10; „natur", Z. 14; „gemeinsam" und „allein", Z. 11). Interessant ist, dass Fachwörter der Fotografie wie „Kontrast" und „Schärfe" bzw. „Unschärfe" bald zu oszillieren beginnen zwischen technischer und übertragener Bedeutung. Altmodisch in diesem Kontext wirkt „spritztour" (Z. 12). Spritztouren sind out. Heute sagt man zu kurzen Auto-Ausflügen wohl eher „Trip".

Sprechersituation und -haltung

Inhaltlich geht es um **ein Paar**, das beisammen ist, ein Ich und ein Du. Zunächst (Strophe 1) sitzen sie, wohl in einem **Innenraum**, am PC und gehen online, um per Photoshop Bilder von sich zu retuschieren. Ich nehme der Einfachheit halber an, dass das Ich eine Frau ist und das Du ihr Freund. Sie dominiert: Sie ergreift die Initiative, fordert zu diesem und jenem auf, schlägt vor, handelt, kommentiert und reflektiert. Sie hat die Idee, ihre Fotos zu bearbeiten. Dann (Z. 12) macht sie den Vorschlag zu einer „spritztour" in die Gegend. Er fährt. Sie bittet ihn, den Blinker zu setzen, zu halten, auszusteigen, sich gemeinsam ihre Welt anzusehen und zu erkennen, in welchem Zustand sie ist.

Nur sie spricht. Der Text ist ein gleichsam in der Mitte durchgetrennter Dialog, denn von seinen Antworten und Reaktionen ist nicht einmal indirekt etwas zu erfahren. Wahrscheinlicher ist, dass der Freund gar nicht real anwesend ist, sondern sich alles allein in ihrem Kopf abspielt. **Sie stellt sich vor**, wie es sein könnte oder würde. Sie imaginiert Aufforderungen, Handlungen und daraus resultierende Einsichten – wie etwa in G. Benns Gedicht *Kommt, reden wir zusammen* ... Ein Ich spielt und reflektiert sich sein gegenwärtiges und zu erwartendes Leben lyrisch-monologisch durch.

Wer Jugend mit Elan und Erfüllungsträumen, neugieriger Offenheit für die Zukunft und Glück assoziiert, wird von Larissa Hieber eines anderen belehrt. Weder innen noch außen – weder in der privaten Beziehung noch in der Welt draußen – gibt es hier Anlass zu irgendeiner Art von Zuversicht. Die private **Beziehung** ist **kaputt**. Der Vorschlag, ihre real verblassten Konturen, Kontraste und Farben digital per Mausklick und Fotolabor wieder auf Hochglanz bringen zu wollen, ist verletzend-ironisch. Digital-virtuell und auf Fotopapier ließe sich da zwar manches auffrischen, aber es wäre Trug und Schein; die reale Beziehung bliebe doch, wie sie ist. Weltsicht

Der folgende **Zweizeiler** (Z. 10 f.) ist nicht etwa eine eigene kleine Strophe, sondern die nachgeschobene **Auswertung** des zum Scheitern verurteilten Rettungsversuchs per digitaler Aufhübschung. Menschen denken sich viel aus, kommen auf tolle Ideen und Erfindungen, könnte man das paraphrasieren; sie denken aber nicht hinreichend darüber nach, dass digitale Camouflage die traurige Gewissheit eigentlich nur vertieft. Der Vorschlag zu einer gemeinsamen Spritztour bekommt nach dieser Erkenntnis eine bitter-ironische Note, denn es wird sich bestätigen, was beide schon wissen: Sie gehen gemeinsam aus, „um" doch nur „gemeinsam allein zu sein" (Z. 11). Sie haben sich nichts mehr zu sagen. Rückschluss auf Beziehung des lyrischen Ich

Draußen sieht es nicht erfreulicher aus als innen. Vor der Haustür bzw. in dem, was wir Natur zu nennen gewohnt sind, wirkt alles „so clean" (Z. 13), also steril. Es gibt gar keine Natur mehr, werden wir belehrt, denn die sei längst in Benzin konvertiert (vgl. Z. 14) und in die Elektrizität, in den Starkstrom, der unsere Welt speise (vgl. Z. 17 f.). Die Freistellung des Objekts „unsere welt" (ebd.) lässt stutzen. „**unsere welt**"? Das meint wohl nicht einfach die Gegend, in Ausweitung zu Zivilisationskritik der wir leben, sondern die ganze (durch uns) verhunzte Erde und sozusagen die ganze Bescherung, die der Mensch angerichtet hat. Die ebenfalls freigestellte Aufforderung „dreh dich mal um“ (Z. 16) könnte in diesem Kontext eine Anspielung auf die Zerstörung von Sodom und Gomorrha sein: Wer sich umdreht, erstarrt.

Die Antwort auf das **Desaster** ist Galgenhumor, ein Lachen der Verzweiflung über die Welt generell („über alles“, Z. 20). An dieser Stelle durchbricht das lyrische Ich die Fiktion und fordert den Leser auf, in das Lachen mit einzustimmen. Es bleibt das sozusagen kontaminierte Strahlen angesichts des globalen Konkurrenzkampfs um Wirtschaftswachstum („heller höher weiter“, Z. 22), der zur **Apokalypse** führt.

Deutung des Titels

Das den Text eröffnende Wort hieß „**online**“ und bezeichnet unser Verbundensein im digitalen Netz. Am Ende bricht dieses Netz zusammen. „**offline**“, der anfangs harmlos und alltäglich klingende Titel, hat im Laufe des Textes eine metaphorische endzeitliche Bedeutungserweiterung erfahren: Das Gedicht prophezeit den Absturz der Menschheit **ins endgültige Off**.

Vergleich

Sprecherhaltung und Weltbild

Lotz

Im Gedicht von Ernst Wilhelm **Lotz** ist ‚**Jugend**‘ das ausdrückliche Thema. Die Aussage: „**Wir sind sehr jung.** Und fiebern noch nach Welt“ (M 1, V. 14) ist der Schlüssel zum Gedicht und die **Begründung** für diesen zweiten Sturm und Drang einer jungen Generation um 1910, die nun nicht gegen den verzopften Feudalismus des 18. Jahrhunderts aufbegehrt, sondern gegen den satt, selbstzufrieden und sozusagen ranzig gewordenen Frieden der Wilhelminischen Ära mitsamt ihrer heuchlerischen Sexualmoral. Der Plural „wir“ in diesem Gedicht ist glaubwürdig: Der eine spricht für viele; viele der um 1890 Geborenen werden sich und ihr Lebensgefühl im Gedicht von Lotz wiedererkannt haben. Wie jung die Expressionisten sind, zeigt sich bei Lotz in dem dringenden **Verlangen nach Zukunft**. Sie wollen endlich „lodern“, erleben, erfahren, sich erproben, hineingreifen dürfen ins „volle Menschenleben“ und eine lebenswerte **Perspektive** haben.

Hieber

Hiebers Gedicht „offline“ dagegen macht mich nicht so sicher, dass sich gegenwärtige Jugend darin wiederfindet bzw. viele von uns so empfinden. Das sich darin artikulierende **Ich** mag jung sein, denn es spricht die **Sprache heutiger Jugend**, **aber** es ist enttäuscht, frustriert und ohne Hoffnung. Obwohl es drängt und fordert und vorschlägt, dies und das zu machen, also durchaus unruhig ist, wirkt es zugleich so müde und sogar ausgebrannt wie einer der zwei Gesellen bei Eichendorff. Wäre der Expressionist in der komfortablen Lage gewesen, mit einer Freundin zusammenleben zu können, wäre ihm schon viel geholfen gewesen. Hier aber scheint die junge Beziehung bereits durchlebt und am Ende zu sein. Der Expressionist setzte alles auf die eine Karte „Zukunft“. **Hieber** dagegen **sieht schwarz**. Sie prophezeit den Weltuntergang. Für ihr „Ich“ gibt es **keine Zukunft mehr**. „Weltuntergang“ ist zwar auch ein prominentes Thema des Expressionismus. Was aber da als Akt der Selbstbefreiung mit boshafter Lust in die Luft gejagt wird, ist lediglich symbolisch die verhasste bürgerliche Gesellschaft, nicht aber die irdische Existenz überhaupt.

Schlussgedanke
persönliche Stellungnahme zu Hiebers Gedicht

Der erste Teil von „offline“ überzeugt als experimentelle und spielerische Auseinandersetzung mit der Partnerschaft im Vokabular digitaler Fotobearbeitung. Der zweite Teil überzeugt nicht. Sowohl das benzingetriebene Auto als auch die Elektrifizierung Europas sind reichliche 100 Jahre alt, zu alt, um darin heute plötzlich den Grund für die totale Vernichtung von Natur und Welt erkennen zu wollen. Fukushima war 2011, und mit Fukushima der deutsche Beschluss zum Ausstieg aus der Atomenergie, sodass mir auch die Anspielung „wir strahlen“ (Z. 21) um einen Wimpernschlag zu spät zu kommen scheint. Es entsteht der Eindruck, dass – eigentlich wenig erwachsen und etwas peinlich – privater Liebeskummer und daraus resultierender Weltschmerz gleich alles, die Welt in Bausch und Bogen, der Vernichtung preisgegeben sehen will.

Deutsch (Baden-Württemberg) ▪ Abiturprüfung (gAN/eAN)
Übungsaufgabe 8

TEXTINTERPRETATION KURZPROSA

Arbeitsanweisung

Interpretieren Sie die Erzählung von Johannes Bobrowski und berücksichtigen Sie dabei besonders, auf welche Weise das Spannungsfeld zwischen Vergangenheit, Gegenwart und Zukunft gestaltet wird.

Material

Johannes Bobrowski (1917–1965):
Im Verfolg[1] städtebaulicher Erwägungen (entstanden 1965)

Durch eine frühere Allee, die sich, baumlos, auf einen leeren Platz zu verbreitert, immer entschiedener, je weiter sie sich von der Ecke, an der ich wohne, entfernt, kann ich in eine Querstraße hineinblicken. Eine alte Straße von ziemlich neunzig Jahren, alte Häuser mit breiten Simsen[2], Pilastern[3], von Halbsäulen getragenen Fensterstürzen[4], Balkonen, die von Atlanten[5] gestützt werden, und Rundportalen, die vielleicht einfielen, schmiegten nicht Karyatiden[6] von derber Anmut fleischig-kräftige Rücken unter die Wölbung.

Seit einiger Zeit allerdings bemerke ich von meinem Fenster aus, daß sich Unruhe in dieser Straße verbreitet, daß dort etwas angefangen hat, was allgemein unter der Bezeichnung Regulierung[7] des Stadtkerns begriffen wird und gar nichts anderes bedeutet, als daß die Häuser in dieser Straße zum Abriß bestimmt worden sind.

Alte Häuser. Von unten her hat der Schwamm[8] an ihnen gearbeitet und von oben, vom Dachstuhl aus, der Holzwurm. Auf halbem Wege ungefähr haben sie sich getroffen; ohne Aufheben davon zu machen, aber, wie man sieht, nicht unbemerkt.

Die Bewohner des ersten Hauses, kann man annehmen, warten eine Benachrichtigung gar nicht erst ab, vielleicht ist sie auch vor Jahren schon erfolgt. Mit Sack und Pack ziehen sie in das nächststehende hinüber, ohne zu fragen und unbegrüßt von dessen Bewohnern, liegen dann in allen Fenstern, vom Keller bis zum Dachboden, und rufen den Arbeitern draußen, die mit Geräten und Maschinen den Abriß durchführen, ihren Zorn und ihre Verachtung ins Gesicht.

Da sind sie also untergekommen. Aber in der nächsten Woche bereits ist auch dieses Haus an der Reihe. Die Greifbagger rücken vor, Bewohner und Gäste siedeln gemeinsam ins nächste Haus über. Und eine Woche darauf ist es schon wieder so weit, Kisten, Gerät, Kleidungsstücke werden in das nächststehende Haus geschleppt, dessen Türen sich widerwillig öffnen. Jetzt blicken bereits sechs oder acht Köpfe aus jedem Fenster. Da wird sicher geschrien, und man weiß ungefähr: was, aber bis hierher ist nichts zu hören, nur die offenen Münder erkennt man und Fäuste, erstarrt jetzt in einer drohenden Bewegung, denn die Greifer manövrieren und bewegen sich, nach einer halben Drehung, auf das nächste, noch stehende Haus zu. So geht es voran, ein Haus, und wieder ein Haus.

Wir werden hinübergehn müssen, vor Abend, die Laternen entzündet man in dieser Straße nicht mehr, oder uns wenigstens nach der Länge der Straße erkundigen, oder doch besser einen Blick in die Straße werfen, nach ihrem Ende zu, solange es das noch gibt. Wir müssen doch vielleicht wissen, wieviel Wochen es noch so gehen kann.

Übrigens werden die Häuser auf das Ende der Straße zu niedriger und enger. Schmale Türen, immer weniger Fenster. Erst noch achtzehn oder sechzehn in der schon recht schmucklosen Fassade, schließlich noch vier. Wie werden die Leute da alle herausschauen können?

Es findet sich ja noch immer ein Haus, vielleicht eins mit zwei Fenstern, das ist wenigstens etwas. Denn das letzte, denke ich, hat keines mehr.
Es können ja neue Häuser an die Stelle der alten gesetzt werden; alles neu, ein neuer Name für die Straße, neue Bewohner, man hat präzise, ausreichend detaillierte Vorstellungen, wenn es um die Zukunft geht. Aber wie das mit dem Alten, Früheren, dem Vergangenen gewesen ist, da bleibt man auf Vermutungen angewiesen. Das ist gewesen, und ist vergangen, Zeit, und verlorene Zeit. Wie Geschwätz.

Aus: Johannes Bobrowski, Die Erzählungen in chronologischer Folge, Buchverlag Union 1992, S. 166 f.

Anmerkungen

1 Im Verfolg: im Verlauf
2 Sims: Mauervorsprung unter dem Fenster
3 Pilaster: Wandpfeiler bzw. Säule
4 Fenstersturz: Mauerrand oberhalb des Fensters
5 Atlant: eine das Gebälk tragende Männergestalt
6 Karyatide: Gebälkträgerin, weibliche Statue anstelle einer bloßen Säule
7 Regulierung: direkte Eingriffe des Staates durch Vorschriften
8 Schwamm: Der Hausschwamm ist ein hochschädigender Pilz, der durch Mauerwerk wächst.

Offizielle Musteraufgabe für die Abiturprüfung 2024, Originalaufgabe 2020

TIPP **Bearbeitungshinweise**

Die Arbeitsanweisung „Interpretieren Sie" löst bei vielen Schülerinnen und Schülern mitunter eine gewisse Panik aus. Man könnte glauben, dem Text möglichst zügig die eine und richtige Deutung entlocken zu müssen – und wenn sich diese nicht schnell genug einstellt, entsteht Unruhe. Deshalb lautet der erste Hinweis**: Lassen Sie sich Zeit**. Erinnern Sie sich zweitens daran, was unter dem Operator „Interpretieren" zu verstehen ist. Die **Deutung** ist zwar ein wichtiger, aber nur ein Teil der Aufgabenstellung. Sie gelangen dorthin über die mindestens so wichtigen Schritte der **Texterfassung** und der **Beschreibung**, also der **Analyse**. Die Deutung erschließt sich selten durch eine spontane Eingebung, sondern vielmehr durch diesen **Weg des genauen Lesens**. Deshalb empfiehlt sich der folgende Aufbau Ihrer Interpretation:

Sie können die **Einleitung** mit einer thematischen Anmoderation beginnen, sie ist aber nicht verpflichtend. Worauf Sie an dieser Stelle jedoch eingehen müssen, sind **Autor, Titel, Textsorte** und vor allem das **Thema** des Kurzprosatextes. Mit dem Thema ist nicht die oberflächliche Handlung gemeint, sondern die darunterliegende Problematik, die sich verallgemeinern lässt. Im Fall von Johannes Bobrowskis Text wäre das zentrale Thema also nicht der Häuserabriss, sondern vielmehr die Frage, was der Preis des menschlichen Fortschritts ist.

Für den **Hauptteil** können Sie zwischen einem aspektorientierten oder einem linearen Aufbau wählen. Möglich ist auch eine Mischform, wie sie der nachfolgende Lösungsvorschlag praktiziert. Vor der eigentlichen Analyse steht eine Inhaltsangabe. Behalten Sie im Kopf, dass **nicht alle Analysekriterien**, die Sie kennen, **gleich wichtig** sein müssen. Auf welche Aspekte Sie detailliert eingehen, hängt vom konkreten Text ab. Bei Bobrowskis Text etwa ausführlich über den Ort und die Zeit der Handlung spekulieren zu wollen, würde vom Thema wegführen. Das **gestalterische Mittel der Kontrastierung** ist für die Geschichte allerdings sehr wichtig. Achten Sie außerdem darauf, Ihre Aussagen inhaltlich sinnvoll und formal korrekt am Text zu belegen.

Beachten Sie bei Ihrer Interpretation zudem die von der Aufgabenstellung vorgegebene **Fokussierung**. Beim vorliegenden Text sollen Sie ein besonderes Augenmerk auf die Darstellung von Vergangenheit, Gegenwart und Zukunft sowie auf die dadurch aufgezeigten Spannungsfelder legen. Denken Sie allerdings daran, dass der vorgegebene Schwerpunkt **nur ein Baustein Ihrer Interpretation** ist. Sie sollen darüber hinaus auch Merkmale des Textes herausarbeiten und deuten, die in keinem direkten Zusammenhang zur Fokussierung stehen.

Der **Schluss** der Interpretation soll die wichtigsten Erkenntnisse Ihres Aufsatzes knapp zusammenführen. Dabei können Sie einen **Rückbezug zum Titel** herstellen. Bei einem vergleichsweise aktuellen Thema wie dem, das Bobrowskis Text behandelt, ist es auch möglich, einen **Bezug zur Gegenwart** herzustellen. Unter dem Begriff der Gentrifizierung werden auch heute vielerorts Stadtteile ohne Rücksicht auf die Natur oder die Bewohner modernisiert.

Das folgende **methodische Vorgehen** ist empfehlenswert:

- Lesen Sie den Text mehrmals. Nach dem ersten Lesen notieren Sie **erste Beobachtungen**. Schreiben Sie hier unbedingt auch Dinge auf, die Sie im ersten Moment irritieren oder die Ihnen unklar erscheinen. Oft erweisen sich gerade diese später als hilfreich für das Verständnis
- Bearbeiten Sie den Text anschließend. Das beinhaltet, dass Sie **Schlüsselbegriffe unterstreichen**, **Sinnabschnitte bestimmen** und am Rand zusammenfassen sowie **verschiedene Aspekte farbig markieren**.
- Verschaffen Sie sich einen Überblick über den Zwischenstand. Dazu eignet sich eine **Mindmap**, in der Sie die wichtigen Analyseaspekte sammeln.
- Nach diesem Arbeitsschritt empfiehlt es sich, eine **Gliederung** zu verfassen. Sie hilft dabei, Ihre Ergebnisse strukturiert darzustellen. Außerdem wird Ihnen mit einer durchdachten Gliederung anschließend das Schreiben leichter von der Hand gehen. Ein Tipp: Springen Sie nicht zwischen dem Erstellen von Gliederungsabschnitten und dem Schreiben einzelner Aufsatzabschnitte hin und her, sondern stellen Sie Ihre Gliederung zuerst fertig.
- **Schreiben Sie Ihren Aufsatz**. Wenn Sie sich bei einer Formulierung unsicher sind, hängen Sie sich nicht zu lang daran auf. Markieren Sie die Stelle lieber mit Bleistift, um im nächsten Schritt darauf zurückzukommen.
- Lesen Sie Ihren Text **zweimal Korrektur:** Zunächst überprüfen Sie den Inhalt, dann die sprachliche Gestaltung.

Lösungsvorschlag

Einleitung
Benennen des Themas

Heutzutage würde man das, was in Johannes Bobrowskis Kurzprosatext „Im Verfolg städtebaulicher Erwägungen“ (1965) vor sich geht, als **Gentrifizierung** bezeichnen. Der Text schildert den **Abriss alter Häuser** und die **erzwungene Umsiedelung** ihrer Bewohner, um Platz für neue Gebäude zu machen. Er stellt dabei zugleich die Frage nach dem Preis, den das **Streben nach Fortschritt** für den einzelnen Menschen hat – und nach der Verantwortung derjenigen, die nicht eingreifen, obwohl sie Unrecht beobachten. Im gleichen Atemzug zeigt der Text den gleichgültig wirkenden Umgang der Gesellschaft mit der Vergangenheit auf.

Hauptteil
Inhaltsangabe

In einer nicht genauer bezeichneten Stadt, in der bereits einige Bäume zugunsten breiterer Straßen gefällt wurden, beobachtet ein anonym bleibender Erzähler in seiner unmittelbaren Nachbarschaft Veränderungen: Nach und nach werden in einer alten Straße alle marode gewordenen Häuser abgerissen. Die Bewohner, zunehmend verzweifelt, ziehen jeweils ein Haus weiter, wodurch die Wohnsituation für alle immer enger wird. Sie **protestieren erkennbar gegen die Ab-**

rissmaßnahmen. Es gelingt ihnen jedoch nicht, sie aufzuhalten. Der Erzähler bezieht erst am Schluss etwas deutlicher Stellung zu dem, was in seiner Umgebung vor sich geht.

Aufbau des Textes

Trotzdem erhält der Leser schon früher Einblick in die Gedanken des Erzählers. Denn geschildert wird nicht nur das Geschehen auf der Straße, der Text verknüpft diese Ereignisse an verschiedenen Stellen mit den jeweiligen Überlegungen des Erzählers dazu. Er verbindet dadurch die **äußere Handlung mit punktuellen Einblicken in die innere Handlung**, die Gedankenwelt des Erzählers. Bei der Schilderung der Abrissarbeiten ist eine **Steigerung** zu beobachten: Während zu Beginn noch ausführlich dargestellt wird, wie die ersten Bewohner der abzureißenden Häuser ein Haus weiterziehen (vgl. Z. 15–20), werden diese Darstellungen immer knapper – ebenso wie auf der inhaltlichen Ebene die verbleibenden Bewohner immer enger zusammenrücken müssen (vgl. Z. 25). Trotz der Steigerung, die beim Geschehen auf der Straße deutlich wird, hat der Text **keinen Höhepunkt** auf der Handlungsebene. Er endet vielmehr auf der Reflexionsebene mit den Gedanken des Erzählers.

Schilderung der Abrissarbeiten – Gedanken des Erzählers

Verhalten des Erzählers

In der Haltung des Erzählers ist **kaum eine Entwicklung** zu beobachten. Er bleibt bis kurz vor Schluss des Textes distanziert und beschäftigt sich nur gedanklich mit dem, was in der Straße vor sich geht. Die gegen Ende formulierte Überlegung, einmal „hinübergehn" (Z. 31) und sich „erkundigen" (Z. 32) zu „müssen", wird durch das wiederholte Modalverb „müssen" **eher als Pflichtgefühl denn als echtes Bedürfnis erkennbar**.

Zeit- und Raumgestaltung

Das Geschehen erstreckt sich zeitlich über mehrere Wochen (vgl. Z. 21, 23). Es wird also **zeitraffend erzählt**, was den Leseeindruck verstärkt, dass die Menschen **durch die schnellen Abrisskommandos überrumpelt** und überwältigt werden. Über den Ort wird keine genauere Angabe gemacht – es handelt sich jedoch offensichtlich um eine Stadt, in der nach und nach die Natur diversen Baumaßnahmen hat weichen müssen (vgl. Z. 1). Diese Anonymität macht die Ereignisse **auf andere Städte übertragbar** und dadurch auch **als Trend bzw. Massenphänomen erkennbar**.

Kontrastierung als Gestaltungsprinzip: Vergangenheit vs. Fortschritt

Ein zentrales Gestaltungsprinzip des Textes ist die Kontrastierung, die den zugrundeliegenden Gegensatz von Vergangenheit und Fortschritt zuspitzt und die bis in die Sprache hineinreicht. Das wird bereits in den ersten Sätzen der Erzählung deutlich. Der Text beginnt mit einer **anschaulichen Darstellung der Vergangenheit**, indem der Erzähler die „alte[n] Häuser" (Z. 3 f.) in der „frühere[n] Allee" (Z. 1) beschreibt. Er verwendet dafür **architektonische Fachbegriffe**, die teilweise kaum noch in Gebrauch sind. Aber gerade durch diese alt-

Fachvokabular

modisch gefärbte Sprache entsteht ein **Bild von kunstvoll erbauten Häusern** mit ihren „Pilastern“, „Fensterstürzen“, „Atlanten“ und von „Karyatiden“ gestützten „Rundportalen“ (Z. 4 ff.) vor dem inneren Auge. Der später thematisierte Abriss dieser Häuser muss **auch in architektonischer Hinsicht als bedauernswerter Verlust** gelten – so der Subtext dieser Passage.

Entsprechung von Syntax und Aussage

Der Satzbau, den der Erzähler in den ersten Sätzen wählt, ist hypotaktisch. Durch die zahlreichen verschachtelten Nebensätze wirkt er zwar ein wenig umständlich. Er **spiegelt** aber dadurch in gewisser Weise die **verspielte, verschnörkelte Architektur früherer Zeiten** wider. Das wird sich später ändern.

Zurückdrängen der Natur

Im ersten Satz wird der Gegensatz zu den altertümlich verzierten Häusern schon vorbereitet, wenn der Erzähler berichtet, er schaue durch eine „frühere Allee“, die sich nun „baumlos, auf einen leeren Platz zu verbreitert“ (Z. 1). Die fehlenden Bäume deuten bereits hier den **Verlust der Natur** an. Auch Menschen sind auf dem Platz offenbar nicht zu sehen. Die Allee wird sogar personifiziert, wenn sie sich „immer entschiedener“ (Z. 1 f.) verbreitert und dadurch eine Art Eigenleben gewinnt.

Veränderung im zweiten Abschnitt

Dieser inhaltliche Gegensatz zwischen der Natur und dem sich fast schon organisch ausbreitenden Asphalt wird im zweiten Absatz verstärkt. Dies geschieht zum einen durch die Ankündigung einer Veränderung („allerdings“, Z. 8), womit der Erzähler seine Beobachtungen zu den Abbrucharbeiten – und damit zur beschleunigten Zerstörung des „Alten“ – einleitet. Zum anderen macht sich der Gegensatz sprachlich bemerkbar. Der Erzähler spricht **in euphemistisch-bürokratischen Formulierungen** von der „Regulierung des Stadtkerns“ (Z. 10), die nun begonnen werde, übersetzt und benennt diesen Ausdruck aber zugleich mit „Abriß“ (Z. 11).

Distanz des Erzählers

In dieser doppelten Bezeichnung des Geschehens kommt eine für den Erzähler typische Eigenschaft zum Ausdruck: Er äußert im Hauptteil des Textes nie eindeutig seine Meinung zu dem, was er beobachtet. Aufgrund des Ausdrucks „Abriß“ (Z. 11) lässt sich zwar **eine kritische Einstellung vermuten**, mehr gibt er aber nicht preis. Gerade zu Beginn verhält sich der Erzähler distanziert. Er stellt lediglich fest, es verbreite sich „Unruhe“ (Z. 8) in der Straße. Der Erzähler benennt **keine Verantwortlichen für die Abrissarbeiten**, wenn er vorsichtig feststellt, dass „dort etwas angefangen hat“ (Z. 9). Weder von einem städtischen Bauamt noch von einem privaten Wohnhausbesitzer oder einer Immobilienfirma ist die Rede. Die Schäden an den alten Häusern seien „[n]icht unbemerkt“ (Z. 14) geblieben – aber auch diese **Feststellung ist unpersönlich gehalten**.

kein Wort über die Verantwortlichen

Je weiter die Geschichte fortschreitet, desto deutlicher wird aber auch, dass der Erzähler neugieriger wird. Er beginnt, über das Verhalten der Hausbewohner nachzudenken. Dies ist erkennbar an der Häufung von Formulierungen wie „kann man annehmen“ (Z. 15), „vielleicht“ (Z. 5, 16, 34, 39) und an Abtönungspartikeln wie „sicher“ (Z. 26), „wenigstens“ (Z. 39 f.) oder „ja“ (Z. 41). Diese **Neugier entwickelt sich aber nicht weiter zu echter Anteilnahme am Schicksal der Bewohner**. Als personaler Ich-Erzähler ist er zwar Teil der erzählten Welt, steht jedoch **abseits des eigentlichen Geschehens**.

zunehmendes Interesse des Erzählers

Dies wird auch an der Stelle deutlich, als er von der ersten Person Singular in die erste Person Plural wechselt („Wir“, Z. 31 ff.). Dieser Wechsel irritiert zunächst und ist nicht eindeutig zu erklären. Man könnte das „wir“ etwa als **Sorge um die eigene Wohnsituation** deuten, da die Bagger immer weiter vorrücken und so die Wohnung des Erzählers und seiner Nachbarn bedrohen. Weil der Erzähler aber bis zum Schluss emotional unbeteiligt und neutral berichtet, scheint es plausibler, sich das **„wir“ als Kollektiv neugieriger Nachbarn** vorzustellen, die spähend um die Ecken sehen. Diese interessieren sich nur insoweit für das Geschehen, als die „Unruhe“ (Z. 8) sich möglichst bald wieder legen soll.

„wir“ als Ausdruck von Sorge

„wir“ als Ausdruck von Neugier

Neben diesem Nachbarkollektiv gibt es zwei weitere Gruppierungen. Denn der Erzähler stellt „den Arbeitern draußen [...] mit Geräten und Maschinen“ (Z. 19) die Menschen drinnen im Haus gegenüber, die jenen „ihren Zorn und ihre Verachtung ins Gesicht“ (Z. 19 f.) rufen. Dabei werden die **Menschen allerdings nie konkret oder einzeln beschrieben**, sondern sie sind immer **nur als Gruppe sichtbar**, die aus den Fenstern schaut (vgl. Z. 18, 25). Insofern tauchen Menschen in Bobrowskis Text nur in Kollektiven auf: die ehemaligen Bewohner, die Arbeiter und die Nachbarn. Alle drei Gruppen wirken überzeichnet, fast schon karikiert und **auf ihre typischen Eigenschaften reduziert:** die Bewohner auf Protest (vgl. Z. 26), die Arbeiter auf ihre maschinengleiche Tätigkeit (vgl. Z. 19), die Nachbarn auf neugieriges Beobachten (vgl. Z. 31–34).

Menschen vs. Maschinen

Figuren: Bewohner, Arbeiter, Nachbarn

Die **Entindividualisierung**, die mit dieser Darstellung einhergeht, enthält einen Subtext: In dieser „städtebaulich entwickelten“ Welt verlieren die Menschen derart an Bedeutung, dass damit symbolisch auch ihre Gesichter und ihre Einzigartigkeit verloren gehen. Die Stadt bekommt damit ein **inhumanes Gesicht**.

keine Rücksicht auf individuelle Schicksale

Während der Erzähler zu Beginn die Umzüge der Menschen von einem abrissbedrohten Haus ins nächste noch genauer schildert, kürzt er diese Darstellungen mit jedem neuen Umzug immer stärker ab. Der Satzbau verändert sich zur Parataxe, um die **Geschwindig-**

zunehmende Zeitraffung in der Darstellung

keit des fast schon automatischen Umzugs zu betonen: „Die Greifbagger rücken vor, Bewohner und Gäste siedeln gemeinsam ins nächste Haus über. Und eine Woche darauf ist es schon wieder so weit, Kisten, Gerät, Kleidungsstücke werden in das nächststehende Haus geschleppt [...].“ (Z. 22 ff.)

Der **Konflikt zwischen den Maschinen und den Menschen** spitzt sich dabei zu: Immer weniger, enger und kleiner werden die Häuser, in die sich immer mehr Menschen flüchten müssen. Immer aggressiver scheint die Stimmung zu werden, mit der die Menschen den Maschinen gegenübertreten. Der Erzähler spricht von „offenen Münder[n]“, „Fäuste[n]“ und „einer drohenden Bewegung“ (Z. 27 f.). In diesem Zusammenhang werden auch keine menschlichen Arbeiter mehr erwähnt – ein weiteres Indiz für die Entmenschlichung, die der Sanierungsprozess verursacht. Durch die personifizierte Darstellung wird den Maschinen außerdem zusätzliche Macht zugeschrieben: „[...] die Greifer manövrieren und bewegen sich [...] auf das nächste, noch stehende Haus zu.“ (Z. 28 f.)

Protest der Bewohner gegen drastisches Vorgehen

Personifikation der Maschinen

Im Mittelteil des Textes verändert sich dadurch auch der **Realitätsbezug des Geschehens**. Während die geschilderte Straßenszene zu Beginn noch realistisch gewirkt hat, entsteht im Fortgang der Handlung zunehmend der **Eindruck einer übertrieben dargestellten Wirklichkeit**. Das zeigt sich an verschiedenen Stellen – etwa an der Feststellung, die Bewohner lägen „in allen Fenstern, vom Keller bis zum Dachboden“ (Z. 18), oder es blickten „bereits sechs oder acht Köpfe aus jedem Fenster.“ (Z. 25) Es gipfelt in dem Einwurf, der mit „[ü]brigens“ (Z. 35) eingeleitet wird: Die Häuser würden zum Ende der Straße hin immer niedriger, enger und fensterloser (vgl. Z. 35 ff.). Dieser Umstand kann als **Verweis auf den gesellschaftlichen Rückschritt**, der durch unreflektiertes Streben nach vermeintlichem Fortschritt entstehen kann, gedeutet werden. Das „letzte“ Haus (Z. 40) habe vermutlich gar keine Fenster mehr. Man kann diese auf eine unerfreuliche Zukunft hinweisende Aussage als eine **Sarg-Metapher** verstehen: Die Tatsache, dass es das „letzte“ Haus ist – vergleichbar der Formulierung der „letzten Ruhestätte“ – und dass es keine Fenster hat, lassen darauf schließen. Tatsächlich ist ja unklar, was mit den vertriebenen Bewohnern geschieht, wohin sie gehen, wenn sie aus der Straße verschwunden sind. Sie sind gewissermaßen wie tot, jedenfalls **aus ihrem sozialen Umfeld entfernt**.

hyperbolische Darstellung

Metapher: „letztes“ Haus

Durch die übertriebene Darstellung der mit Menschen vollgestopften, geradezu schrumpfenden Häuser erhält die Geschichte Züge einer Parabel. Die überladenen Häuser stehen dabei bildlich für eine Welt, in der **Fortschritt und Erneuerung zum Selbstzweck** geworden sind. Diejenigen, die eigentlich davon profitieren sollten, werden an

parabelhafte Wirkung

den Rand gedrängt. Durch städtebauliche Entscheidungen in der Gegenwart, die die Bedeutung der Vergangenheit außer Acht lassen, stehen die betroffenen Menschen vor einer ungewissen, vermutlich wenig erfreulichen Zukunft. Dabei stellt sich auch die Frage, welche Verantwortung denjenigen zukommt, die bei dieser Entwicklung nur tatenlos zusehen.

Der Erzähler versucht am Ende erfolglos, die Entwicklung zu verharmlosen, was sich an der wiederholten **Abschwächung mit dem Ausdruck „ja“** zeigt: „Es findet sich ja noch immer ein Haus, denke ich, vielleicht eins mit zwei Fenstern, das ist wenigstens etwas.“ (Z. 39 f., vgl. auch Z. 41) Er klingt dabei allerdings sehr kleinlaut und wenig überzeugend. An der Formulierung „es“ fällt auf, dass er sich weiterhin scheut, die Maßnahmen als die Zumutung zu benennen, die sie sind. Hier und im Rest des Schlussabsatzes, in dem er den leitmotivischen Kontrast zwischen Vergangenheit, Gegenwart und Zukunft noch einmal aufnimmt, gibt der Erzähler aber zu erkennen, dass ihm die **Bewohner und ihr Schicksal zweitrangig** sind.

verharmlosende Reflexion des Erzählers

zurückhaltende Formulierungen

Denn bei der Überlegung, die alten Häuser und Bewohner durch neue zu ersetzen, konstatiert er wiederum mit unpersönlich gehaltenem Personalpronomen: „[M]an hat präzise, ausreichend detaillierte Vorstellungen, wenn es um die Zukunft geht.“ (Z. 42 f.) Dem stellt er das „Alt[e], Früher[e]“ (Z. 43) gegenüber, das man nicht genau genug kenne. Man bleibe „auf Vermutungen angewiesen“ (Z. 44). Der letzte Satz schließlich enthält eine Wertung: „Das ist gewesen, und ist vergangen, Zeit, und verlorene Zeit. Wie Geschwätz.“ (Z. 44 f.) **Die Bewertung der Zeit als „verlorene“ im Sinne verschwendeter Zeit** und der elliptische Vergleich entwerten die Vergangenheit, die mit den Häusern und ihren Bewohnern gelöscht wird, gleich doppelt. Wie soll man diese Aussage des Erzählers verstehen? Meint er das, was er sagt, ernst? Dann wäre ihm das Schicksal der Hausbewohner tatsächlich egal. Er würde sie dem Fortschritt unterordnen. Auf diese Weise verstanden, würde der Erzähler vollständig dem in Bobrowskis Text entworfenen Gesellschaftsbild entsprechen. Die Bewahrung der Vergangenheit wäre ihm ebenso gleichgültig wie die **durch den vermeintlichen Fortschritt bedingte unwürdige Behandlung** seiner Mitmenschen.

keine Solidarität mit den Bewohnern

auffällige Formulierung: „Geschwätz“

Erzähler als Angehöriger einer gleichgültigen Gesellschaft

Man kann den Schluss aber auch ironisch lesen: In diesem Fall würde der Erzähler das Gegenteil dessen ausdrücken wollen, was er sagt. Er würde dann in den letzten beiden Absätzen (vgl. Z. 39–45) die **nüchterne, mitleidlose Haltung gegenüber dem Schicksal der Bewohner nur zitieren**, um diejenigen, die die Abrissmaßnahmen zu verantworten haben, indirekt zu kritisieren. In diesem Fall würde er unterschwellig darauf aufmerksam machen, dass fehlendes

andere Deutungsmöglichkeit:

kritische Ironie des Erzählers

Bewusstsein für die Bedeutung der Vergangenheit die Gegenwart und die Zukunftsaussichten negativ beeinflussen kann. Diese Lesart würde zum Beginn des Textes passen, in dem der Erzähler in seiner umständlichen, detailverliebten Art die altmodische Architektur beschreibt und sich so als jemand ausweist, der die Vergangenheit zumindest gut kennt. Dass der Text **kaum Anhaltspunkte** dazu liefert, **über die Position des Erzählers zu entscheiden**, macht eine eindeutige Antwort schwierig. Es lässt sich aber festhalten, dass der Erzähler nicht eingreift und **zwischen den Fronten** Vergangenheitsbewahrung und Zukunftsplanung **keine klare Position** bezieht.

Schluss

Das letzte Wort des Textes, „Geschwätz", erinnert als eine Art Schlusspunkt an die ursprünglichen Hausbewohner, die **Opfer eines unmenschlichen Fortschritts geworden** sind. Möglich wird die im Text problematisierte wenig durchdachte Zukunftsplanung nicht nur, aber auch wegen der Tatenlosigkeit derer, die zusehen, ohne einzugreifen. Am Beispiel des Erzählers wird veranschaulicht, wie derjenige, der Unrecht beschönigt, diesem Unrecht heimlich zustimmt. Der Ausdruck „Geschwätz" wirkt besonders intensiv, wenn man ihn mit dem Titel in Verbindung bringt. Die **umgangssprachliche, wertende Formulierung „Geschwätz"** steht dann in starkem Kontrast zu dem fast schon **klinisch neutralen Ausdruck der „städtebaulichen Erwägungen"**. Gerade in dieser Gegenüberstellung von Anfang und Ende wird das ernüchternde Fazit von Bobrowskis Text besonders deutlich: dass **Bürokratie und städtebaulicher Profit über dem Wohlergehen der Menschen** stehen. Der Kurzprosatext kann somit als Kritik am bedingungslosen Streben nach vermeintlichem Fortschritt verstanden werden. Statt unreflektiert Veränderungen anzustoßen, sollte die Vergangenheit wertgeschätzt und eine gute **Balance zwischen Bewahrung und Erneuerung** gefunden werden.

Verantwortung der tatenlosen Beobachter

Kritik am bedingungslosen Streben nach Fortschritt

Deutsch (Baden-Württemberg) ▪ Abiturprüfung (gAN/eAN)
Übungsaufgabe 9

TEXTINTERPRETATION KURZPROSA

Themenfeld „Umbrüche in der deutschsprachigen Literatur um 1900"

Arbeitsanweisung

Interpretieren Sie den Text von Franz Kafka und berücksichtigen Sie dabei besonders die Merkmale, die ihn als Parabel kennzeichnen.

Material **Franz Kafka (1883–1924): Ein altes Blatt (1917)**

Es ist, als wäre viel vernachlässigt worden in der Verteidigung unseres Vaterlandes. Wir haben uns bisher nicht darum gekümmert und sind unserer Arbeit nachgegangen; die Ereignisse der letzten Zeit machen uns aber Sorgen.

Ich habe eine Schusterwerkstatt auf dem Platz vor dem kaiserlichen Palast. Kaum öffne ich in der Morgendämmerung meinen Laden, sehe ich schon die Eingänge aller hier einlaufenden Gassen von Bewaffneten besetzt. Es sind aber nicht unsere Soldaten, sondern offenbar Nomaden aus dem Norden. Auf eine mir unbegreifliche Weise sind sie bis in die Hauptstadt gedrungen, die doch sehr weit von der Grenze entfernt ist. Jedenfalls sind sie also da; es scheint, daß jeden Morgen mehr werden.

Ihrer Natur entsprechend lagern sie unter freiem Himmel, denn Wohnhäuser verabscheuen sie. Sie beschäftigen sich mit dem Schärfen der Schwerter, dem Zuspitzen der Pfeile, mit Übungen zu Pferde. Aus diesem stillen, immer ängstlich rein gehaltenen Platz haben sie einen wahren Stall gemacht. Wir versuchen zwar manchmal aus unseren Geschäften hervorzulaufen und wenigstens den ärgsten Unrat wegzuschaffen, aber es geschieht immer seltener, denn die Anstrengung ist nutzlos und bringt uns überdies in die Gefahr, unter die wilden Pferde zu kommen oder von den Peitschen verletzt zu werden.

Sprechen kann man mit den Nomaden nicht. Unsere Sprache kennen sie nicht, ja sie haben kaum eine eigene. Unter einander verständigen sie sich ähnlich wie Dohlen. Immer wieder hört man diesen Schrei der Dohlen. Unsere Lebensweise, unsere Einrichtungen sind ihnen ebenso unbegreiflich wie gleichgültig. Infolgedessen zeigen sie sich auch gegen jede Zeichensprache ablehnend. Du magst dir die Kiefer verrenken und die Hände aus den Gelenken winden, sie haben dich doch nicht verstanden und werden dich nie verstehen. Oft machen sie Grimassen; dann dreht sich das Weiß ihrer Augen und Schaum schwillt aus ihrem Munde, doch wollen sie damit weder etwas sagen noch auch erschrecken; sie tun es, weil es so ihre Art ist. Was sie brauchen, nehmen sie. Man kann nicht sagen, daß sie Gewalt anwenden. Vor ihrem Zugriff tritt man beiseite und überläßt ihnen alles.

Auch von meinen Vorräten haben sie manches gute Stück genommen. Ich kann aber darüber nicht klagen, wenn ich zum Beispiel zusehe, wie es dem Fleischer gegenüber geht. Kaum bringt er seine Waren ein, ist ihm schon alles entrissen und wird von den Nomaden verschlungen. Auch ihre Pferde fressen Fleisch; oft liegt ein Reiter neben seinem Pferd und beide nähren sich vom gleichen Fleischstück, jeder an einem Ende. Der Fleischhauer ist ängstlich und wagt es nicht, mit den Fleischlieferungen aufzuhören. Wir verstehen das aber, schießen Geld zusammen und unterstützen ihn. Bekämen die Nomaden kein Fleisch, wer weiß, was ihnen zu tun einfiele; wer weiß allerdings, was ihnen einfallen wird, selbst wenn sie täglich Fleisch bekommen.

Letzthin dachte der Fleischer, er könne sich wenigstens die Mühe des Schlachtens sparen, und brachte am Morgen einen lebendigen Ochsen. Das darf er nicht mehr wiederholen. Ich lag wohl eine Stunde ganz hinten in meiner Werkstatt platt auf dem Boden und alle meine Kleider, Decken und Polster hatte ich über mir aufgehäuft, nur um das Gebrüll des Ochsen nicht zu hören, den von allen Seiten die Nomaden ansprangen, um mit den Zähnen Stücke aus seinem warmen Fleisch zu reißen. Schon lange war es still, ehe ich mich auszugehen getraute; wie Trinker um ein Weinfaß lagen sie müde um die Reste des Ochsen.

Gerade damals glaubte ich den Kaiser selbst in einem Fenster des Palastes gesehen zu haben; niemals sonst kommt er in diese äußeren Gemächer, immer nur lebt er in dem innersten Garten; diesmal aber stand er, so schien es mir wenigstens, an einem der Fenster und blickte mit gesenktem Kopf auf das Treiben vor seinem Schloß.

„Wie wird es werden?“ fragen wir uns alle. „Wie lange werden wir diese Last und Qual ertragen? Der kaiserliche Palast hat die Nomaden angelockt, versteht es aber nicht, sie wieder zu vertreiben. Das Tor bleibt verschlossen; die Wache, früher immer festlich ein- und ausmarschierend, hält sich hinter vergitterten Fenstern. Uns Handwerkern und Geschäftsleuten ist die Rettung des Vaterlandes anvertraut; wir sind aber einer solchen Aufgabe nicht gewachsen; haben uns doch auch nie gerühmt, dessen fähig zu sein. Ein Mißverständnis ist es, und wir gehen daran zugrunde.“

Aus: Franz Kafka: Ein Landarzt und andere Drucke zu Lebzeiten. Hg. v. H.-G. Koch. Frankfurt/M.: Fischer Taschenbuchverlag 1994, S. 208ff.

TIPP **Bearbeitungshinweise**

Wer bereits ein Werk von **Franz Kafka**, einen Roman oder eine Erzählung, kennt, wird sich mit dieser Aufgabe leichter tun, denn die **Grundkonstellation** im Text „Ein altes Blatt“ weist viele Ähnlichkeiten mit Kafkas übriger Prosa auf.

Der Prager Autor beschreibt meist eine undurchschaubare Welt, in der sich ein auf sich allein gestellter, hilfloser Protagonist zurechtzufinden sucht und trotz aller Bemühungen am Ende scheitert. Die Helden der Geschichten werden dabei durch überraschende, unerwartete Vorkommnisse aus ihrem vertrauten Alltag gerissen und müssen nun auf die neue Situation reagieren, wobei sie sich häufig überfordert fühlen, zumal sie in selbstquälerischer Auseinandersetzung immer wieder nach ihrer eigenen Schuld fragen. Strategische Fehler, eine falsche Lagebeurteilung, Nachlässigkeiten und unverständliche Versäumnisse tragen häufig dazu bei, dass die Protagonisten nicht mehr aus ihrer verworrenen Lage herausfinden und schließlich resignieren oder gar zu Tode kommen, ohne dass sie zu einer Klärung der vielen rätselhaften Umstände gelangt wären.

In vielen seiner kleineren Prosawerke verwendet Kafka die Form einer **Parabel**. Diese gleichnishafte Erzählung versucht den Leser*innen auf lehrhafte Weise eine allgemeine Erkenntnis zu vermitteln. Am Ende steht im Gegensatz zum Gleichnis jedoch kein klares Fazit mit einer allgemein gültigen Wahrheit, sondern die Geschichte bleibt offen, sodass die Leser*innen bei der Deutung der dargestellten Ereignisse erheblich gefordert sind. Die vorliegende Aufgabe verlangt von Ihnen, bei der Interpretation insbesondere die parabolischen Merkmale des Textes herauszuarbeiten.

Neben der Parabelform spielt auch die Gedankenwelt Kafkas für die Interpretation des Textes „Ein altes Blatt“ eine wichtige Rolle. Diese beiden Bereiche sollten deshalb auch in der **Einleitung** erwähnt werden. Die Interpretation selbst beginnen Sie am besten mit einer **Inhaltswiedergabe** von Kafkas Parabel. Dabei fassen Sie die wesentlichen Handlungsschritte der Geschichte in eigenen Worten und in der Zeitform des Präsens zusammen. Die Textwiedergabe bildet die Grundlage für die anschließende **Interpretation**, die Sie in die drei Bestandteile Form, Sprache und Inhalt aufteilen können. Bei der Analyse der Form achten Sie auf die Struktur des Textes, indem Sie die typischen Elemente einer Parabel (unmittelbarer Beginn, linearer Verlauf, gleichnishafte Handlung) an diesem Kafka-Text aufzeigen. Eine zentrale Rolle sollte auch die **Funktion des Erzählers** spielen, weil dieser von Anfang bis Schluss präsent ist und die erstaunlichen Vorgänge in seiner Heimat aus persönlicher Sicht (mit eigenen Wertungen) schildert. Die Untersuchung von Kafkas **Sprache** konzentriert sich wiederum auf charakteristische Stilmittel einer Parabel (einfacher Satzbau, Gegenüberstellungen: sie – wir, deutliche Hervorhebungen). Für die **Deutung des Inhalts** bietet sich – entsprechend der Struktur dieser Parabel – die Konzentration auf die gegensätzlichen Gruppen an (Nomaden – Einheimische), insbesondere auf ihr jeweiliges Verhalten und ihre Mentalität.

Die Bewohner des Kaiserreichs sind dabei nach dem handelnden Bürgertum (Schuster, Fleischer) und dem passiven Hofstaat (Kaiser und seine Wache) zu unterscheiden. Im Mittelpunkt der Deutung steht der Konflikt zwischen einer zivilisierten Gesellschaft und einem barbarischen Reitervolk und damit die **Frage nach Macht und Ohnmacht**.

Wie können Sie nun **methodisch** vorgehen?

- Lesen Sie den Text zunächst einmal gründlich durch und versuchen Sie dabei, die Intention des Autors und die typischen Merkmale einer Parabel zu erfassen.
- Bei der zweiten und dritten Lektüre kennzeichnen Sie die inhaltlichen, formalen und sprachlichen Besonderheiten, indem Sie entsprechende Stichwörter herausschreiben oder markante Textstellen unterstreichen.
- Erstellen Sie nun eine Gliederung für Ihre Interpretation, der Sie anschließend die von Ihnen erfassten Textstellen zuordnen.
- Verfassen Sie jetzt Ihren Aufsatz, wobei Sie entsprechend Ihrem Aufbauschema vorgehen und Ihre Ausführungen in sinnvolle Abschnitte unterteilen. Bei der sprachlichen Gestaltung sollten Sie auf verbindende Überleitungen achten und vor allem Abwechslung bei Ihren Formulierungen anstreben.

Lösungsvorschlag

Einleitung

Die Menschen haben sich in ihrem Alltag eingerichtet, das Leben geht seinen gewohnten Gang. Plötzlich werden sie durch eine unangenehme Überraschung aufgeschreckt, die ihre Lage grundlegend verändert. Diese Ausgangssituation findet man oft in den Werken des Prager Schriftstellers **Franz Kafka** (1883–1924), sowohl in seinen berühmten Romanen „Der Prozess" oder „Das Schloss" als auch in seinen viel gelesenen Erzählungen „Die Verwandlung" und „Das Urteil" sowie in seinen zahlreichen kleineren Prosatexten.

Auch Kafkas **Parabel** „Ein altes Blatt" aus dem Jahr 1917 thematisiert den Einbruch des Unheimlichen in ein wohlgeordnetes Alltagsleben, mit dem die Bürger des Landes nicht umgehen können.

Hauptteil

Inhaltswiedergabe

Der Erzähler, ein Schuhmacher, dessen Geschäft sich vor dem Kaiserpalast auf dem Hauptplatz befindet, gibt sich sehr besorgt, weil mitten in der Nacht fremde Soldaten aus dem Norden seine Hauptstadt besetzt haben. Offenbar hat es schwere Versäumnisse bei der Landesverteidigung gegeben, denn die „Nomaden" sind sehr schnell von der weit entfernten Grenze in das Landesinnere vorgedrungen.

Unter den Stadtbewohnern lösen die Fremden Entsetzen und Abscheu aus, weil sie mit ihren rohen Umgangsformen den stets sauber gehaltenen Platz verwüsten. Die Nomaden nächtigen im Freien und beschäftigen sich tagsüber mit der Pflege ihrer primitiven Waffen und machen Übungen mit ihren wilden Pferden.

Es gelingt den verängstigten Einwohnern nicht, mit den Eindringlingen Kontakt aufzunehmen, denn diese verhalten sich völlig gleichgültig oder ablehnend, außerdem verstehen sie die Landessprache nicht. Rücksichtslos holen sich die Soldaten von den Bürgern alles, was sie zu ihrer Versorgung brauchen. Auch der Erzähler wird mehrfach zum Opfer dieses barbarischen Vorgehens. Am schlimmsten ergeht es jedoch dem Fleischer, dessen Waren regelmäßig geplündert und sowohl von den Nomaden selbst als auch von ihren Pferden verzehrt werden. Eines Tages, als der Fleischer auf eine Schlachtung verzichtet und einen lebenden Ochsen abliefert, reißen die Nomaden mit roher Gewalt Fleischstücke aus dem Tier, das dabei so entsetzlich schreit, dass der Erzähler sich im hintersten Winkel seiner Werkstatt mit Kleidern bedecken und die Ohren zuhalten muss.

Ängstlich fragen sich die Einheimischen, wie es weitergehen wird. Der Schuster glaubt, dass er vor Kurzem den Kaiser am Fenster seines Palastes gesehen hat. Der Herrscher habe jedoch gesenkten Hauptes das Geschehen vor seinem Schloss beobachtet. Auch von der Wache, die früher immer wieder aufmarschiert ist, ist nicht mehr viel zu sehen. Dem Erzähler ist deshalb bewusst, dass er zusammen mit anderen Handwerkern sein Vaterland retten müsste, aber dazu fühlt sich keiner in der Lage. So warten sie nur auf ihren baldigen Untergang.

Interpretation

Form: Aufbau der Parabel

Die Parabel wird aus der Sicht eines an dem Geschehen beteiligten **Ich-Erzählers** geschildert, der sich gleich zu Beginn als Schuster vorstellt. Dabei wird die Handlung (Nomadeneinfall) von den jeweiligen Beurteilungen des Schuhmachers am Anfang und am Ende des Textes eingerahmt. Die ersten zwei Sätze (Z. 1–3) enthalten Vermutungen über den unerwarteten Erfolg der Besatzer, wobei der Erzähler sich und seinen Mitbürgern eine Teilschuld an der verhängnisvollen Lage einräumt. Mit den beiden Schlusssätzen (Z. 53–56) wendet sich der Schuhmacher der Zukunft zu, die allerdings für sein Land düster erscheint.

Die Handlung der Parabel, die **chronologisch** erzählt wird, setzt mit einer Beschreibung des Ist-Zustands in der von Nomaden besetzten Stadt ein und endet mehrere Tage später mit einer noch stärkeren Präsenz der Besatzer, der die Bürger nichts entgegenzusetzen haben. Den grausigen **Höhepunkt** bildet die **Zerfleischung des Ochsen**, wodurch die gewaltige Bedrohung durch die unzivilisierten Soldaten verdeutlicht wird. Ob die Invasoren bald das Land verlassen werden, bleibt ungewiss. Der Erzähler betrachtet die Lage als hoffnungslos.

Titel

Der **Titel** der Parabel („Ein altes Blatt") scheint auf einen weit zurückliegenden Vorfall zu verweisen, der weder zeitlich noch lokal näher eingeordnet wird. Wie ein **Chronist** wirkt der Erzähler, der aus seiner Sicht das einstige Geschehen nicht nur beschreibt, sondern auch beurteilt. Dabei scheint das „Blatt" nur ein Teil einer längeren Geschichte (des Landes?) zu sein.

Person des Erzählers

Die ganze **Verunsicherung** der unterworfenen Bewohner kommt auch in den Gedanken des Erzählers zum Vorschein. In seinen Eingangs- und Ausgangsbetrachtungen werden Spekulationen („Es ist, als wäre viel vernachlässigt worden", Z. 1) und Ängste („die Ereignisse der letzten Zeit machen uns aber Sorgen", Z. 3 – „wir gehen daran zugrunde", Z. 56) in den Vordergrund gestellt. Bereits der Einstieg im Konjunktiv (vgl. Z. 1) nimmt vorweg, dass der Erzähler auf Vermutungen angewiesen ist (vgl. Z. 48: „so schien es mir wenigstens"). Er verallgemeinert die Darstellung der Besatzer und er übertreibt. Folglich kann der Leser nicht entscheiden, was davon der Wahrheit entspricht. Ein solch unzuverlässiges Erzählverhalten ist typisch für die literarische Moderne um 1900.Gleichzeitig sieht sich der Schuster auch zu klaren, eindeutigen Erkenntnissen fähig, wenn er das Verhalten des Bürgertums schonungslos analysiert und dessen

Unfähigkeit sowohl in der Vergangenheit als auch in der Zukunft aufzeigt: „Wir haben uns bisher nicht darum gekümmert“ (Z. 2); „wir sind aber einer solchen Aufgabe nicht gewachsen“ (Z. 54 f.).

Der Schuster gehört zu der wohlhabenden Schicht von „Handwerkern und Geschäftsleuten“ (Z. 53 f.), die in dieser Krisensituation zu ihrer **gesellschaftlichen Verantwortung** stehen müsste, wozu sie aber bereits wegen ihres in der Vergangenheit bekundeten **Desinteresses** am Staatswesen nicht mehr in der Lage ist. Von seiner „Schusterwerkstatt“ (Z. 4), die sich auf dem zentralen Platz der Hauptstadt befindet, sieht der Erzähler direkt auf den „kaiserlichen Palast“ (Z. 4). Das heißt, er berichtet vom Mittelpunkt seines Landes aus, allerdings in untergeordneter sozialer Stellung. Dabei geht er jedoch nicht objektiv vor. Als Opfer der skrupellosen Plünderer („Auch von meinen Vorräten haben sie manches gute Stück genommen.“, Z. 29) neigt er zu Übertreibungen, denn die „Nomaden aus dem Norden“ (Z. 7) werden als völlig unzivilisierte, unzugängliche Rohlinge beschrieben, die keinerlei menschliche Regungen zeigen. Deshalb hält er es auch für sinnlos, mit ihnen in Kontakt zu treten: „sie haben dich doch nicht verstanden und werden dich nie verstehen.“ (Z. 23 f.) Mit **wachsendem Schaudern** werden die Untaten der Fremden erzählt, die aus dem Blickwinkel des Kaisers in dem abwertenden Begriff „das Treiben vor seinem Schloß“ (Z. 49) zusammengefasst werden.

Trotz seines persönlichen Schadens, den ihm die Barbaren zugefügt haben, kann der Erzähler seinen Verlust richtig einschätzen. Er weiß, dass er im Vergleich mit dem völlig ausgeraubten Fleischer noch gut davongekommen ist („Ich kann aber darüber nicht klagen“, Z. 29 f.). Mit den anderen Handwerkern und Geschäftsleuten schließt er sich zu einer **Solidargemeinschaft** zusammen, die die Verluste des Fleischers als gemeinsames Opfer sieht und dafür aufzukommen versucht. Doch der Erzähler gibt sich letzten Endes keinen Illusionen über die Zukunft hin, denn er weiß, dass sein ganzes Land von nun an dem fremden Reitervolk vollständig ausgeliefert ist.

Deutung des Inhalts

Kaiserreich

Das Kaiserreich, dem der Schuster als treuer Untertan angehört, wird als eine **friedliche Klassengesellschaft** beschrieben, die einerseits von dem Kaiser und seiner Palastwache und andererseits von den Geschäftsleuten getragen wird. Arbeiter und Bauern kommen in der Parabel nicht vor. Der Schuster als Repräsentant des **Bürgertums** sieht nur seinesgleichen. Zu dem Monarchen, der ganz in seiner Nähe residiert, hat er keine Beziehung. Deshalb bleibt auch am Ende unverständlich, warum den Handwerkern „die Rettung des Vaterlandes anvertraut“ (Z. 54) sein soll. Offenbar wird dem resignativ dreinblickenden Kaiser (vgl. Z. 49) eine solche Befreiungstat nicht (mehr) zugetraut. Der Erzähler beurteilt aber auch die seiner Klasse auferlegte Mission äußerst skeptisch und spricht von einem „Mißverständnis" (Z. 56), weil das Bürgertum mit der Verteidigung des Landes völlig überfordert ist.

Der **Kaiser** kann seinen Bürgern keinen Optimismus vermitteln. Mit allen seinen Gesten und Anordnungen scheint er nur die Hoffnungslosigkeit zu verstärken. Die einst so prächtige Wache verlässt schon gar nicht mehr das Schloss. Noch besorgniserregender ist es, dass der Kaiser, der sonst immer nur „in dem innersten Garten" (Z. 47 f.) lebt, zum ersten Mal in die „äußeren Gemächer" (Z. 47) seines Schlosses kommt und von dort stumm auf den Platz schaut. Allerdings ist sich der Schuster nicht sicher, ob er den Monarchen wirklich erblickt hat. Aber dem Herrscher wird letzten Endes die **Schuld** an der ausweglosen Lage zugeschoben: „Der kaiserliche Palast hat die Nomaden angelockt, versteht es aber nicht, sie wieder zu vertreiben." (Z. 51 f.)

Bürgertum

Das **friedliche, geordnete Leben des Bürgertums** wird dem barbarischen Treiben der Nomaden direkt gegenübergestellt. Dennoch kommt es nicht zu einer Konfrontation, weil sich die noch in der Schockstarre verharrenden Bewohner der völlig unerwarteten Invasion aus dem Norden hilflos ausgeliefert fühlen. Weil sie weder von ihrem Kaiser noch von ihrer Armee eine Rettung erwarten können, setzen sie auf ihre **kultivierten Umgangsformen** und versuchen die Barbaren mit ihrer **bereitwilligen Kooperation** milde zu stimmen. So liefern sie regelmäßig große Fleischrationen, wenn sich die Nomaden ihre Beute nicht schon zuvor aus dem Metzgerladen geholt haben. Der „ängstlich[e]" (Z. 34) Fleischhauer steht stellvertretend für alle Bürger, die keinen Mut zur Selbstverteidigung aufbringen, sondern vielmehr ihr Heil in der **Anpassung und Nachgiebigkeit** gegenüber den Besatzern suchen: „Vor ihrem Zugriff tritt man beiseite und überläßt ihnen alles." (Z. 27 f.)

Die Passivität der Bürger hat ihre Ursache vermutlich in ihrem **schlechten Gewissen**, denn gleich zu Beginn der Parabel weist der Erzähler selbstkritisch auf die Gleichgültigkeit gegenüber den Fragen der Landesverteidigung hin. Aus **Bequemlichkeit** sind die Untertanen nur ihrer „Arbeit nachgegangen" (Z. 2), ohne sich um politische Angelegenheiten zu kümmern, und haben deshalb zu den militärischen Versäumnissen des Landes geschwiegen.

Was die Bürger vor allem irritiert, ist die Ungewissheit bezüglich ihrer Zukunft, zumal sie von ihrem Kaiser keine Hilfe erwarten können und die Nomaden in immer größerer Zahl in ihr Land eindringen. Mit ihrem kooperationsbereiten, zurückhaltenden Gebaren sichern sie sich nur eine **momentane Sicherheit**, die jederzeit ins Gegenteil umschlagen kann. Der gegenwärtige Zustand wird von allen als „Last und Qual" (Z. 50 f.) empfunden.

Mit der Besetzung der Hauptstadt haben die Nomaden aus dem Norden die Bewohner des Kaiserreichs aus ihrem Alltag gerissen. Als der Schuster sein Geschäft „in der Morgendämmerung" (Z. 5) öffnet, sind bereits alle Gassen von den Eindringlingen besetzt. Diese stoßen die zivilisierten Stadtbewohner mit ihren **unkultivierten Umgangsformen** vor den Kopf. Das wilde Reitervolk zieht nicht in die Häuser der Hauptstadt ein, sondern kampiert im Freien, wo es sich mit der Reinigung seiner Waffen und mit seinen Pferden beschäftigt. Der gepflegte Hauptplatz ist bald in eine Müllhalde verwandelt. Nomaden

Gemeinsamkeiten zwischen Besatzern und Besetzten gibt es nicht, denn die Soldaten interessieren sich weder für die „Sprache" (Z. 18) noch für die „Lebensweise" (Z. 20) und die „Einrichtungen" (Z. 20 f.) der Besiegten. Dafür holen sie sich von ihnen, was sie zu ihrer Versorgung brauchen, ohne dabei gewaltsam vorzugehen: „Man kann nicht sagen, daß sie Gewalt anwenden." (Z. 27) Doch ihre **derben Sitten** und ihre **stetig wachsende Anzahl** schüchtern die Bürger zunehmend ein, sodass der Erzähler die Invasoren schließlich **dämonisiert**. Eine Sprache als Kulturleistung spricht er ihnen ab und sieht in ihrer Verständigung nur eine animalische Form („ähnlich wie Dohlen", Z. 19). Bei ihren Grimassen „dreht sich das Weiß ihrer Augen und Schaum schwillt aus ihrem Munde" (Z. 24 f.).

Das größte Entsetzen breitet sich bei den Bürgern aus, als die Barbaren einen lebendigen Ochsen in Stücke reißen und das Fleisch trotz des lauten Tiergebrülls ungerührt verzehren. Schon vor diesem grausigen Höhepunkt werden die Einheimischen durch eine unglaubliche Beobachtung verstört: „Auch ihre Pferde fressen Fleisch" (Z. 32). Während die Bürger in Anbetracht der veränderten Lage ihr Verhalten umstellen, geben sich die Nomaden völlig **authentisch**: Sie leben ohne Hemmungen ihre Bedürfnisse aus und verhalten sich naturnah: „sie tun es, weil es so ihre Art ist." (Z. 26) Dabei scheinen sie sich auf einen längeren Aufenthalt in der Hauptstadt ihres Gegners einzurichten. Von ihren weiteren Plänen erfährt der Leser jedoch nichts.

Gegenüber der urwüchsigen Gewalt der Nomaden bleiben die Bürger des Kaiserreichs wie gelähmt. Mit dem Einbruch einer anonymen (primitiven?) Macht in ihren so friedlichen, geordneten und geregelten Alltag kommen sie nicht zurecht. Gegen die Akte der Barbarei gibt es keine wirkungsvolle Strategie. Auch Anpassung und Fazit

Passivität helfen nur vorübergehend, eine Lösung zur endgültigen Beseitigung der permanenten Gewalt scheint es nicht zu geben.

Als **Lehre** aus Kafkas Parabel wird dem Leser in Erinnerung gerufen, wie hoch entwickelte Zivilisationen ständig durch Barbarei und Gewalt gefährdet sind, was sich in der Geschichte schon häufig zugetragen hat – man denke z. B. an das „Dritte Reich", den Stalinismus, die Kulturrevolution in China oder die Roten Khmer in Kambodscha.

Sprache
Stil

Die schauderhaften Vorgänge bei dem Nomadeneinfall in das Kaiserreich werden vom Erzähler in einem weitgehend sachlichen **Chronistenstil** beschrieben. Mit vorwiegend **parataktischem Satzbau** und relativ **einfachem Wortschatz** wird die Handlung sehr anschaulich geschildert.

Pronomen

Dabei bestätigt der Schuster viele Einzelheiten aus seiner persönlichen Sicht. Sowohl die Invasion der Nomaden als auch ihr barbarisches Vorgehen sowie das Verhalten des Kaisers werden aus der **Ich-Perspektive** dargestellt. Um die Gegensätze zwischen den Bürgern und ihren Unterwerfern zu betonen, verwendet der Erzähler die **Personalpronomen „wir" und „sie"** bzw. die **Possessivpronomen „unsere" und „ihre"**. Während die Bürger der Monarchie aus Individuen (Schuster, Fleischer, Kaiser) oder sozialen Gruppen (Handwerker und Geschäftsleute) bestehen, werden die Invasoren als eine wilde, unkultivierte Einheit wahrgenommen, die als „Nomaden aus dem Norden" oder als „Bewaffnete" (vgl. Z. 6 f.) bezeichnet werden. Auch ihre Pferde bilden eine ununterscheidbare anonyme Masse. Derart typisierte Figuren(-gruppen) gehört zu den Merkmalen einer Parabel.

rhetorische Figuren

Die Taten bzw. Untaten der Besatzer werden in **Aufzählungen** („Sie beschäftigen sich mit dem Schärfen der Schwerter, dem Zuspitzen der Pfeile, mit Übungen zu Pferde.", Z. 11 f.) verdeutlicht und darüber hinaus mit **Adverbien** („oft", Z. 24, 32; „[i]mmer wieder", Z. 20; „[k]aum … schon", Z. 4 f.) und **Negationen** („nicht", Z. 18, 23; „nie", Z. 24; „weder … noch", Z. 25 f.) versehen, sodass ihre dominante Anwesenheit sowie ihre irritierende Andersartigkeit eindringlich zum Ausdruck kommen.

Als Repräsentant des verunsicherten Bürgertums geht der Erzähler bei seinen Einschätzungen und Wertungen vorsichtig und differenziert vor. Viele Wahrnehmungen werden durch **Konjunktive** („Es ist, als wäre …", Z. 1; „Bekämen die Nomaden kein Fleisch …", Z. 35 f.) und einschränkende **Adverbien** („offenbar", Z. 7; „immer seltener", Z. 15) relativiert.

Auf das ungewöhnliche Verhalten des Kaisers, der in dieser außerordentlich bedrohlichen Lage des Reiches seine Gewohnheiten fundamental verändert, wird in Form einer **Antithese** zwischen „niemals sonst/immer nur“ und „diesmal“ (vgl. Z. 47 f.) hingewiesen.

Am Ende der Parabel fassen zwei **offene Fragen** („Wie wird es werden?“; „Wie lange werden wir diese Last und Qual ertragen?“, Z. 50 f.) die Zukunftsängste aller Bürger zusammen. Im Gegensatz zu seiner sonstigen Skepsis scheint der Erzähler jedoch die **Antwort** auf diese Fragen zu kennen: Da von nirgendwoher Hilfe zu erwarten ist, bleibt seiner Meinung nach nur der Untergang des Landes: „wir gehen daran zugrunde.“ (Z. 56)

Grundaussage auf der Bildebene

Die Parabel zeigt auf der **Bildebene** die **Konfrontation** zwischen einem **barbarischen Reitervolk** aus dem nicht genauer lokalisierten „Norden“ (Z. 7) und einer **zivilisierten Gesellschaft**. Die scheinbar gut organisierte Monarchie offenbart sich als keineswegs gefestigtes Staatswesen, das auf das Vordringen der Nomaden völlig hilflos reagiert und deshalb auch kein Konzept für die Lösung dieses politischen Konflikts hat. Während sich die fremden Soldaten als neue Herren über das unterworfene Land aufspielen, verharren die Besiegten in einer **totalen Passivität**. Niemand ergreift die Initiative zu einer Selbstbefreiung. Zwar bleibt das Ende offen, dennoch scheint es keine Hoffnung auf einen Ausweg zu geben.

Sachebene

Wie es für Parabeln kennzeichnend ist, verbirgt sich hinter der Bildebene die **Sachebene** – die eigentliche Aussage des Textes. Was die vorliegende Erzählung so modern macht, ist ihre Offenheit und Vieldeutigkeit. Im Gegensatz zu klassischen Parabeln liefert der Text nämlich keinen Schlüssel zur Deutung, das heißt, der Leser muss durch eigene Gedankenarbeit enträtseln, was das Geschehen bedeuten könnte. Die Zeit um 1900 war durch viele Umbrüche gekennzeichnet – politische, gesellschaftliche, wissenschaftliche und auch literarische. Es gab keine verbindlichen Gewissheiten und letztgültigen Wahrheiten mehr. Diese völlige weltanschauliche Verunsicherung spiegelt sich im Erzählen Kafkas wider, das den Leser gleichsam allein lässt. Die Verstörung des Ich-Erzählers überträgt sich damit auch auf den Leser.

abschließende Deutung der Parabel

Franz Kafka verdeutlicht in der vorliegenden Geschichte, die 1917 (also gegen Ende des Ersten Weltkriegs) in dem Erzählband „Ein Landarzt“ veröffentlicht wurde, wie die in der Menschheit stets vorhandene **Gewalt** die **kulturellen Leistungen** bedrohen und zerstören kann. Die Berichte aus dem Ersten Weltkrieg haben den damals 34-jährigen Autor, der selbst nicht an der Front war, vermutlich überzeugt, dass die Barbarei sogar jederzeit inmitten der Zivilisation ausbrechen und mit ungeheurer Kraft mühsam erworbene Errungenschaften zunichtemachen kann.

Deutsch (Baden-Württemberg) ▪ Abiturprüfung (gAN/eAN)
Übungsaufgabe 10

TEXTERÖRTERUNG

Arbeitsanweisung

1. Arbeiten Sie die Aussagen des Autors heraus, und berücksichtigen Sie dabei, wie er den Text gestaltet hat.
2. Setzen Sie sich kritisch mit den Argumenten des Autors auseinander.
3. Erörtern Sie – über den Text hinausgehend – Folgen einer sich verändernden Arbeitswelt im 21. Jahrhundert.

[Schwerpunkt: Texterörterung]

Material

Sascha Lobo: Was die „Duschspitze" über die Zukunft der Arbeit verrät

Die Coronakrise hat uns gelehrt, das Büro nicht mehr als Heiligen Gral zu betrachten. Die Finanzen der Städte kann das ins Straucheln bringen, dem Einzelnen bringt es mehr persönliche Freiheit.

Das Bild, das den Wandel der Arbeit im Jahr 2020 am besten beschreibt, ist natürlich ein absurdes, das man ohne Corona kaum begreifen könnte. Es ist das Foto der Glastür eines Konferenzraums mit einem Schild, auf dem geschrieben steht: „In diesem Meetingraum ist nur eine Person gleichzeitig erlaubt."

Das ist lustig, weil wir an diesem Foto sehr plötzlich bemerken, dass längst eine neue Epoche der Arbeit begonnen hat, unser Alltagsempfinden aber noch in der alten festhängt. Das Meeting, das Hochamt der Büropräsenz, ist durch Corona bis zur Unkenntlichkeit virtualisiert worden. Eine Selbstverständlichkeit der Videokonferenz ist entstanden. Bald wird es so sein wie mit der Virtualisierung des Gesprächs durch das Telefon im 20. Jahrhundert: Wenn man erzählte, man habe mit einer Person gesprochen, dann war durch die Technologie des Telefons seit Jahrzehnten unklar, ob es sich um ein persönliches oder ein fernmündliches Gespräch gehandelt hat. In den meisten Fällen ist das auch relativ egal.

Die flächendeckende Akzeptanz der Videokonferenz auch unter bisherigen Skeptikern und Störrigkern[1] aber war die Voraussetzung für den wichtigsten gesellschaftlichen Durchbruch des Jahres 2020: Homeoffice, und zwar als Synonym für dezentrales, vernetztes Arbeiten.

Der gigantische Erfolg der Videokonferenz ist dabei zugleich Voraussetzung und Symptom für den tiefgreifenden Wandel. Wie gigantisch der ist, lässt sich an einem

Vergleich erkennen. Der Unternehmenswert der Videokonferenzplattform Zoom lag Mitte Oktober 2020 bei 159 Milliarden Dollar. Das entspricht grob dem Wert der zehn teuersten Fluglinien der Welt zusammengenommen, plus zweimal Lufthansa obendrauf.

Zu dieser Erzählung gehört allerdings auch die Tatsache, dass der Börsenkurs von Zoom am 9. November in kürzester Zeit um fast 20 Prozent fiel, während der von Delta Airlines um fast 20 Prozent stieg. An diesem Tag wurde der Biontech-Impfstoff gegen Corona bekannt gegeben.

Homeoffice wird die Welt ungleich stärker verändern, als die meisten Menschen im Moment glauben. Der amerikanische Zukunftsforscher Roy Amara hinterließ der Nachwelt die inzwischen berühmte Einsicht: „Wir überschätzen die kurzfristigen Folgen von Technologien, aber wir unterschätzen die langfristigen.“ Das gilt auch für Kulturtechniken. […]

Die radikalste Veränderung durch Homeoffice aber ist keine dingliche, sondern die Art der Arbeit selbst. Präsenzarbeit funktioniert traditionell stark über Hierarchie und Kontrolle, die dezentrale, vernetzte Arbeit im Homeoffice hingegen verlangt viel mehr Engagement und Vertrauen.

Es ist deshalb in den letzten Monaten oft vorgekommen, dass sich durch den Homeoffice-Alltag neue Netzwerke und Rangordnungen in Unternehmen ergeben haben. Etwa, dass technisch unsachkundige oder zu umständliche Chefs mit mittelgroßer Eleganz umschifft wurden. Oder dass sich gnadenlos herausgestellt hat, wer auch im Homeoffice performt und wer eben nicht, mit deutlichen Folgen für das Büro- und Arbeitsgefüge.

Das dezentrale, vernetzte Arbeiten muss man neu lernen, es unterscheidet sich von der Präsenzarbeit stärker, als man zunächst glaubt. Wer das dafür geeignete Arbeitsinstrumentarium samt der dazugehörigen kollaborativen Praktiken nicht beherrscht, ist schnell abgemeldet. Das mag sich für manche neoliberal-dystopisch[2] anhören, aber es ist ja nicht so, dass das durchschnittliche, deutsche Büro vor Corona ein Hort des einhornglitzernden Kuschelsozialismus gewesen wäre.

Auch wenn Homeoffice die Leistung der einzelnen Mitarbeitenden oft leichter überprüfbar macht und so den individuellen Druck erhöhen kann, liegt doch ein die Gesellschaft umwälzender Vorteil für die breite Masser der Büroarbeitenden darin.

Schon im Corona-Frühjahr erfasste das Wasserwerk in Hamburg ein interessantes Datum: Die sogenannte Duschspitze, die Zeit des größten Wasserverbrauchs, verschob sich nach hinten. Zuvor nahmen die meisten Leute ihre Morgendusche um sieben Uhr, während des ersten Lockdowns geschah das erst um neun Uhr, also volle zwei Stunden später. Zwar dürften dabei auch die Schulschließungen gewirkt haben, trotzdem ist die Erkenntnis klar: wie unglaublich viel Zeit und Energie das Konzept Büro durch seine schiere Existenz verschlingt. Und wie viel Geld für die Unternehmen, das sie anders vielleicht ungleich effektiver einsetzen könnten.

Die eigentliche Botschaft der verschobenen Duschspitze aber ist eine andere. Das dezentrale, vernetzte Arbeiten gibt die Feingestaltung der eigenen Zeit zurück in die Hände der Angestellten. Homeoffice ist der erste und vielleicht wichtigste Schritt, das Leben nicht mehr um die Arbeit herum zu organisieren – sondern die Arbeit um das Leben.

Quelle: www.spiegel.de/netzwelt/homeoffice-was-die-duschspitze-ueber-die-zukunft-der-arbeit-verraet-kolumne-a-bb94b729-736e-4f26-a4e4-a636934cc335 (Veröffentlichung am 23. 12. 2020, Zugriff am 08. 01. 2021)

Anmerkungen

1 Störrigkern: Wortneuschöpfung, hier: störrische Menschen.
2 neoliberal-dystopisch: Der Begriff des Neoliberalismus bezeichnet eine Neubelebung wirtschaftsliberaler Ideen im 20. Jahrhundert. Eine Dystopie bezeichnet eine fiktionale, in der Zukunft spielende Erzählung mit negativem Ausgang.

Originalaufgabe der Abiturprüfung 2022

TIPP **Bearbeitungshinweise**

Bitte beachten Sie, dass solch eine **dreigliedrige Arbeitsanweisung ab der Abiturprüfung 2024 nicht mehr verwendet** wird. Dennoch ist die hier abgedruckte Lösung hilfreich, um das grundsätzliche Vorgehen bei einer Texterörterung nachzuvollziehen. Das neue Aufgabenformat umfasst zwei Teile: Teilaufgabe 1 verlangt in der Regel eine Darstellung des Argumentationsgangs und der Intention des Textes (ca. 40 % im gAN, 30 % im eAN, ähnlich wie alte Teilaufgabe 1, aber ohne Analyse der Gestaltung). Teilaufgabe 2 umfasst eine Erörterung, die sich im gAN hauptsächlich auf die Textaussagen bezieht (ca. 60 %, ähnlich wie alte Teilaufgabe 2) und im eAN über den Text hinausgeht (ca. 70 %, ähnlich wie alte Teilaufgabe 3). Entsprechende aktuelle Aufgabenstellungen finden Sie in den Übungsaufgaben 11 und 12.

Zunächst sollten Sie den **Titel** und den **Untertitel** des Kommentars lesen, um sich dem Text zu nähern. Der Titel beinhaltet ein Wort in Anführungszeichen, dessen Einzelteile („Dusche" und „Spitze") allen bekannt sind, das jedoch in dieser Zusammensetzung wohl noch niemandem der Abiturienten begegnet ist. Bei der Betrachtung von Titel und Untertitel kristallisiert sich die **Hypothese** heraus, dass der Text sich um die durch die Coronakrise in Gang gebrachten Veränderungen in der Arbeitswelt und deren (zukünftige) Auswirkungen auf die Beschäftigten dreht.

Methodisches Vorgehen ist Voraussetzung für eine gelungene Erörterung, wobei Sie den Text als Erstes **am Stück lesen** sollten, um den Begriff „Duschspitze" zu verstehen, das damit verbundene eigentliche Thema zu erschließen sowie die Gedanken des Autors nachvollziehen zu können. Anschließend ist es sinnvoll, die **Hauptthesen** Sascha Lobos und **sprachliche Besonderheiten** zu markieren. Bei einer dritten Lektüre des Kommentars wird die **Argumentation des Autors** gezielt analysiert. Hierbei sollten Sie sich überlegen, welche Argumente und Beispiele Sie einleuchtend finden oder wo Sie dem Autor widersprechen. Notieren Sie sich bereits bei diesem Schritt die **Pro- und Kontra-Argumente**, die Ihnen einfallen. Als Nächstes erstellen Sie einen **Schreibplan** oder ein Konzept für Ihren Aufsatz, wobei Sie sich an der Aufgabenstellung und Ihren Notizen orientieren.

Die **Einleitung**, in der zum Thema des Textes hingeführt wird und zugleich die notwendigen Informationen zum Text (Titel, Autor, Quelle, Erscheinungsdatum, Textgenre) genannt werden, bildet den ersten Part Ihres Aufsatzes.

- **TEILAUFGABE 1:** Um eine **strukturierte Textwiedergabe** zu schreiben, fassen Sie den Inhalt des Textes zusammen, wobei Sie diesen in eigenen Worten und indirekter Rede wiedergeben. Da der Schwerpunkt bei dieser Aufgabe auf der Texterörterung liegt, sollten Sie bereits in diesen Teil die **Analyse der Textgestaltung** mit einbringen. Hierfür gilt es, auf die Argumentationsstruktur und sprachliche Mittel sowie deren Wirkung zu achten.

- **TEILAUFGABE 2:** Bei der **kritischen Auseinandersetzung** wird eine subjektive Beschäftigung mit den Argumenten des Autors verlangt. Hier gehen Sie gezielt darauf ein, welchen Aussagen Sie zustimmen und welchen Sie widersprechen. Wichtig dabei ist, dass Sie Ihre Meinung mit geeigneten **Argumenten und Beispielen** unterfüttern.
- **TEILAUFGABE 3:** Sascha Lobo thematisiert in seinem Kommentar sowohl bereits vollzogene als auch noch anstehende Veränderungen in der Arbeitswelt. Ihre Aufgabe ist es, zu **erörtern**, **welche weiteren Aspekte sich ändern** könnten und welche Konsequenzen diese für die Arbeits- und Lebenswelt der Beschäftigten haben könnten. Wichtig ist es, eine **klare Struktur** einzuhalten. Erstellen Sie eine nachvollziehbare Gliederung mithilfe eines Schaubildes oder einer Mindmap, ohne dabei Lobos Text vor Augen zu haben.

  Denken Sie lediglich über die **Fragestellung** nach, welche Folgen die Veränderungen in der Arbeitswelt haben werden. Achten Sie hierbei darauf, dass Ihre Argumente immer aus drei Teilen (**Behauptung** (These) – **Begründung** – **Beispiel**) bestehen sollten. Sie können in diesem Teil erneut Ergebnisse Ihrer kritischen Auseinandersetzung aus Teilaufgabe 2 aufgreifen, müssen jedoch auch neue und eigene Gesichtspunkte mit einarbeiten.

Im letzten Schritt Ihres Aufsatzes begründen Sie in einem **Fazit** Ihre Schlussfolgerungen aus kritischer Auseinandersetzung und eigener Erörterung und runden den Aufsatz somit ab. Machen Sie hier erneut Ihre eigene Meinung zu den Themen Homeoffice und Arbeiten in der Zukunft deutlich.

Lösungsvorschlag

Einleitung
szenischer Einstieg ins Thema

Eine beliebige Familie im Februar 2020 in Deutschland: Während die Eltern bereits um 6:30 Uhr den zweiten Kaffee getrunken haben und ein Elternteil ins Bad rennt, weckt der andere Elternteil die Kinder, damit diese schnell frühstücken und sich fertig machen können, bevor spätestens um 7:15 Uhr alle das Haus verlassen und zur Arbeit oder Schule eilen. Die gleiche beliebige Familie im Dezember 2020 in Deutschland: Während die Eltern gemütlich um 7:00 Uhr im Schlafanzug ihren Kaffee schlürfen, sprechen sie ab, wer von beiden die Kinder weckt, damit diese noch vor dem Unterricht in Ruhe frühstücken können. Um 7:55 Uhr gehen alle Familienmitglieder ungeduscht und teilweise noch im Schlafanzug ihre Wege zur Schule oder Arbeit. Doch statt das Haus zu verlassen, zieht sich jeder an einen stillen Ort in der Wohnung zurück und startet die Videokonferenz am digitalen Endgerät.

Überleitung zum Lobo-Artikel

Die Pandemie hatte Deutschland voll im Griff und viele wurden zu Hause beschult beziehungsweise arbeiteten im Homeoffice. Wie

Corona unsere Arbeitswelt beeinflusst und verändert hat und welche Konsequenzen das auch für unser Privatleben mit sich bringt, beschreibt Sascha Lobo in seinem Kommentar „Was die ‚Duschspitze' über die Zukunft der Arbeit verrät", der am 23. 12. 2020 auf www.spiegel.de erschienen ist.

TEILAUFGABE 1

Sascha Lobo thematisiert in seinem Kommentar einen Umbruch im Arbeitsleben, der im Zusammenhang mit der Corona-Pandemie durch das Arbeiten von zu Hause und die Verbreitung von Videokonferenzen ausgelöst worden ist. Lobo verwendet **viele anschauliche Beispiele**, um die Leserschaft von seiner (positiven) Meinung zu überzeugen: Gleich zu Beginn des Textes beschreibt er ein Foto, das diese Revolution auf witzige Weise veranschaulicht. Zu sehen sei darauf ein Schild an der Tür eines Meetingraumes, demzufolge dort nur eine Person tagen dürfe (vgl. Z. 6 f.). Diese Anweisung wirkt paradox, da doch das Meeting als das „Hochamt der Büropräsenz" (Z. 10) gelte. Mit dieser Hyperbel sowie der spöttischen Metapher „Heilige[r] Gral" (Z. 1) **ironisiert** der Autor das typische Prozedere des Büroalltags.

Zusammenfassung der wesentlichen Aussagen

ironischer Einstieg

Anschließend geht Lobo in einem **Analogieschluss** auf die **Zukunft der Videokonferenz** ein und vergleicht sie mit der Einführung des Telefons (vgl. Z. 12 ff.), was zeigen soll, welchen wichtigen Stand sie in der Arbeitswelt erlangen wird. Um seine Prognose zu stützen, führt er das kurzzeitige Wachstum des Börsenwertes der Plattform Zoom während des Lockdowns an (vgl. Z. 23 f.). Außerdem zitiert er einen Zukunftsforscher (vgl. Z. 33 f.), um die Aufmerksamkeit des Lesers auf die häufig unterschätzten langfristigen Folgen technischer Neuerungen zu lenken. Mit den Börsenwerten und dem Zitat möchte der Autor die **Glaubwürdigkeit seiner Argumentation stützen** und den Leser überzeugen.

Zukunft der Videokonferenz

Das Homeoffice sei zum Synonym für die **neue Epoche der Arbeitswelt** geworden und habe die Arbeitsbedingungen stark verändert sowie zum Aufbrechen bisheriger Hierarchien geführt. Laut Lobo hat dies zur Folge, dass **mangelndes Beherrschen der neuen Arbeitstechniken berufliche Nachteile nach sich ziehe** und nicht sachkundige Chefs außen vor gelassen würden. Der Autor räumt ein, dass Homeoffice die Arbeit jedes Einzelnen kontrollierbarer mache, allerdings bringe es gleichzeitig so viel mehr Selbstbestimmung bezüglich der Zeitaufteilung zwischen Leben und Arbeit mit sich, dass der persönliche **Vorteil klar überwiege** (vgl. Z. 36 ff.). Seine positive Einstellung zum Thema untermauert er mit der Feststellung,

veränderte Arbeitsbedingungen durch Homeoffice

dass auch das reale Büro kein konfliktfreier Ort sei, an dem ein „einhornglitzernde[r] Kuschelsozialismus“ (Z. 50 f.) herrsche. Der **doppelte Neologismus** unterwandert spöttisch die **Vorstellung einer heilen Bürowelt**.

Einsparung von Zeit und Energie

Für die Unternehmen und die gesamte Gesellschaft habe das Homeoffice außerdem den Vorteil, dass dadurch im Vergleich zur Arbeit im Büro viel **Zeit und Geld eingespart** werden könne. Zudem werde durch das dezentrale Arbeiten die Zeiteinteilung zurück in die Hände der Angestellten gegeben, was eine neue **Freizeit-Arbeits-Balance** ermögliche (vgl. Z. 60 ff.). Der Autor belegt den Wandel im Arbeitsleben zum Positiven darüber hinaus mit dem Beispiel der verschobenen „Duschspitze“ (Z. 56), die bereits im Titel erwähnt wird und über deren Bedeutung der Leser erst jetzt aufgeklärt wird. An dem veränderten Duschverhalten könne man erkennen, dass die Beschäftigten **selbstbestimmter** ihren Tag planen (vgl. Z. 63 ff.). Mit diesem Beispiel beendet Lobo seine **einseitige Argumentation**, in der er die Vorteile des dezentralen vernetzten Arbeitens herausstellt. Auffallend hierbei ist, dass Lobo **von einer Einzelbeobachtung**, nämlich der Duschspitze, **allgemeine Schlüsse** auf die Umstellung der Tagesabläufe Tausender Arbeitnehmer im Homeoffice ableitet.

die „Duschspitze“ als Symbol für selbstbestimmte Tagesgestaltung

TEILAUFGABE 2

Überleitung zur kritischen Auseinandersetzung

Sascha Lobo vertritt in seinem Kommentar die Meinung, dass sich die Arbeitswelt aufgrund der Corona-Pandemie und der damit verbundenen Einführung der Arbeit im Homeoffice zum Guten verändert habe, unser Denken sich jedoch erst anpassen müsse.

Chancen und Grenzen der Videokonferenz

Zu Beginn des Textes führt Lobo aus, dass eine „**Selbstverständlichkeit der Videokonferenz** […] entstanden“ (Z. 11 f.) sei. Diese Beobachtung trifft zu, schließlich wurde auch in der Schule im Lockdown Unterricht über Videoportale gehalten. Der Autor vergleicht die Videokonferenz mit der Erfindung des Telefons und ist davon überzeugt, dass sie ebenso die Welt verändern wird (vgl. Z. 12 ff.). Allerdings muss man dem entgegenhalten, dass es immer Dinge geben wird, die nicht am Telefon oder in einer Videokonferenz besprochen oder beschlossen werden. Das hat unter anderem etwas mit Respekt zu tun, und betrifft beispielsweise eine Kündigung oder einen Kennenlerntermin in einer neuen Firma. Dennoch hat Lobo unbestreitbar recht mit seiner Annahme, dass die **Videokonferenz die Voraussetzung** „für dezentrales, vernetztes Arbeiten“ (Z. 19 f.) im **Homeoffice** darstelle.

veränderte Art der Arbeit

Weiterhin stellt Lobo fest, dass „[d]ie radikalste Veränderung durch Homeoffice […] keine dingliche, sondern die Art der Arbeit selbst“ (Z. 36 f.) sei. „[N]eue Netzwerke und Rangordnungen in Unternehmen“ (Z. 41) seien entstanden. Denkbare Einwände gegen das dezentrale Arbeiten reißt er jedoch nur an und relativiert sie sogleich. Tatsache ist jedoch: Wer nicht das für die Arbeit im Homeoffice nötige technische Know-how mitbringt, bleibt auf der Strecke, sowohl in der Schule als auch im Beruf. Obwohl Videokonferenz-Programme wie Zoom meist intuitiv funktionieren, haben manche – auch junge – Menschen **Probleme mit deren Handhabung**. So wie es für einige zum Vorteil werden kann, online zusammenzuarbeiten, wird es für **technische Laien zum Nachteil**, da sie nicht rechtzeitig reagieren können oder nicht ansprechbar sind und somit aufs Abstellgleis geschoben werden. Diesen negativen Aspekt entkräftet Lobo mit dem Fakt, dass es in der Bürowelt auch vorher Spannungen und Hierarchien gegeben habe (vgl. Z. 50 f.), womit er recht hat. Grüppchenbildung, Lästereien und Ausgrenzungen stehen im Büroalltag genauso auf der Tagesordnung wie das gemeinsame Mittagessen, bei dem sich alle freundlich anlächeln und Small Talk betreiben.

Ausschluss technischer Laien

geringere Hemmschwelle zur Zusammenarbeit mit Fremden

Die von Lobo angesprochenen **neuen Arbeitsnetzwerke** und Rangordnungen lassen sich auch im schulischen Bereich erkennen. Die Hemmschwelle, mit (nahezu) Fremden zusammenzuarbeiten, sinkt, wenn man diese online anschreiben oder virtuell treffen kann. Wir müssen also nicht einen guten Mitschüler oder eine gute Mitschülerin in der Pause vor allen anderen bitten, uns etwas zu erklären. Genau so läuft es auch in der Arbeitswelt ab. Man kann direkt die Personen kontaktieren, die am besten für eine Aufgabe geeignet sind.

erhöhter Leistungsdruck

Sascha Lobo spricht in seinem Kommentar zudem als Einwand die **Kontrollierbarkeit** der Arbeitnehmer an. Die genaue Überprüfbarkeit der Leistung des Einzelnen kann den „individuellen Druck erhöhen“ (Z. 53). Der Autor erwähnt diesen negativen Aspekt des dezentralen Arbeitens nur knapp und verharmlost ihn dadurch: Ständiger Druck kann zu psychischen Problemen bis hin zum Burn-out führen. Während einige im Homeoffice zu viel arbeiten, **verlieren** andere die **Selbstdisziplin** und halten sich lange mit häuslichen oder privaten Tätigkeiten auf, sodass sie ihr Arbeitspensum nicht (rechtzeitig) schaffen. Diesen Aspekt thematisiert Lobo nicht, er passt jedoch zu seiner Aussage, „dass sich gnadenlos heraus[stellt] […], wer auch im Homeoffice performt und wer eben nicht“ (Z. 43 f.).

mangelnde Selbstdisziplin

bessere Absprachen nötig

Zudem bringt das Remote-Arbeiten neue Anforderungen an die eigene Arbeitsorganisation mit sich, was Lobo nicht explizit erwähnt. Da keine Präsenzpflicht im Büro besteht, muss man sich **besser absprechen** und genauer an Termine halten, da die Ergebnisse für die

Vorgesetzten online zu einem **fixen Termin** sichtbar gemacht werden müssen und man nicht Teilergebnisse im kurzen Small Talk in der Teeküche mitteilen kann.

Im letzten Teil seines Kommentars geht Lobo vertiefend auf die **neue Zeiteinteilung** ein: Die Arbeitnehmer fangen an, ihre Arbeit um das Leben herum und nicht mehr das Leben um die Arbeit zu organisieren (vgl. Z. 65 ff.). Tatsächlich eröffnet das Homeoffice mehr Freiheiten: Dabei hat das vernetzte, dezentrale Arbeiten den Vorteil, dass man die **Arbeitszeit weitgehend selbst bestimmen** kann. Menschen, die beispielsweise nachmittags weniger produktiv sind und am Abend wieder in eine **Hochphase** kommen, oder Angestellte, die am Nachmittag **Zeit mit ihrer Familie verbringen** möchten, können von einem flexiblen Arbeitszeitmodell profitieren. Mit Präsenzarbeit im Büro sieht der Alltag erheblich anders und meist auch stressiger aus. Allerdings erwähnt Lobo nicht, dass die **räumliche Trennung zwischen Arbeit und Privatleben** aufgehoben wird, was für viele ein Problem darstellen kann. Während die Distanz zum Büro den Arbeitnehmer nach Feierabend abschalten lässt, warten im Homeoffice unerledigte berufliche Aufgaben in einer Ecke des Wohnzimmers, eben dem privaten Bereich. Die Grenzen verwischen und das verleitet dazu, immer länger und zu ungewöhnlichen Zeiten Mails zu lesen oder an Projekten weiterzuarbeiten.

freiere Zeiteinteilung

weniger Stress

aber: fehlende räumliche Distanz zur Arbeit

Zusammenfassend lässt sich feststellen, dass Sascha Lobo bei seinem Loblied auf das Homeoffice und die Videokonferenz Einwände nur streift und wichtige Aspekte komplett außen vor lässt. Zum Beispiel vergisst er, dass **nur ein kleiner Teil der arbeitenden Bevölkerung** in diesen Luxus kommt. Viele Arbeitnehmer, etwa im Einzelhandel oder im Handwerk, müssen vor Ort arbeiten. In der folgenden Erörterung sollen neben den Vorteilen auch die Schattenseiten der dezentralen, vernetzten Arbeitswelt zur Sprache kommen.

fehlende Aspekte bei Lobo

Überleitung zur Erörterung

TEILAUFGABE 3

Ausgehend von Sascha Lobos Kommentar ist man geneigt, den Umbruch in der Arbeitswelt als etwas Innovatives zu sehen, das ausschließlich Vorteile mit sich bringt. Tatsächlich hat der Wandel positive wie auch negative Folgen.

Einleitung der Erörterung

Bezogen auf die Arbeit im Homeoffice ist als negativer Punkt die Schwierigkeit zu nennen, zu Hause einen geeigneten Platz dafür zu finden. Wenn jemand Single ist oder „nur" in einer Partnerschaft lebt, ist es relativ einfach, sich auch in kleinen Wohnungen einen Arbeitsbereich einzurichten. Kommen jedoch noch **Kinder** hinzu,

negative Folgen der neuen Arbeitswelt

Platzmangel

gestaltet es sich oftmals schwierig, überhaupt eine Ecke für die Heimarbeit zu finden, da bei Familien häufig **Platzmangel** herrscht. Wenn jeder einen eigenen Arbeitsplatz benötigt, steigt der Bedarf an größeren Wohnungen.

Des Weiteren geht Sascha Lobo nicht auf die **soziale Komponente** ein. Während der pandemiebedingten Heimarbeit **vereinsamten** viele Menschen zunehmend und sind auf psychologische Hilfe angewiesen, um aus ihrem Tief wieder herauszukommen. Durch den Gang ins Büro begeben sich Arbeitnehmer unter Menschen, mit denen sie in der Realität kommunizieren. Die **Tätigkeit außer Haus schafft Strukturen**, um das eigene Leben zu gestalten und den Alltag zu organisieren. Hinzu kommt, dass **psychische Probleme vor Ort schneller auffallen**, während sie bei der Onlinekommunikation längere Zeit versteckt werden können.

Vereinsamung und psychische Probleme

Zu psychischen Problemen kann zudem die **ständige Erreichbarkeit** führen, die im Zuge der digitalisierten Arbeitswelt vielen Arbeitnehmern abverlangt wird. Der jederzeit mögliche schnelle Datenaustausch hat zu beschleunigten Arbeitsprozessen geführt, die es vielerorts erforderlich machen, auch nach Feierabend, an Wochenenden und im Urlaub noch für Vorgesetzte, Kollegen oder Kunden verfügbar zu sein. Die E-Mail mit dem dringenden Arbeitsauftrag, die den Fernsehabend unterbricht, und der geschäftliche Anruf, der den Arbeitnehmer am Strand erreicht, **vermischen Arbeit und Freizeit** und machen vollständiges Abschalten somit unmöglich. Dies führt auf Dauer zu Erschöpfungszuständen und psychischen Problemen bis hin zum Burn-out.

ständige Erreichbarkeit

Ein weiterer negativer Aspekt des digitalisierten Arbeitens ist der **Verlust von Arbeitsplätzen** in Deutschland durch die **Auslagerung von Aufgaben in Niedriglohnländer**. Einige Unternehmen haben festgestellt, dass sie Geld sparen, wenn sie beispielsweise die Grafiken für die neue Werbekampagne von Freiberuflern in Osteuropa anfertigen lassen oder einen IT-Spezialisten in Indien beschäftigen. Die notwendigen Dateien lassen sich dank des Internets binnen Sekunden austauschen, auch wenn Tausende Kilometer zwischen Sender und Empfänger liegen. Diese Möglichkeit führt dazu, dass in der entsprechenden Abteilung in Deutschland weniger Mitarbeitende erforderlich sind und somit Stellen abgebaut werden, was in **vermehrte Arbeitslosigkeit** mündet.

Verlust von Arbeitsplätzen

Allerdings bringt die neue Arbeitswelt, wie von Sascha Lobo in seinem Kommentar betont, viele Vorzüge mit sich. Jedoch sind die von ihm genannten Vorteile lange nicht vollzählig.

Überleitung zu den positiven Folgen

Das vermehrte Angebot von reinen Homeoffice-Arbeitsplätzen würde bewirken, dass Arbeitnehmer **freier bei der Wahl von Beruf und Arbeitgeber** wären. Es gibt mit Sicherheit Menschen, die für eine bestimmte Stelle ideal geeignet wären, aber aufgrund der **Distanz zwischen Wohn- und Arbeitsort** nicht dafür zur Verfügung stehen. So wird sich ein Programmierer mit Familie und Wohnsitz in Deutschland nicht ohne Weiteres bei Google, Apple oder Microsoft in den USA bewerben. Wäre das dezentrale, vernetzte Arbeiten jedoch schon Normalität, wären hier keine Grenzen mehr gesetzt. Zudem wäre es nicht mehr nötig, aus beruflichen Gründen von Freunden und Familie wegzuziehen. Ob jemand den Winter in Portugal verbringt und von dort aus arbeitet oder im Stuttgarter Büro sitzt, spielt in diesem Szenario keine Rolle mehr. Arbeit und private Lebensgestaltung ließen sich in Einklang bringen. Die **Work-Life-Balance** könnte somit **ausgeglichen** sein und für rundum zufriedene Arbeitnehmer sorgen.

positive Folgen der neuen Arbeitswelt

ortsunabhängige Wahl des Arbeitgebers

verbesserte Work-Life-Balance

Dieses Phänomen hätte auch zur Folge, dass Personen mit **geringem Einkommen** sich in Regionen niederlassen könnten, in denen es eine **günstigere Infrastruktur** gibt. Während Ballungszentren mit Platzmangel und hohen Immobilienpreisen zu kämpfen haben, gibt es gleichzeitig attraktive Städte und Regionen, die von Abwanderung betroffen sind, da Arbeitsplätze vor Ort fehlen. Die Option des dezentralen Arbeitens würde es ermöglichen, aus den Großstädten in kleinere Städte und Dörfer zu ziehen. Dies würde **ländliche Regionen vor dem Aussterben bewahren** und die **Ballungsräume entlasten**. Gleichzeitig könnten sich die Arbeitnehmer in Regionen mit geringeren Lebenshaltungskosten einen besseren Standard leisten, zum Beispiel eine größere Wohnung, teure Hobbys oder Reisen.

Entlastung von Ballungsräumen

Neue Wohnkomplexe oder Wohn-Arbeits-Modelle könnten entstehen. Beispielsweise gäbe es die Möglichkeit, überflüssig gewordene **Bürogebäude in Wohnhäuser umzuwandeln**. Zudem könnte man Neubausiedlungen mit Einfamilienhäusern so gestalten, dass ein Haus nicht bewohnt wird, sondern in kleine Arbeitsbereiche eingeteilt wird, ähnlich einem **Coworking-Space**. So würden die Bewohner in wenigen Gehminuten einen Ort erreichen, an dem sie effektiv arbeiten können, wenn es ihnen zu Hause – beispielsweise wegen Störungen durch Kinder – nicht möglich ist.

neue Wohnkomplexe und Wohn-Arbeits-Modelle

Vermehrtes Homeoffice hätte außerdem zur Folge, dass der **Berufsverkehr und geschäftliche Flugreisen reduziert** werden könnten. Welche positiven Konsequenzen das für die Umwelt hätte, konnte man während der pandemiebedingten Lockdowns sehen. So verschwand der Smog in chinesischen und auch deutschen Großstädten und die Luftqualität verbesserte sich immens. Die Natur konnte sich

Reduzierung des Berufsverkehrs

erholen, was bei längerfristiger dezentraler Arbeit noch stärker der Fall wäre. Nicht nur der Mensch würde also profitieren, sondern die gesamte **Umwelt**. Wie bereits erwähnt, können nicht alle in den Genuss von Heimarbeit kommen, jedoch wirken sich die positiven Aspekte auch auf diejenigen aus, die vor Ort arbeiten müssen: Weniger Verkehrslärm, weniger Abgase, weniger Stresssituationen im Stau oder in überfüllten Bussen oder Bahnen würden für einen **entspannteren Alltag** sorgen. In Kombination mit einer intakten Umwelt hätte dies bei allen einen positiven Einfluss auf Geist und Körper.

positive Auswirkungen auf Umwelt und Mensch

Überdies würde weiter fortschreitende Digitalisierung die Bildung **internationaler Arbeitsgemeinschaften erleichtern**. Unternehmen könnten länderübergreifende Kooperationen eingehen, ohne sich um die räumliche Distanz sorgen zu müssen. Für die einzelnen Mitarbeitenden hätte die häufige Zusammenarbeit mit ausländischen Projektpartnern zahlreiche Vorteile: Sie hätten Gelegenheit, **ihre interkulturelle Kompetenz und ihre Fremdsprachenkenntnisse zu verbessern**. Zudem würde der Blick über den Tellerrand zum einen frischen Wind in den Arbeitsalltag bringen und es zum anderen ermöglichen, fremde Kulturen kennenzulernen, ohne die Heimat verlassen zu müssen. Dies hätte positive Auswirkungen auf die gesamte Gesellschaft, denn persönliche Kontakte tragen bekanntlich zum **Abbau von Ressentiments** gegenüber anderen Lebensweisen und Religionen bei und unterstützen somit die Erhaltung des Friedens.

Erleichterung der internationalen Zusammenarbeit

Abbau von Ressentiments

Sascha Lobo stößt mit seinem Kommentar über die neue vernetzte, dezentrale Arbeitswelt einen Gedankengang an, der Arbeitsforschern bereits vertraut ist. Er erkennt, dass ein **Umdenken bei den Arbeitnehmern und -gebern nötig** ist, da sonst ein Wandel nur schwer gelingen kann. Die Vorteile einer dezentralen und vernetzten Arbeitsweise überwiegen, auch wenn die negativen Gesichtspunkte zum Nachdenken und Nachjustieren anregen sollten. Neben der **Entlastung der Umwelt** ist der Hauptvorteil die **Möglichkeit der individuellen Lebensgestaltung** – eine neue Chance, ein erfülltes Leben zu führen. Dieser Mehrwert wird zwar nur für einen Teil der Gesellschaft erreichbar sein, da es weiterhin Berufe geben wird, die vor Ort ausgeübt werden müssen. Dennoch sollten alle Schritte hin zu einer dezentralen Arbeitswelt verfolgt werden, da diese **für jeden Menschen positive Veränderungen** mit sich bringen wird.

Fazit

dezentrales Arbeiten als lohnendes Konzept

Deutsch (Baden-Württemberg) ▪ Abiturprüfung (gAN)
Übungsaufgabe 11

TEXTERÖRTERUNG

Arbeitsanweisung

1. Stellen Sie den Argumentationsgang dar und erläutern Sie die Intention des Textes. (ca. 40 %)
2. Erörtern Sie textbezogen, inwieweit eine Aufhebung der Trennung von Arbeit und Freizeit erstrebenswert ist. (ca. 60 %)

Material **Thomas Vašek: Trennung von Arbeit und Leben führt in die Irre**

Ich liebe meine Arbeit. Ohne sie könnte ich nicht leben. Oft stehe ich frühmorgens auf, um schon mal was wegzuschaffen. Und am liebsten arbeite ich an Wochenenden oder im Urlaub, da habe ich am meisten Zeit. Bin ich ein Workaholic, ein Karrierist, ein Süchtiger, womöglich am Rande des Burnout? Nichts von alledem. Meine Arbeit ist mir wichtig, sie macht mir Spaß, sie füllt mich aus. Es geht mir auch ums Geld. Aber nicht in erster Linie. Vor allem liebe ich das, was ich tue.

Meine Arbeit fordert mich heraus. Sie erweitert meine Fähigkeiten, sie führt mich an meine Grenzen. Der Job bringt mich mit interessanten Menschen zusammen, die ich sonst nie kennenlernen würde. Meine Arbeit bildet mich, sie formt meinen Charakter, meine Persönlichkeit. Sie macht mich zu dem, der ich bin.

In meinem Leben hatte ich schon viele Jobs. Gut und schlecht bezahlte, erfüllende und sinnlose, leitende und untergeordnete, körperlich anstrengende wie intellektuell fordernde Jobs. Ich habe erlebt, wie es ist, monatelang auf Aufträge zu warten. Wie es ist, wenn plötzlich die EC-Karte gesperrt wird. Wenn man allein zu Hause sitzt und keine Anrufe kommen, keine Mail. Wenn man das Gefühl hat, für die Welt da draußen nicht mehr existent zu sein. Wenn man arbeiten will und nicht kann.

Heute bin ich Chefredakteur eines Philosophiemagazins – und könnte mir keinen schöneren und erfüllenderen Job vorstellen. Dabei arbeite ich mehr als je zuvor. Genau genommen tue ich gar nicht sehr viel anderes. Und doch fühle ich mich weder krank noch erschöpft, geschweige denn ausgebrannt. Ganz im Gegenteil. Meine Arbeit fühlt sich gut und richtig an, sie motiviert mich Tag für Tag, sie bringt mich voran.

Das Gejammer über die Zumutungen der Arbeit kann ich nicht mehr hören. „Work-Life-Balance“, so lautet die Losung der Stunde. Schluss mit der Maloche, mit Arbeitswut und protestantischer Askese: Der Job ist nicht alles. Wir müssen das Leben vor der Arbeit retten, unsere Seelen vor dem Burn-out. So ist die Stimmungslage, der man sich kaum noch entziehen kann: Workaholics sind von gestern. Bloß nicht Arbeit und Freizeit vermischen. Gerne zeichnet man das Bild vom Hamsterrad, in das uns die Profitgier zwingt.

Unser Verhältnis zur Arbeit ist zutiefst paradox. Einerseits brauchen wir sie, um unseren Lebensunterhalt zu verdienen und unseren Wohlstand zu sichern. Andererseits empfinden wir sie oft als Mühe und Last. In vielfacher Hinsicht war Arbeit noch nie so gut wie heute. Und doch scheint es uns, als wäre sie schlimmer und trostloser denn je.

Work-Life-Balance, die Trennung von Arbeit und Leben, ist „Bullshit“ – eine leere Formel, die uns in die Irre führt. Dahinter steht die konfuse Vorstellung, dass „Arbeit“ und „Leben“ verschiedene Dinge wären. Das ist schon begrifflicher Unsinn: Arbeit gehört zum Leben. Das ist eine Tatsache, ob sie uns passt oder nicht. Ohne zu leben, könnten wir gar nicht arbeiten. Also kann es auch keine „Balance“ geben, keinen Ausgleich zwischen Leben und Arbeit.

Ein Leben, eine Welt ohne Arbeit ist nichts, was wir uns wünschen sollten. Es wäre eine langweilige Welt, reich an verfügbarer Zeit, doch arm an Herausforderungen. Mir graut vor einer Gesellschaft, in der die Menschen vor lauter Zeit nicht wissen, wo sie hinsollen mit ihrem Leben. Ich möchte nicht in einer Gesellschaft von Müßiggängern leben, in der jeder nur das tut, wonach ihm der Sinn steht. Wer von einer Welt ohne Arbeit schwärmt, der muss erst einmal erklären, was die Menschen dann mit ihrer Zeit anfangen werden.

Es ist ein Irrtum zu denken, dass uns Freizeit glücklicher macht als die Arbeit. Freie Zeit ist kein Wert an sich. Wir machen sie zu einem Wert, indem wir sie sinnvoll nutzen. Richtig verstandene „Work-Life-Balance“ hieße also nicht, einfach die Freizeit auszudehnen, sondern Arbeit wie Freizeit an unsere Bedürfnisse anzupassen. Wir brauchen Arbeit, die wir genießen können – und wir dürfen unsere Freizeit nicht vergeuden.

Die Freizeit- und Mußegesellschaft ist ein aristokratisches Ideal. Sie ist nicht das Ideal einer demokratischen Gesellschaft. Arbeit ist eng verbunden mit unserem Selbstverständnis. Wir identifizieren uns mit unserer Arbeit, wir ziehen daraus Befriedigung und Lust, wir arbeiten gern mit anderen zusammen. Das Arbeitsleben formt einen wesentlichen Teil unserer Identität. Und wir teilen es mit den meisten anderen Bürgern. Wer die Arbeit verachtet, verachtet auch die arbeitenden Menschen.

Keine Frage: Arbeit kann unangenehm, sinnlos, entfremdet, ja entwürdigend sein. Aber es gibt auch entfremdete und entwürdigende Arten, seine „Freizeit“ zu verbringen. Sicher: Der Job kann unglücklich machen. Aber unglücklich kann man auch aus ganz anderen Gründen sein. Und am unglücklichsten sind meist jene, die überhaupt keine Arbeit haben.

Was wir brauchen, das ist ein neues Verständnis von Arbeit, das frei ist von ideologischen Vorurteilen. Ich argumentiere für eine „Arbeitsbewegung“, die nicht auf einem dubiosen Klasseninteresse gründet, sondern auf dem Anspruch auf gute Arbeit. Schlechte Arbeit sollten wir nicht akzeptieren, weder als Individuum noch als Gesellschaft. Gegen schlechte Arbeit müssen wir aufbegehren.

Wir brauchen keine Heerscharen von Motivationstrainern und Coachs, die ihr Geld damit verdienen, schlechte Arbeit erträglich zu machen – zum Beispiel mit besserer „Work-Life-Balance“. Was wir brauchen, das ist sinnvolle, gute Arbeit, die uns weiterbringt im Leben. Wir sollten die Arbeit nicht kaputtreden, sondern sie verändern. Das ist die eigentliche, zentrale gesellschaftliche Herausforderung. Da sind Politik und Wirtschaft gefragt. Und es ist eine Herausforderung für jeden Einzelnen von uns.

Wenn wir Selbstbestimmung wollen, müssen wir auch bereit sein, die Dinge selbst in die Hand zu nehmen. Die wahre Revolution geht von Menschen aus, die selbstbestimmt genug sind, ihr Recht auf sinnvolle, erfüllende Arbeit einzufordern – und die bereit sind, ihren eigenen Beitrag dazu zu leisten. Machen wir uns also an die Arbeit.

Quelle: Thomas Vašek: Trennung von Arbeit und Leben führt in die Irre, www.welt.de/debatte/kommentare/article119592671/Trennung-von-Arbeit-und-Leben-fuehrt-in-die-Irre.html

Offizielle Musteraufgabe für die Abiturprüfung 2024

TIPP **Bearbeitungshinweise**

Bevor Sie Vašeks Text das erste Mal lesen, sollten Sie nur die **Überschrift** betrachten und überlegen, ob und inwiefern die darin getätigte Aussage für Sie selbst und die Personen in Ihrem Umfeld zutreffend ist. Wichtig ist, dass Sie sich **Notizen zu Ihren Gedanken** machen, um diese im Anschluss an den ersten Lesedurchgang mit dem Inhalt des Textes vergleichen zu können. Dieses Vorgehen hilft Ihnen später dabei, Argumente für die Erörterung zu finden.

Als Nächstes **lesen** Sie den Text ein erstes Mal am Stück, um die Gedankengänge Vašeks nachvollziehen zu können. Im Anschluss ist es sinnvoll, die **Hauptaussagen** zu **markieren**.

Danach **analysieren Sie Vašeks Argumentation** genau. Überlegen Sie hierbei auch, inwiefern Sie dem Autor zustimmen und in welchen Punkten Sie ihm widersprechen. Notieren Sie sich bereits in diesem Schritt die Pro- und Kontra-Argumente und Beispiele, die Ihnen einfallen. Nun folgt die **Erstellung eines Konzepts**, in dem Sie den Aufbau Ihrer Erörterung festlegen.

Den ersten Part Ihres Aufsatzes bildet die **Einleitung**, in der Sie zum Thema hinführen und die notwendigen Informationen zum Text (Titel, Autor, Quelle, Erscheinungsdatum, Textgenre) nennen.

TEILAUFGABE 1 verlangt eine **Wiedergabe des Textinhalts** in eigenen Worten. Auf direkte Zitate sollten Sie dabei verzichten. Denken Sie daran, Aussagen des Autors im Konjunktiv 1 wiederzugeben oder durch entsprechende Wendungen (z. B. „Vašek zufolge") zu kennzeichnen, um deutlich zu machen, dass diese nicht zwangsläufig Ihrer eigenen Meinung entsprechen. Zusätzlich sollen Sie die **Intention** des Textes erläutern, das heißt herausarbeiten, was der Autor bei der Leserschaft bewirken möchte.

TEILAUFGABE 2: Bei der **textbezogenen Erörterung** wird eine subjektive Auseinandersetzung mit dem Textinhalt verlangt. Hier gehen Sie gezielt darauf ein, welchen Aussagen des Autors Sie zustimmen und welchen Sie widersprechen. Wichtig dabei ist, dass Sie Ihre Ausführungen mit geeigneten Argumenten und Beispielen versehen. Thomas Vašek thematisiert in seinem essayistischen Text die in seinen Augen unsinnige Trennung von Arbeit und Leben, die viele Menschen anstreben. In Ihrer Erörterung sollen Sie demzufolge der Frage nachgehen, ob solch eine Unterteilung in die beiden Bereiche wünschenswert ist. Gefordert ist ein **dialektisches Vorgehen**, das heißt, Sie sollen sowohl Punkte anführen, die Vašeks These stützen und ergänzen, als auch solche, die sie widerlegen. Achten Sie darauf, dass Ihre Argumente immer aus drei Teilen (Behauptung/These – Begründung – Beispiel) bestehen.

In einem abschließenden **Fazit** formulieren Sie zusammenfassend, ob eine Trennung von Arbeit und Leben Ihrer Ansicht nach erstrebenswert ist oder nicht.

Lösungsvorschlag

Jeden Morgen treffen in deutschen Großstädten Menschen aus allen gesellschaftlichen Schichten im öffentlichen Nahverkehr aufeinander. Den einen sieht man an, dass sie sich sichtlich wohl in ihrer Haut fühlen, während sie bereits auf dem Weg zur Arbeit am Handy oder Laptop die ersten Geschäfte abwickeln. Andere kommen müde aus der Nachtschicht und hoffen, genügend Schlaf zu bekommen, um eine weitere Nacht harter körperlicher Arbeit am Fließband durchstehen zu können – und das alles nur, damit sie am Wochenende etwas Zeit und Geld haben, um das Leben zu genießen. Zwei Personengruppen, gleiche Zeit und gleicher Ort, aber unterschiedlicher könnten ihr Alltag und ihre Einstellung zum Beruf nicht sein.

Einleitung

Thomas Vašek vertritt in seinem am 01. 09. 2013 auf der Website www.welt.de erschienenen essayistischen Text „**Trennung von Arbeit und Leben** führt in die Irre" die Meinung, dass eine Unterteilung in diese beiden Bereiche **unmöglich** sei und man die **Arbeit als Bereicherung für das Leben statt als Plage** ansehen solle.

TEILAUFGABE 1

Argumentationsgang des Textes

Einleitend stellt Thomas Vašek seine **Freude an seiner Arbeit** heraus, welche dazu führe, dass er sich ihr gerne weit über die üblichen Arbeitszeiten hinaus hingebe, ohne dass dabei finanzielle Motive im Vordergrund stünden. Sein Beruf erfülle ihn, präge ihn als Person und bilde seinen Charakter. Er sei gerade deshalb dieser Meinung, weil er einen wechselhaften beruflichen Werdegang durchlaufen habe und sowohl Höhen als auch Tiefen erfahren habe. Er arbeite nahezu ständig und das vollkommen ohne Krankheits- oder Überlastungserscheinungen, weshalb er die häufig zu hörenden Klagen und die **Forderungen nach einer ausgeglichenen Work-Life-Balance nicht nachvollziehen** könne. Das heutige zwiespältige Verhältnis zur Berufstätigkeit zwischen Wohlstandssicherung und Last bezeichnet Vašek als paradox. Er stellt klar, dass Arbeit nun einmal Teil des Lebens ist und diese beiden Bereiche sich – auch begrifflich – nicht trennen lassen. Seiner Meinung nach wäre ein **Leben mit immerwährender Freizeit von Langeweile und Orientierungslosigkeit durchzogen**, was für den Autor eine entsetzliche Vorstellung ist.

Die Überzeugung, freie Zeit mache zufriedener als eine berufliche Beschäftigung, bezeichnet Vašek als Irrtum. Darüber hinaus ist er der Ansicht, dass **Arbeit das Selbstverständnis des Einzelnen entscheidend präge**. Zudem sei sie ein Wesensmerkmal eines demokratischen Systems und für den gesellschaftlichen Zusammenhalt unerlässlich. Der Autor gibt allerdings zu, dass sinnentleerte und herabwürdigende berufliche Tätigkeiten existieren. Dasselbe gilt Vašeks Meinung nach aber auch für einige Freizeitbeschäftigungen. Mit diesen Ausführungen stützt er seine These, dass das Streben nach einer Trennung von Beruf und Leben Unsinn sei. Stattdessen **fordert** er ein **Recht auf eine Arbeit, welche die Beschäftigen als sinnstiftend und lohnend empfinden**. Abschließend ruft Vašek alle Mitglieder der Gesellschaft dazu auf, sich für die allgemeine Durchsetzung dieser Art von Tätigkeit einzusetzen.

Intention des Textes

Thomas Vašeks Text „Trennung von Arbeit und Leben führt in die Irre" behandelt den **Stellenwert der Berufstätigkeit für den Menschen** aus der Sicht des Autors. Er **appelliert** an die Leserschaft, Arbeit nicht als Belastung, sondern ganz im Gegenteil als Bereicherung für das Leben anzusehen. Er möchte die Gesellschaft dazu anregen, ihre Bemühungen nicht auf eine Verbesserung der Work-Life-Balance zu richten, sondern **allen eine als sinnstiftend empfundene Beschäftigung zu ermöglichen**.

TEILAUFGABE 2

textbezogene Erörterung

Argumente für die Position des Autors:

– unterschätzte Bedeutung der Arbeit und überschätzte Bedeutung der Freizeit

In der allgemeinen Wahrnehmung herrscht vielfach eine Sichtweise auf Arbeit als bloß lästige Pflichtausübung vor. Dadurch wird die **positive Auswirkung des Berufs auf die individuelle Lebenszufriedenheit unterschätzt**. Thomas Vašeks Text zeigt der Leserschaft einen gänzlich anderen Blickwinkel auf. Der Autor befindet sich in einer privilegierten Situation. Er hat anscheinend seine Berufung zum Beruf gemacht und einen Weg gefunden, mit seiner Passion Geld zu verdienen. So gesehen ist es verständlich, dass er die Meinung vertritt, Arbeit und Leben sollten nicht voneinander getrennt werden. Für ihn scheint es keinen Unterschied dazwischen zu geben, weil ihm seine Arbeit so viel Freude bereitet. Solch **schöne und erfüllende Stunden in ihrem Beruf** erleben viele Menschen, zum Beispiel wenn sie mit geschätzten Kollegen kommunizieren oder ihre eigenen Ideen in spannenden Projekten umsetzen dürfen. Die von Vašek kritisierte negative gesellschaftliche Wahrnehmung der Arbeit lässt diese positiven Seiten außer Acht. Im Gegenzug wird der Freizeit eine uneingeschränkt glücksstiftende Funktion zugeschrieben, die diese nicht immer erfüllen kann. Denn „[f]reie Zeit ist kein Wert an sich" (Z. 47 f.), wie Vašek zutreffend feststellt. Wer sich beispielsweise einsam fühlt oder unter Spannungen in der Familie leidet, vermisst nach Feierabend möglicherweise die schöne Zeit mit den Kollegen im Büro. Erst wenn Menschen ihre Freizeit aktiv nach ihren persönlichen Wünschen gestalten, kann diese ihre

Lebenszufriedenheit steigern – dasselbe gilt aber auch für eine erfüllende Arbeit.

Wer seine Zeit nach dem Motto „erst die Arbeit, dann das Vergnügen" einteilt, ist darauf festgelegt, hauptsächlich am Abend und am Wochenende frei zu haben. Eine **Vermischung der beiden Lebensbereiche ermöglicht** hingegen **mehr Freiheiten**. Beispielsweise könnten Menschen im Winter über Mittag die Sonne genießen und sich nach Einbruch der Dunkelheit wieder der Arbeit widmen. Im Sommer könnten sie ein verregnetes Wochenende für die Ausübung ihres Berufs nutzen und an einem sonnigen Werktag ins Freibad fahren. Indem Menschen Arbeit und Leben wie Vašek als eine Einheit betrachten, gewinnen sie unzählige Möglichkeiten hinzu, ihre Freizeit zu gestalten.

– mehr Möglichkeiten zur Gestaltung des Tagesablaufs

Außerdem kann mehr zeitliche Flexibilität nicht nur die **Qualität** der Freizeit, sondern auch die **der Arbeit aufwerten**. Wenn Menschen ihre **individuellen produktiven Phasen nutzen**, statt sich auf festgelegte Arbeitszeiten zu beschränken, verbessern sich nämlich ihre Arbeitsergebnisse. Gerade **in kreativen Berufen** ist eine **strikte Trennung von Arbeit und Freizeit nicht sinnvoll**, denn die besten Ideen kommen häufig nicht am Schreibtisch, sondern an der frischen Luft, unter der Dusche oder kurz vor dem Einschlafen. Der Faktor Produktivität stützt somit Vašeks These, dass Arbeit und Leben untrennbar miteinander verbunden sind.

– mehr Produktivität

Abgesehen davon verfolgen die meisten Menschen heutzutage ein **Ziel, das sie beruflich erreichen möchten**. Es geht nicht mehr nur darum, die Lebenshaltungskosten zu verdienen, sondern darum, aufzusteigen und sich in der Firma einzubringen, seine Ideen zu verwirklichen und seinen Einfluss und seine Verantwortung zu mehren. Dieser **hohe Stellenwert des Berufs** wird zum Beispiel an Menschen deutlich, die arbeiten, obwohl sie finanziell nicht auf ihren Verdienst angewiesen sind. Wer seiner Arbeit mit solcher Freude nachgeht, zählt die damit verbrachten Stunden nicht und **benötigt keine strikt abgegrenzte Freizeit als Ausgleich**. Viele dieser Menschen würden Vašek deshalb sofort beipflichten, dass eine Unterteilung des Lebens in Arbeit und Freizeit unsinnig ist.

– Berufstätigkeit für viele erfüllend

Auf der anderen Seite haben nicht alle Vašeks Glück, mit der Tätigkeit, die sie persönlich als erfüllend empfinden, ausreichend Geld zum Leben verdienen zu können. Dieses Phänomen findet man beispielsweise bei Künstlerinnen und Musikern. Nur wenige können von ihrer Kunst leben, obwohl sie Wertvolles und Beeindruckendes schaffen. Viele Musiker erteilen Unterricht, obwohl sie häufig nichts Erfüllendes in dieser **Arbeit** sehen, sondern ihr **aus rein finanziellen**

Argumente gegen die Position des Autors:

– wahre Interessen außerhalb des Berufs

Motiven nachgehen. Zwischen dem eigentlichen Leben als Künstler und der Arbeit als Lehrer liegt also alles andere als eine Verbindung in Vašeks Sinn vor. Ähnliches trifft auf Personen zu, die sich mit Leidenschaft wichtigen gesellschaftlichen Themen widmen und sich beispielsweise für Umweltschutz oder gegen Kinderarmut einsetzen. Da sie mit diesen Tätigkeiten meist kein Geld verdienen können, müssen sie zusätzlich einem Brotberuf nachgehen. Für solche Menschen ist die Bedeutung der Arbeit häufig auf das reine Geldverdienen reduziert. Den **Sinn ihres Lebens sehen sie in ihrer freien Zeit**, in der sie sich ihrer Kunst oder ihrem Herzensprojekt hingeben können. Was für Vašek sein Beruf ist, ist für diese Personen ihre Freizeit.

Zudem kann Arbeit, wie Vašek selbst einräumt, „unangenehm, sinnlos, entfremdet, ja entwürdigend sein" (Z. 58). Deshalb verlangt der Autor, dass der selbstbestimmte Mensch sinnvolle und erfüllende Arbeit einfordern solle (vgl. Z. 75 f.). Gänzlich außer Acht lässt er jedoch, dass es jede Menge **notwendige Beschäftigungen** gibt, in denen viele **keine Erfüllung**, sondern eher eine Erniedrigung sehen würden. Es ist schwer vorstellbar, dass jemand in einer Tätigkeit am Fließband oder in der Reinigung des städtischen Abwassersystems seine Selbstbestimmung sieht. Diese Arbeiten müssen allerdings erledigt werden, um unsere Gesellschaft aufrechtzuerhalten. Die Menschen, die sie ausführen, werden sich kaum so mit ihrem Beruf identifizieren, wie es Vašek tut, und auch nicht in ihrer Freizeit oder im Urlaub der Tätigkeit weiterhin nachgehen wollen. Für Menschen, die sich durch ihre Arbeit nicht erfüllt fühlen, ist eine **strikt davon abgetrennte Freizeit als Ausgleich essenziell**.

– Freizeit als Ausgleich zu wenig erfüllenden, aber notwendigen Tätigkeiten

Auch Personen, die **in ihrem Beruf emotionalen Belastungen ausgesetzt** sind, sind auf freie Zeit zum Abschalten angewiesen. Erzieher, Lehrerinnen, Anwälte und Psychologinnen beispielsweise erleben an vielen Tagen, welch Abgründe und welch Leid es in unserer Gesellschaft gibt. Auch wenn sie ihren Beruf gerne ausüben und sich mit diesem identifizieren, ist es für sie dennoch wichtig, **im Privatleben eine Ablenkung von der Arbeit** zu haben. Dies gibt ihnen die Kraft, am nächsten Werktag wieder Menschen, denen es schlecht geht, zu helfen. Würden sie dagegen ausschließlich arbeiten, wären sie bald selbst emotional ausgebrannt.

– Freizeit zur Ablenkung von emotionaler Belastung durch den Beruf

Vašek geht seinen Aussagen zufolge Tag und Nacht seiner Arbeit nach und ist damit zufrieden. Andere Lebensbereiche scheinen also für ihn nicht wichtig zu sein. Der größte Kritikpunkt an seinen Ausführungen ist deshalb, dass er bei seinem vernichtenden Urteil über die Work-Life-Balance nur von sich selbst ausgeht und vergisst, dass die Mehrheit der Menschen nicht wie er selbst leben möchte.

– Wichtigkeit anderer Lebensbereiche, z. B. Familie

Wer beispielsweise **Kinder** hat, möchte in der Regel **Zeit mit diesen verbringen** und sollte das auch tun. Lebt ein Elternteil hauptsächlich für die Arbeit, könnte die Entwicklung der Kinder durch den mangelnden Kontakt zu diesem negativ beeinflusst werden. Würden alle Menschen sich wie der Autor nahezu ausschließlich ihrem Beruf widmen, würden sich außerdem viele gegen Kinder entscheiden, weil sie ohnehin keine Zeit und Muße für diese hätten. Die von Vašek als Unsinn abgekanzelte **Work-Life-Balance** ist somit überaus wichtig, um **private Interessen** und vor allem auch familiäre Planung **mit den beruflichen Zielen in Einklang** zu bringen.

Fazit

Zusammenfassung der Pro-Argumente

Vašeks Forderungen nach einer Aufhebung der Trennung zwischen Arbeit und Leben und nach einer sinnvollen, erfüllenden Beschäftigung für alle sind **zum Teil nachvollziehbar**. Eine Vermischung von Arbeit und Freizeit kann neue Möglichkeiten der Freizeitgestaltung eröffnen und die Produktivität bei der Arbeit erhöhen. Außerdem finden viele Menschen in ihrem Beruf Erfüllung, die bei einigen so weit geht, dass sie eine Unterscheidung zwischen Arbeit und Freizeit für nicht notwendig halten.

Zusammenfassung der Kontra-Argumente

Es ist jedoch eine **Utopie, diese Vorstellung auf die gesamte Gesellschaft anzuwenden**, wie Vašek es im vorliegenden Text tut. Der Autor hat das Glück, seine Interessen und seine Berufung zum Beruf zu machen. Leider ist dies aber nur wenigen Personen vergönnt. Einige müssen einer gleichförmigen, anstrengenden oder unangenehmen Tätigkeit nachgehen, weil auch solche Aufgaben innerhalb der Gesellschaft erledigt werden müssen. Ihre Freizeit hat für diese Menschen einen hohen Wert als Ausgleich zu ihrer unerfreulichen Berufstätigkeit. Andere benötigen Zeit außerhalb ihrer Arbeit, um Interessen auszuleben, mit denen sich kein Geld verdienen lässt, oder sich um ihre Familie zu kümmern.

Stellungnahme

Dementsprechend sollte man die **Vorstellung einer Work-Life-Balance nicht** wie Vašek **als Unsinn abtun**. Stattdessen sollten alle darauf achten, die verschiedenen Bereiche ihres Lebens so zu gestalten und zu gewichten, dass sie glücklich und nicht ausgelaugt durchs Arbeits- und Privatleben gehen.

Deutsch (Baden-Württemberg) ▪ Abiturprüfung (eAN)
Übungsaufgabe 12

TEXTERÖRTERUNG

Arbeitsanweisung

1. Stellen Sie den Argumentationsgang dar und erläutern Sie die Intention des Textes. (ca. 30 %)
2. Setzen Sie sich kritisch mit Späts Thesen auseinander und erörtern Sie über den Text hinausgehend, welchen Stellenwert die Arbeit für den Einzelnen und die Gesellschaft hat. (ca. 70 %)

Material **Patrick Spät: Was ist das für 1 Job?**

„Die meisten Menschen würden sich beleidigt fühlen, wenn man ihnen als Arbeit anböte, Steine über eine Mauer zu werfen und sie dann wieder zurückzuwerfen, bloß damit sie ihren Lohn verdienten. Doch viele haben jetzt keine sinnvollere Beschäftigung", schrieb Henry David Thoreau 1854.

Erkennen Sie sich und Ihren Job wieder? Oder haben Sie eine sinnvolle Arbeit? Machen Sie den sogenannten Streiktest: Was würde passieren, wenn die Lohnarbeiter Ihrer Berufsgruppe einfach mal die Arbeit niederlegten? Nun, Bäuerinnen, Krankenpfleger, Mechaniker, Postboten, Lehrerinnen, Bus- und Bahnfahrer, Handwerkerinnen, Müllwerker arbeiten und produzieren tatsächlich – täten sie es nicht, versänke die Gesellschaft sofort im Chaos.

Ein Streik von PR-Leuten, Lobbyisten, Finanzberatern, Versicherungsmaklern, Call-Center-Sklaven oder anderen Bürohengsten hingegen würde niemanden auch nur ansatzweise jucken; streiken jedoch Hafenarbeiter oder Fluglotsen, kann die ganze Wirtschaft lahmgelegt werden. Allein das zeigt, wie viele aufgeblähte Bullshitjobs es gibt, die de facto keinen ersichtlichen Nutzen haben. Dennoch wird diese Scheinarbeit glorifiziert, als erreiche man mit ihr das Paradies auf Erden. Kaum einer fragt: Was ist das für 1 Job? Oft nicht einmal jene, die zu einem Ein-Euro-Job gezwungen werden.

Es gibt, schrieb Kurt Tucholsky bereits 1931, eine „Überlastung der gesamten Industrie durch ein geradezu formidables Schreibwerk, das hinter dem Leerlauf der Staatsbürokratie um nichts zurücksteht. Was da an Pressechefs, Syndicis, Abteilungsleitern, Bürofritzen herumsitzt und Papierbogen vollschreibt, ohne auch nur das leiseste zu produzieren, das belastet uns alle. Aufgeblasen der Verwaltungsapparat." Die Statistik gibt Tucholsky heute noch recht: Jeder dritte Lohnarbeiter hierzulande hält seinen Job für sinnlos.

Nur 16 Prozent der Beschäftigten sind Feuer und Flamme für ihren Job, 68 Prozent machen lediglich Dienst nach Vorschrift und 16 Prozent haben sogar schon innerlich gekündigt.

Trotzdem gilt es als anrüchig, den Sinn von offensichtlich sinnfreien Jobs infrage zu stellen – so massiv hat sich der Arbeitsfetisch schon in der DNA der westlichen Industrienationen eingenistet.

Arbeiten wir nur der Arbeit wegen? Plagen wir uns wie der steinrollende Sisyphos, verdammt zu sinnloser Tätigkeit? Auf viele – allzu viele – Jobs trifft das sicherlich zu. 1930 prophezeite der Wirtschaftsguru John Maynard Keynes, dass wir in hundert Jahren nur noch 15 Stunden pro Woche arbeiten müssten, den Rest würden die Maschinen erledigen. Obendrein sah Keynes im zukünftigen Kapitalismus die Chance, „dass Gier ein Laster wird, das Verlangen von Wucherzinsen ein Vergehen, die Liebe zum Geld verächtlich. Diese Zeit ist noch nicht gekommen. Gier, Wucher und Vorsicht müssen noch etwas länger unsere Götter bleiben. Denn nur sie können uns durch den Tunnel ökonomischer Notwendigkeit ins Tageslicht führen".

Die Botschaft Keynes' mutet geradezu religiös an: Rackert euch ab, nehmt Ausbeutung und Entbehrung auf euch, plündert den Planeten und eure Mitmenschen aus, dann wird bald die Erlösung kommen. Nun, Automatisierung gibt es inzwischen allerorten und der Kapitalismus dringt auch in die letzten Ecken der Welt vor, aber von einer 15-Stunden-Woche sind wir weit entfernt, geschweige denn, dass wir das „Tageslicht" einer paradiesischen Welt erlangt haben. 1930 hockten nur knapp 15 Prozent der Erwerbstätigen in Büros, heute sind es rund 50 Prozent, in den USA schon fast zwei Drittel. Nicht jeder Bürojob ist ein Bullshitjob, aber erschreckend viele. Statt einer 15-Stunden-Woche zu frönen, sitzen Heerscharen am Computer, verwalten unnütze Zahlenkolonnen, schreiben unnütze Firmenformulare und bewerben unnütze Produkte. Und das 40 Stunden die Woche, tagein, tagaus.

Dass angesichts dieser gigantischen Lebenszeitvernichtung kaum ein Bürohengst durchdreht wie Michael Douglas im Film „Falling Down" (1993), ist schon ein Wunder. Oder auch nicht. Warum müssen Schüler beispielsweise todlangweilige Kurvenberechnungen und Algebra pauken, obwohl das später kaum jemand für den Job braucht? Ganz einfach: Um die Schüler auf die späteren Bullshitjobs vorzubereiten, um ihnen Disziplin einzutrichtern und die Fähigkeit, sinnlose Dinge zu lernen und zu verrichten, ohne zu revoltieren.

Deshalb sind in der Disziplinaranstalt Schule auch Fabeln wie diese so beliebt: Die Heuschrecke hat sich den Sommer über amüsiert, während die fleißige Ameise Getreide gesammelt hat. Im Winter dann ist die Heuschrecke sehr hungrig – und die Ameise sagt ihr schlicht: „Hast du im Sommer singen und pfeifen können, so kannst du jetzt im Winter tanzen und Hunger leiden, denn das Faulenzen bringt kein Brot ins Haus." Die Fabel des griechischen Dichters Äsop gehört aus den Lehrplänen gestrichen – oder umgeschrieben.

„Liebe Schüler, die Heuschrecke möchte nur ihr kurzes Leben genießen. Das könnte sie eigentlich auch, die Maschinen könnten ja jede Menge Arbeit erledigen, und wenn wir den Reichtum gerecht aufteilen, müssten alle nur ein bisschen malochen. Aber leider leben wir im Kapitalismus, das heißt: Die Heuschrecke muss ihre Arbeitskraft an die Ameise verkaufen, mehrt dadurch deren Profit und erhält selbst nur einen Hungerlohn. Die Ameise heimst alles Geld ein und macht dabei auch noch die Erde kaputt, während die Heuschrecke den Plunder der Ameise kauft, ganz depressiv wird und nicht mehr singen mag. Obendrein muss die Heuschrecke gute Miene zum bösen Spiel machen und die blödsinnige Arbeit auch noch toll finden, sonst kriegt sie auf die Finger gehauen."

Apropos Ameisen, Sinnbild des emsigen Arbeitens: Laut einer aktuellen Studie herrscht in einer Ameisenkolonie nicht nur das große Krabbeln, sondern auch das große Chillen: Rund 25 Prozent der Ameisen verbringen den Tag mit reinem Nichtstun, 72 Prozent arbeiten zumindest die Hälfte des Tages und lediglich drei Prozent schuften ohne Unterlass. Gearbeitet und entspannt wird im Rotationsprinzip. Von wegen fleißige Ameise also.

Die Natur ist eine Meisterin der Energieeffizienz: Kein einziges Tier macht mehr als notwendig, sie alle arbeiten nur für ein Zieleinkommen. Katzen bündeln ihre Energie für die Jagd, anschließend essen sie und spielen oder relaxen dann den Rest des Tages. Das faulste Tier der Welt, der Koala, stirbt, wenn er weniger als 18 Stunden am Tag schläft.

Die meisten indigenen Gemeinschaften arbeiten rund vier Stunden am Tag, ist die notwendige Arbeit erledigt, kommt das Vergnügen. Der kapitalistische Mensch ist das einzige Lebewesen, das seine Lebenszeit mit Bullshitjobs verplempert. Freiwillig. Naja, nicht ganz. Das kapitalistische System zwingt uns. […]

Dem BWLer alter Schule ist noch jeder dämliche Bullshitjob lieber als der Müßiggang. Die Theorie einer 15-Stunden-Woche weicht der Praxis einer sinnentleerten Action Bias[1]. Wir sehen uns ständig getrieben, etwas zu tun, selbst wenn dabei nichts rumkommt.

Das Paradebeispiel für diesen Handlungszwang sind Torhüter beim Elfmeter: Die wenigsten Torhüter bleiben bei einem Elfmeter einfach stehen. Stattdessen fühlen sie sich genötigt, zu handeln. Die Folge: In rund 93,7 Prozent aller Elfmeter springen sie in die linke oder rechte Ecke. Klar, wer wie angewurzelt stehen bleibt, sieht wie ein Trottel aus. Dennoch wäre es rational, auch mal buchstäblich stehenzubleiben, denn 28,7 Prozent aller Schüsse landen in der Mitte. Und Torhüter, die öfters in der Mitte bleiben, haben statistisch gesehen eine höhere Wahrscheinlichkeit, den Elfmeter zu halten. Erfolg durch Nichtstun sozusagen. Vielleicht sollten wir es auch hier und da mal wagen, wie ein Trottel auszusehen – und einfach stehen bleiben!

Quelle: www.zeit.de/karriere/2016-10/sinnvolle-beschaeftigung-arbeit-lebenszeit-bullshit-job/komplettansicht (Veröffentlichung am 26. 10. 2016, letzter Zugriff am 11. 3. 2022)

Die Schreibweise entspricht der Vorlage.

Anmerkung

1 Action Bias: Neigung, auch dann aktiv zu handeln, wenn das Handeln voraussichtlich nutzlos ist.

Offizielle Musteraufgabe für die Abiturprüfung 2024

TIPP **Bearbeitungshinweise**

TEILAUFGABE 1: Die **Einleitung** erfordert neben dem üblichen **Basissatz** (W-Fragen) eine kurze Zusammenfassung des Textes in ein oder zwei Sätzen. Diese Wiedergabe der **Kernthese** dient dazu, der Leserschaft einen groben Überblick über den Text zu geben, um die anschließende Darstellung der Argumente in den Gesamtkontext einordnen zu können.

Bei der **Darstellung des Argumentationsgangs** muss nicht jedes einzelne Argument in seiner vollen Argumentationskette dargelegt werden. Vielmehr sollten die den Text tragenden Argumente in einen Gesamtzusammenhang gebracht werden, d. h., sie müssen in Verbindung mit der Kernaussage des Textes betrachtet werden. Dabei sollen Sie aufzeigen, welche wichtigen Thesen (Behauptungen) der Autor aufstellt und wie er diese begründet. Beispiele können Sie unbeachtet lassen und sollten Sie nur hinzuziehen, wenn die Argumentation ansonsten unverständlich oder unvollständig erscheint (z. B. das Torwart-Beispiel). Darüber hinaus sollen Sie die **Intention** des Textes erläutern. Überlegen Sie dazu, was der Autor mit seinem Kommentar bei der Leserschaft bewirken möchte.

Eine Beurteilung der Argumentation ist in Teilaufgabe 1 noch nicht gefragt. Daher ist es wichtig, eine **sachliche, nüchterne Sprache** zu wählen und an dieser Stelle noch **keine eigene Meinung** oder eigene (ergänzende) Gedanken anzubringen. Auch sollten Sie Formulierungen vermeiden, die zu nah am Text sind. Stattdessen muss der Inhalt in **eigenen Worten** wiedergegeben werden.

Die Aufgabenstellung zielt auf die **rein inhaltliche Darstellung des Textes** ab; eine sprachliche Untersuchung ist daher nicht notwendig. Die erste Teilaufgabe bildet die Grundlage für die zweite. Deshalb sollte Ihre Darlegung des Argumentationsgangs detailliert genug sein, damit die Leserschaft Ihren späteren Ausführungen folgen kann. So sollte bei der kritischen Auseinandersetzung mit dem Text in der zweiten Teilaufgabe auf keine Textstelle verwiesen werden, die nicht in der ersten Teilaufgabe bedacht wurde. Eine gute Vorarbeit für die gesamte Prüfungsaufgabe (Schreibplan o. Ä.) ist daher wichtig, auch um Ihre Gedanken zu strukturieren, bevor Sie mit dem Schreiben beginnen.

TEILAUFGABE 2: Die zweite Teilaufgabe ist wiederum in zwei Teile gegliedert: die kritische Auseinandersetzung mit dem Text und die anschließende Erörterung. Die **kritische Auseinandersetzung** erfordert es, die Argumente des Autors dahingehend zu **prüfen**, ob sie Bestand haben. Dabei können Sie den **Argumenttyp** in Betracht ziehen, der auch Aussagen über die Überprüfbarkeit und Allgemeingültigkeit eines Arguments zulässt (z. B. Faktenargumente sind in der Regel standhafter als analogisierende/vergleichende Argumente). Sie können den Text zudem auf **Lücken in Argumentationsketten** und unzureichende Belege oder Beispiele hin untersuchen. Der Inhalt des Textes kann bei der Bearbeitung der zweiten Teilaufgabe als bekannt vorausgesetzt werden und wird daher nicht wiederholt. Eine einfache **Referenz auf die Textstelle** (Zeilenangabe) genügt.

Eine kritische Auseinandersetzung bedeutet aber nicht nur, Argumente des Autors zu bewerten, sondern auch, diese mit eigenen Überlegungen zu stärken oder zu entkräften. So muss einer Evaluierung eines Arguments **eigenes Gedankengut** in Form eines Gegenarguments (bei Entkräftung) oder weiterer Beispiele und/oder Belege (bei Zuspruch) folgen. Dieser Schritt sollte sich klar abgrenzen von der folgenden Erörterung, die über den Text hinausgehen muss.

Die **Erörterung** erfordert eine **abwägende, mehrperspektivische Untersuchung des Themas**. Hier ist auf eine klare Struktur in der Argumentation zu achten (Behauptung – Begründung – Beispiel / Beleg). Außerdem müssen Sie Ihre eigenen Aussagen regelmäßig überprüfen: Passt das Beispiel zur Begründung und zur These? Beantwortet die Argumentationskette zumindest einen Teilaspekt der Aufgabenstellung? An dieser Stelle können Sie, müssen aber nicht mehr auf den Eingangstext referieren. Wichtig ist es jedoch, inhaltliche Aspekte aus der kritischen Betrachtung nicht zu wiederholen. Stattdessen müssen Sie eigene, neue Gedanken einbringen.

Bei der Argumentation kann sowohl das **Sanduhrprinzip** (Pro- und Kontra-Argumente blockweise angeordnet) als auch das **Reißverschlussprinzip** (abwechselnd je ein Pro- und Kontra-Argument) Anwendung finden. Bei beiden gilt: Das stärkste Argument, das Ihre eigene Meinung vertritt, sollte die Erörterung beenden. Der folgende Lösungsvorschlag ist nach dem Sanduhrprinzip aufgebaut.

Eine kurze **Zusammenfassung der wichtigsten Erkenntnisse** aus der Erörterung und der kritischen Auseinandersetzung mit dem Text schließt die Arbeit ab. Hier sollen Sie keine neuen Argumente mehr anführen. Sie dürfen aber, basierend auf dem Fazit, eine **Handlungsempfehlung oder Prognose** geben.

Lösungsvorschlag

TEILAUFGABE 1

Einleitung

Basissatz

Kernthese

In einer immer schneller werdenden und sich ständig verändernden Arbeitswelt stellt sich die Frage, was es eigentlich bedeutet, einen „richtigen" Job zu haben. In seinem in der „ZEIT" 2016 veröffentlichten Kommentar „Was ist das für 1 Job?" kritisiert Patrick Spät, dass **viele berufliche Tätigkeiten heutzutage sinnlos und entfremdend** seien. Er bemängelt, im kapitalistischen System werde jede sinnentleerte Arbeit höher geschätzt als bloßes Nichtstun.

Darstellung des Argumentationsgangs

sinnvolle Arbeit vs. sinnlose Arbeit

Einleitend führt Spät ein **Zitat** und ein **Gedankenspiel** an, mit denen er zu seiner Kernthese überleitet. Der Autor unterteilt die Arbeitswelt in systemrelevante Aufgaben, die er überwiegend im produzierenden oder sozialen Bereich ansiedelt, und unnütze Jobs. Zu letzteren gehören seiner Ansicht nach vor allem Bürotätigkeiten, da die

Nichterledigung dieser Arbeiten nicht weiter spürbar sei und diese daher nicht ins Gewicht fielen. Eine Bestätigung dieser These findet Spät in einem 90 Jahre alten **Zitat von Kurt Tucholsky**, der bereits in den frühen 30er-Jahren Büroarbeit für überwiegend verzichtbar gehalten hat. Zudem führt der Autor eine **aktuelle Umfrage unter Lohnarbeitern** an, die eine weitverbreitete Unzufriedenheit bezüglich der Sinnhaftigkeit der Arbeit ergeben hat.

Zunahme sinnloser Arbeit

Die erhoffte Verkürzung der allgemeinen Arbeitszeit durch Automatisierung, wie der **Ökonom J. M. Keynes** sie prophezeit hat, hat sich nicht eingestellt. Ursächlich dafür ist nach Späts Einschätzung die Verinnerlichung einer **auf stetige Beschäftigung orientierten Einstellung**, die den westlichen Industrienationen zugrunde liege. Die Zunahme von sinnlosen und entfremdeten Arbeitsverhältnissen sei ein zentrales Problem der gegenwärtigen Arbeitswelt. Dies sei auch der „**Disziplinaranstalt Schule**" geschuldet, die Schülerinnen und Schüler auf eben diese unnütze Arbeit gezielt vorbereite.

Schule als Institution der Indoktrination

Kapitalismus als Ursache

Als eine zentrale Ursache für die Entstehung sinnloser Jobs führt Spät den Kapitalismus an, in dem Arbeit unabhängig von ihrer Sinnhaftigkeit als erstrebenswert betrachtet werde. Er argumentiert, dass **Profitmaximierung** und **Effizienzsteigerung** oft im Vordergrund stehen und Unternehmen die Arbeitnehmer nur als Ressource betrachten, um diese Ziele zu erreichen.

Gegenentwurf zur kapitalistischen Welt

Dass es auch ganz anders gehen könnte, zeigt Spät anhand von **indigenen Völkern** und **Tiergemeinschaften:** Hier würde die **Arbeitskraft zum Wohle aller gebündelt**, insbesondere zugunsten des individuellen Freiraums und der Erholung. Sobald das Zieleinkommen erreicht sei, komme die Freizeit. Dass sich dieses System auch auf westliche Industrienationen übertragen ließe, versucht er in einer Analogie anhand des beliebten Volkssports Fußball zu belegen: Ein **Torwart**, der beim Elfmeter in der Mitte stehen bleibt, habe eine höhere Erfolgsquote als einer, der sich in eine Ecke bewegt. Daraus folgert Spät, dass sich Menschen dem Handlungszwang entziehen und den **Stillstand wagen** sollten.

Nichtstun als Lösung

Intention des Textes

Spät **plädiert** in seinem Kommentar somit **für eine Neugestaltung des Berufslebens**, die Arbeitnehmern durch den Wegfall unnötiger Aufgaben mehr berufliche Sinnstiftung sowie mehr Freizeit ermöglicht. Sein Text soll eine Diskussion über die Arbeitswelt anstoßen und für die Möglichkeit sensibilisieren, durch gerechte Aufteilung der Ressourcen die Arbeitszeit aller Arbeitnehmer zu reduzieren. Der Text ist somit eine **Aufforderung** an alle Beteiligten, den **Status quo zu hinterfragen** und sich aktiv in die Gestaltung der zukünftigen Arbeitswelt einzubringen.

TEILAUFGABE 2

kritische Auseinandersetzung

Zustimmung zu Späts Thesen

– als sinnlos empfundene Jobs

Obwohl Spät seine Beispiele und Belege wenig überzeugend gewählt hat, kann man einigen seiner Ausführungen in Teilen zustimmen, darunter denen bezüglich der Zunahme scheinbar sinnloser Berufsbilder: Durch die wachsende Komplexität produzierender Gewerbe gewinnt eine **umfassendere Planung, Verwaltung, Überwachung und Kontrolle** eine immer größere Bedeutung. Dadurch ergeben sich Arbeitsstellen in diesen Bereichen und es kommt zu den von Spät angeprangerten „Bullshitjobs“ (Z. 14), in denen Menschen zwar arbeiten, aber nicht „produzieren“ (Z. 9). Einer der Hauptgründe dafür, dass solche Jobs als nicht sinnstiftend empfunden werden, ist die **Diskrepanz zwischen** den **persönlichen Werten** und Überzeugungen eines Individuums **und den Aufgaben**, die ausgeführt werden müssen. Ein weiterer Faktor ist das **Fehlen von Autonomie**. Wenn Arbeitnehmer nicht genug Freiheit haben, um Entscheidungen zu treffen oder kreativ zu sein, kann dies dazu führen, dass sie sich eingeschränkt fühlen und weniger motiviert sind. Wenn die Aufgaben sich auf das „[S]chreiben unnütze[r] Firmenformulare“ (Z. 49) beschränken, kann dies darin münden, dass Arbeitnehmer ihren Job als sinnlos empfinden. Verstärkt werden kann dieses Gefühl, wenn sie zudem den Eindruck haben, dass ihre **Arbeit nicht wertgeschätzt** wird oder keinen positiven Einfluss auf andere Menschen hat.

– Kapitalismus als Ursache

Hinzu kommt, dass eine kapitalistisch organisierte Gesellschaft wie die der westlichen Industriestaaten **Untätigkeit bzw. eine geringe Wochenarbeitszeit als problematisch** ansieht. Dies liegt daran, dass sie auf einer Ideologie des Wirtschaftswachstums basiert, die davon ausgeht, dass der Markt und die Wirtschaft ständig wachsen und sich entwickeln sollten. Kapitalismus beruht auf der Idee, dass mehr Arbeit und mehr Produktion notwendig sind, um die Wirtschaft anzuregen und den Lebensstandard der Menschen zu verbessern. Müßiggang wird somit als Hindernis für den Fortschritt betrachtet. Darüber hinaus wird **Arbeit als eine Quelle der Selbstverwirklichung und des sozialen Status** angesehen. Der Verzicht auf Berufstätigkeit oder eine geringere Arbeitszeit könnten bei dieser Perspektive als Verlust des Status oder der Identität empfunden werden. Arbeit hat sich somit als **moralische Pflicht** etabliert, die es zu erfüllen gilt. Daraus ergibt sich die von Spät kritisierte „sinnentleert[e] Action Bias“ (Z. 91 f.), auf die seinen Ausführungen nach bereits an den Schulen hintrainiert werde.

– Schule mit wenig Bezug zur Arbeitswelt

Unter der Annahme, Schule bereite auf die Arbeitswelt vor, lassen sich die Bildungspläne in der Tat dahingehend lesen, dass sie auf die Erfüllung von „Bullshitjobs“ (Z. 55) abzielen. Schließlich legen sie oft den **Fokus auf theoretisches Wissen und allgemeine Kompetenzen** wie Lesen, Schreiben und Rechnen, ohne dabei ausreichend auf die praktischen Anforderungen der Arbeitswelt einzugehen. Zudem ist es für die Schulen aufgrund der derzeitigen hohen Wandelbarkeit des Arbeitsmarktes schwer vorherzusagen, welche Fähigkeiten und Kenntnisse in Zukunft benötigt werden. Deshalb vermitteln sie ein breites Wissen und vielfältige Kompetenzen, was zur Folge hat, dass **große Teile des Gelernten im späteren Berufsleben nicht benötigt** werden.

Widerspruch zu Späts Thesen

– Schule zur Förderung persönlicher Entwicklung

Schule ist jedoch nicht darauf ausgelegt, Jugendliche auf die spezifischen Anforderungen in ihrem späteren Beruf vorzubereiten. Stattdessen soll sie neben der Vermittlung von breit angelegtem Wissen und allgemeinen Kompetenzen auch eine umfassende **persönliche Entwicklung begünstigen**, um Schülerinnen und Schülern ein erfülltes Leben zu ermöglichen. Durch eine gute Schulbildung wird zudem die **Entfaltung von Interessen und Talenten** gefördert. Die in der Schule vermittelten Grundlagen wie kritisches Denken, soziale Kompetenzen und Allgemeinbildung bilden die **Basis für einen gelungenen Einstieg in die Arbeitswelt** und sind für die persönliche Entwicklung sowie die Partizipation an der Gesellschaft von großer Bedeutung.

– Arbeit für den reinen Broterwerb

Späts Forderung nach einer Neugestaltung des Arbeitsmarkts mit sinnstiftenden Beschäftigungen und individuellem Spielraum für Freizeit und Erholung kommt sicherlich den Wünschen vieler Arbeitnehmer entgegen. Jedoch erscheint seine Überlegung als **Gedankenspiel für die privilegiertere Gesellschaftsschicht**, die es sich leisten kann, den Sinn ihrer Tätigkeit zu hinterfragen. Es ist anzunehmen, dass für die Mehrzahl der Arbeitnehmer das Geld der Grund zum Arbeiten ist, nicht die Selbstverwirklichung. Insbesondere für die derzeit rund 15 % der deutschen Bevölkerung, die als armutsgefährdet gelten, dürfte es **oberste Priorität** sein, **sich durch Arbeit den Unterhalt zu verdienen**, unabhängig von der Sinnhaftigkeit ihres Jobs.

– nicht jede von Spät kritisierte Arbeit tatsächlich sinnlos

Zudem sind nicht alle von Spät als Scheinarbeit betitelten Jobs tatsächlich sinnlos. Fiele beispielsweise das vom Autor angeführte **betriebliche Rechnungswesen** („[V]erwalten unnütze[r] Zahlenkolonnen", Z. 48 f.) weg, würde sich das durchaus negativ **auf die Bilanz von Firmen auswirken** und somit auf die gesamte Wirtschaft. Zudem müssen solche Arbeiten **nicht zwingend als sinnentleert empfunden** werden: Viele Buchhalter schätzen die Tatsache, dass sie durch ihre Arbeit Ordnung und Struktur in die Finanzen eines Unternehmens bringen können. Sie haben die Möglichkeit, komplexe Daten und Informationen zu sortieren und aufzubereiten, was ein gewisses Maß an Befriedigung bieten kann. Betriebswirtschaftliche Arbeiten wie diese grundsätzlich als sinnlos zu deklarieren, weil sie bei einem Streik vom allgemeinen Volk nicht vermisst würden, greift zudem zu kurz: Beispielsweise würde ein **Finanzberater**, der ein Bauvorhaben durch das Bearbeiten des Finanzierungsantrags fördern kann, durch einen **Streik** durchaus **größeren finanziellen Schaden bei einzelnen Bürgern** anrichten.

Auch Späts Versuch, einen Vergleich mit indigenen Völkern zu ziehen, kann nicht als zielführend erachtet werden. Grund dafür ist, dass unsere moderne Gesellschaft sehr komplex und heterogen ist und viele spezifische Herausforderungen mit sich bringt. Die Lebensweise indigener Völker unterscheidet sich davon meist deutlich. **Ihre Organisationsformen** basieren häufig auf mündlicher Überlieferung und gemeinschaftlichen Entscheidungsprozessen. Diese **können** jedoch **in einer modernen, globalisierten Gesellschaft** mit abweichenden Werten und Normen sowie einer hochkomplexen Technologie und Infrastruktur **nicht** einfach **übernommen werden**.

– indigene Völker als Gegenentwurf ungeeignet

Auch die von Spät herangezogenen Vergleiche mit Tiergemeinschaften sind problematisch, da diese auf **Instinkten** und angeborenen Verhaltensweisen basieren. In einer modernen Gesellschaft mit individuellen Freiheiten und menschlicher Vernunft müssen jedoch **bewusste Entscheidungen** getroffen und persönliche Interessen berücksichtigt werden.

– Vergleiche mit Tiergemeinschaften unzulänglich

Erörterung

Überleitung

Angesichts von Patrick Späts überspitzter Darstellung der Sinnlosigkeit vieler Jobs stellt sich die Frage, welchen Stellenwert die Arbeit für den Einzelnen und die Gesellschaft tatsächlich hat.

positive Auswirkungen der Arbeit auf den Einzelnen und die Gesellschaft

– Verbesserung des Lebensstandards

Durch die Schaffung von Arbeitsplätzen wird das **wirtschaftliche Wachstum** gefördert. Bei einem höheren Bruttoinlandsprodukt steigt in der Regel auch das **Wohlstandsniveau** insgesamt. Eine gute Wirtschaftslage ermöglicht es Arbeitnehmern beispielsweise, schönere Wohnungen zu mieten oder gar Häuser zu kaufen, bessere Bildungsmöglichkeiten für sich und ihre Kinder zu erhalten oder sich Freizeitaktivitäten zu leisten. Durch die Schaffung von Arbeitsplätzen kann die Lebensqualität einer Gesellschaft also insgesamt verbessert werden. **Auch einfache Tätigkeiten**, die möglicherweise als wenig sinnstiftend erachtet werden, **tragen dazu bei**.

– Ausgleich sozialer Unterschiede

Zudem fördert Arbeit den Abbau sozialer Ungleichheiten, da sie Menschen **unabhängig von ihrem sozialen Hintergrund** die Möglichkeit gibt, ihren Lebensunterhalt zu verdienen. Arbeit ist somit ein wichtiger Faktor für die soziale Mobilität. Unabhängig von Herkunft oder Geschlecht haben alle Menschen die Chance, durch Arbeit einen **sozialen Aufstieg zu erreichen** und damit ihre Lebensbedingungen zu verbessern. Darüber hinaus können Arbeitsplätze gezielt **in strukturschwachen Regionen** oder **für benachteiligte Personengruppen**, wie etwa Langzeitarbeitslose oder Menschen mit Behinderungen, geschaffen werden, um soziale Ungleichheiten zu reduzieren. Durch die Integration dieser Gruppen in den Arbeitsmarkt können sie nicht nur ihren Lebensunterhalt verdienen, sondern auch ein höheres Selbstwertgefühl erreichen.

– identitätsstiftende Funktion von Arbeit

Arbeit kann nämlich auch einen Einfluss auf die Identität eines Menschen haben, da der Beruf oft ein **wichtiger Bestandteil der Selbstdefinition** ist. Ein Beispiel dafür ist eine Person, die sich als Lehrer identifiziert und stolz darauf ist, Bildung zu vermitteln. Für sie ist der Beruf nicht nur ein Mittel zum Zweck, sondern ein Teil ihrer Identität. Die Arbeit ermöglicht es den Menschen, ihre **Talente und Fähigkeiten zu nutzen** und weiterzuentwickeln, was wiederum zu **mehr Selbstwertgefühl** und einer größeren Zufriedenheit im Leben führen kann.

– Arbeit als sozialer Konnektor

Die Arbeit bietet darüber hinaus die Möglichkeit, neue Menschen kennenzulernen und soziale Kontakte zu knüpfen, was für das Wohlbefinden des Einzelnen von großer Bedeutung ist. Interaktionen mit Kollegen und Kunden tragen dazu bei, dass sich Mitarbeiter in einer Gemeinschaft oder einem Team **integriert und wertgeschätzt fühlen**. Soziale Kontakte am Arbeitsplatz können zudem bewirken, dass sich Arbeitnehmer **weniger allein oder isoliert vorkommen**. Durch die sozialen Kontakte am Arbeitsplatz können auch **Freundschaften** entstehen, die über das Berufsleben hinausgehen und damit langfristig das Wohlbefinden und die Zufriedenheit erhöhen.

negative Auswirkungen der Arbeit auf den Einzelnen und die Gesellschaft

– Ausbeutung durch geringbezahlte Jobs

Allerdings gibt es auch Kritikpunkte an der gegenwärtigen Arbeitswelt. Ein höheres Wirtschaftswachstum und mehr Arbeitsplätze führen nicht automatisch zu einer Verbesserung der Lebensqualität und des Wohlbefindens aller. Gerade Jobs, die auch geringqualifizierte Menschen ausüben können, werden häufig schlecht bezahlt, zum Beispiel in der Gebäudereinigung. Diesen Arbeitnehmern reicht eine Stelle oft nicht aus, um ihren Lebensunterhalt zu sichern. Sie müssen deshalb zusätzlich **Nebenjobs** annehmen, was eine hohe Belastung darstellt, da sie einen großen Teil ihrer eigentlichen Freizeit für das Geldverdienen aufwenden müssen. Kann die Arbeit problemlos an einem anderen Ort ausgeübt werden, droht im Zuge der Globalisierung zudem die **Auslagerung in ein Billiglohnland**. Ein Unternehmen, das die Einzelteile seines Produkts bisher in Deutschland zusammenbauen ließ, könnte beispielsweise beschließen, die Montage zukünftig kostengünstiger in Südostasien erledigen zu lassen. Menschen in entsprechenden Jobs in Deutschland müssen sich deshalb mit geringen Löhnen zufriedengeben, weil sie sonst Gefahr laufen, ihre Arbeitsstelle zu verlieren. Die Grenze zur **Ausbeutung** ist dabei schnell überschritten. Damit Arbeitnehmer tatsächlich von den positiven Auswirkungen der Beschäftigung profitieren, ist es daher wichtig, dass die Tätigkeiten fair bezahlt werden und die Arbeitnehmer angemessene Arbeitsbedingungen und Arbeitsrechte haben.

– psychische Erkrankungen durch ständige Erreichbarkeit und hohen Druck

Die zunehmende **Flexibilisierung und Entgrenzung der Arbeit** führt oft zu einer Überforderung und zu psychischen Belastungen bei den Arbeitnehmern. Diese werden nämlich zunehmend dazu angehalten, außerhalb der regulären Arbeitszeiten und Arbeitsorte verfügbar zu sein. Beispielsweise erwarten viele Unternehmen, dass Mitarbeiter auch an Wochenenden und im Urlaub E-Mails von Kunden beantworten und mit Kollegen aktuelle Projekte besprechen. Durch die ununterbrochene Erreichbarkeit kann es zu einer **Verschmelzung von Arbeit und Freizeit** kommen, was die Erholung stört. Auch ständiger Zeitdruck und **Forderungen nach Effizienzsteigerung** sind belastend für Arbeitnehmer. Die Folgen können Erschöpfung, Burn-out, Depressionen und andere **psychische Erkrankungen** sein. Diese wirken sich nicht nur negativ auf das Wohlbefinden der Arbeitnehmer aus, sondern auch auf die Qualität der Arbeit und die Produktivität des Unternehmens. Es ist daher entscheidend, dass Arbeitgeber das Bedürfnis ihrer Mitarbeiter nach Erholung respektieren und keine Leistung außerhalb der vereinbarten Arbeitszeiten einfordern.

– Benachteiligung bestimmter Gruppen auf dem Arbeitsmarkt

Zudem kann Arbeit soziale Ungleichheit verstärken, statt sie abzubauen, beispielsweise wenn der **Lohn geschlechtsabhängig gestaltet** wird. Frauen verdienen in Deutschland im Durchschnitt weniger als Männer, auch wenn sie genau die gleiche Arbeit ausführen. Darüber hinaus können Menschen unter anderem **aufgrund ihres sozialen Hintergrunds, ihres Alters oder einer Behinderung** auf dem Arbeitsmarkt **benachteiligt** werden. Einige Unternehmen schrecken zum Beispiel davor zurück, ein alleinerziehendes Elternteil einzustellen, weil sie häufige Fehlzeiten wegen der Betreuung der Kinder befürchten. Damit Arbeit soziale Gerechtigkeit fördern kann, ist es daher notwendig, allen Menschen gleichberechtigte Partizipation auf dem Arbeitsmarkt zu ermöglichen.

Fazit

Insgesamt lässt sich sagen, dass die Arbeit für den Einzelnen und die Gesellschaft von großer Bedeutung ist, sowohl ökonomisch als auch sozial. Jedoch bedarf es einer **kritischen Auseinandersetzung mit den Herausforderungen und Problemen der gegenwärtigen Arbeitswelt**, um eine Neugestaltung zu ermöglichen, die sowohl individuellen als auch gesellschaftlichen Bedürfnissen gerecht wird.

Deutsch (Baden-Württemberg) ▪ Abiturprüfung (gAN)
Übungsaufgabe 13

TEXTANALYSE

Arbeitsanweisung

1. Analysieren Sie Burkhard Müllers Text „Ein Tonfall nur für feine Nerven". Berücksichtigen Sie dabei den Gedankengang, die sprachlich-stilistische Gestaltung sowie die Intention. (ca. 80 %)

2. Beurteilen Sie, ausgehend von Ihren Analyseergebnissen, inwieweit der Text im Deutschunterricht der Oberstufe zur Auseinandersetzung mit der deutschen Gegenwartssprache anregt. (ca. 20 %)

Material **Burkhard Müller: Ein Tonfall nur für feine Nerven (2010)**

Nichts für Zugereiste: Prestige und Perspektiven der deutschen Dialekte

Die Sprachkarten gliedern den Raum des Deutschen mit ungezählten, erst kräftigen und dann immer feiner werdenden Grenzlinien, sie trennen das Niederdeutsche vom Hochdeutschen und das Hochdeutsche wieder in Mittel- und Oberdeutsch und das Oberdeutsche in Bairisch und Alemannisch und so weiter. Aber man kann die deutschen Dialekte auch anders gliedern: in solche nämlich, die stolz auf sich selber sind, und die, die sich für sich selber schämen. Sich wie Südwestdeutsche mit der Unfähigkeit zu brüsten, Hochdeutsch zu sprechen[1], käme einem Sachsen niemals in den Sinn. Er dächte höchstens bekümmert: Ja, leider. Ein Sachse fürchtet immer, auswärts als ein solcher erkannt zu werden, und diesem Schicksal entrinnt er fast nie. Denn zu so klarer Gestalt er notfalls seine Konsonanten zwingen kann, über seine Vokale hat er keine Macht; die Lage ist, wie er selbst es formuliert, „üüngüünstsch" […]. Es wäre auch völlig vergeblich, das Sächsische seinen Sprechern dadurch aufwerten zu wollen, dass man sie darauf hinweist, gerade das Sächsische, die Sprache Luthers und Lessings, habe mehr als jede andere Mundart zur deutschen Hochsprache beigetragen: Es hilft nichts, es wird sich dem Bairischen immer unterlegen fühlen; jenem Bairisch, das, wenigstens in seiner Münchner Variante, der Standardsprache außer dem Radi so gut wie nichts gegeben hat und doch vor Selbstgefühl fast platzt. […]

Wie das Prestige der deutschen Stämme sich verteilt und was sie gegeneinander auf dem Herzen haben, darüber belehrt nichts auf so direktem Weg wie der Klang des Dialekts im Ohr des Nachbarn. Und was es da für feine Gehörnerven gibt! Die Chemnitzer, von jeher benachteiligt gegenüber den beiden Metropolen ihres Landes, machen mit bissiger Ironie den Singsang der Dresdner und das Genuschel der Leipziger nach – noch nach 17 Jahren, die ich hier lebe, kann ich da beim besten Willen die erheiternde

Differenz nicht fühlen. Ich wiederum, als gebürtiger Franke, finde den Unterschied schlagend, der zwischen Bamberg und Würzburg besteht. Der Unter- verspottet den Oberfranken, indem er diesen mit dem mutmaßlichen Mustersatz zitiert: „A Mamalaadamala hamma aa dahamm!“ Was heißen soll: „Ein Marmeladeneimerlein haben wir auch daheim!“ Dies beweist dem Würzburger, dass dem Bamberger, ähnlich dem Sachsen, nur ein einziger Vokal zu Gebote stehe, auf dem er, wie auf einer einzigen Geigenseite, immerfort herumfiedle. Entsprechendes gelte, um einen Halbton verschoben, für die Gegend von „Närnbärch“ und „Färth“. Ein Norddeutscher muss auf alle diese Binnenfrotzeleien mit Unverständnis reagieren; vom Ausland zu schweigen.

Wenn ein Dialekt ein niedriges Prestige hat, zugleich aber mit der Standardsprache nicht über eine gleitende Skala von schwerer lokaler Bindung bis leichter regionaler Färbung verbunden ist, sondern sich scharf davon sondert – da ergeht es ihm schlecht. Dies ist der Fall beim Plattdeutschen, das nur noch in den entlegensten Rückzugsgebieten gedeiht. Wo im Norden die Verstädterung gesiegt hat, bleibt eine Fläche zurück, die der Decke des Dialekts völlig beraubt ist: ein Zustand, der auch etwas Beängstigendes hat. So bietet sich der Raum Hannover sprachlich als etwas Nacktes dar, ein bisschen wie Peter Schlemihl, der Mann, der seinen Schatten verkaufte.[2] Auch der merkt erst hinterher, und mit Bestürzung, was ihm abhandenkam.

Insgesamt aber machen die deutschen Mundarten wenig Miene, auszusterben. Es geschieht, was trotz Globalisierung allerorten passiert: Die Regionen werden nicht schwächer, sondern vielmehr stärker, indem sie sich nämlich die Ressourcen der bisherigen Mikroräume einverleiben. Die ganz kleinteilige Kammerung verschwindet. Die Putzfrau unserer Familie, die vom Nachbardorf in das unsrige geheiratet hatte, klagte noch, wie schwer ihr damals die sprachliche Umstellung gefallen war; sagte man im einen Ort, wenn es regnete, es „raachnt“, so im anderen es „räichnt“. Dazwischen lagen zwei Kilometer. […] Diese extreme lokale Aufsplitterung also scheint sich zu verlieren. Sie macht größeren Ausgleichsmundarten Platz.

Es gleichen sich dabei nicht nur Dorf und Dorf an, sondern vor allem auch Dorf und Stadt; dieser noch vor wenigen Jahrzehnten wichtige geographisch-soziale Unterschied hat sich weitgehend verloren. Im Jahr 1970, als ich aufs städtische Gymnasium kam, hatten es die Kinder vom Land noch deutlich schwerer. Eine Klassenkameradin […] brach in Tränen aus, weil sie bei ihrem Erlebnisaufsatz nicht wusste, wie sie „Scheitla“ schreiben sollte; das waren kleine Holzscheite. Heute muss deswegen kein Schüler mehr weinen, nicht zuletzt, weil „Scheitla“ in seinen Erlebnissen kaum mehr vorkommen dürften und der Gameboy sich dialektübergreifend in der Umgangssprache eingerichtet hat. […]

Wie eng der deutsche Dialekt weiterhin an seinen Wurzeln in der autarken Haus- und Landwirtschaft hängt, obwohl es diese kaum mehr gibt, lassen die zwei Einschränkungen erkennen, die offenbar für ihn gelten: Er will nicht so recht in die Schrift hinüber; und man kann ihn nicht eigentlich erlernen. Der Dialekt als Fremd- und Zweitsprache – das funktioniert nicht, das gibt der Lächerlichkeit preis. Nur der spricht ihn legitimerweise, der darin aufgewachsen ist, ohne sich darüber Rechenschaft zu geben; man kann ihn willentlich ablegen (vielleicht!), aber willentlich annehmen soll man ihn nicht. Das zugereiste Nordlicht, das sich selbst als „Zugroastn“ empfehlen will, wirkt unredlich und anbiedernd, dazu verzweifelt bedürftig, als drängte es blind in eine fremde Familie hinein.

Und es ist noch nirgends die Umsetzung des Dialekts zur Schriftsprache wirklich geglückt. Da gibt es bloß ein plumpes Improvisieren am Klang entlang, ein Ballern nach Gehör auf ein bewegliches Ziel. [...]

Eigentlich stellt diese Resistenz gegenüber der Schriftsprache den sympathischsten Zug am Dialekt dar: Dass er unentrinnbar der Mündlichkeit mit ihren Schwankungen angehört und darum die Sphäre des Anarchischen nie ganz verlässt. Er gehorcht keiner Regel, sondern eiert exzentrisch um einen eher zu erahnenden Mittelpunkt herum. Mag er trotzig daherkommen oder sich vor Blamage ängstigen, sich als das saturierte Kunstmünchnerisch Franz Beckenbauers[3] präsentieren oder als der Pfälzer Schlachtplattenbrodem[4], den Helmut Kohl[5], so sehr er sich auch Mühe gab, nie aus dem Anzug kriegte: Er bleibt der Schatten, den die Menschen deutscher Zunge werfen, jeder seinen eigenen, kürzer oder länger je nach Sonnenstand, teils vor, teils hinter sich.

Man muss den Dialekt nicht mehr als Bildungshemmnis verdächtigen, nicht mehr für einen Ausweis geringer Bildung halten. Man braucht aber auch nicht um seinen angeblichen Niedergang barmen. Mit der Standardsprache richtet er es sich schon. Wenn wir als Kinder am Samstagmorgen zum Bäcker geschickt wurden, erhielten wir den Auftrag: zwanzig „Brötchen“, und zwar zehn „Weck“ und zehn „Stölli“ mitzubringen. Die „Weck“ waren die runden, die „Stölli“ die länglichen Brötchen, die beiden sollte man keinesfalls verwechseln. Den Oberbegriff durfte das Hochdeutsche liefern, die erforderliche Spezifikation überließ man dem System, das so etwas besser konnte. So ähnlich läuft das in Deutschland immer noch und fast überall.

Quelle: Müller, Burkhard: Ein Tonfall nur für feine Nerven. In: Süddeutsche Zeitung 263 (13. 11. 2010), S. 18.

Anmerkungen

1 Anspielung auf die Imagekampagne des Bundeslandes Baden-Württemberg, die mit dem Spruch „Wir können alles. Außer Hochdeutsch.“ wirbt.
2 Anspielung auf Adelbert von Chamissos Erzählung *Peter Schlemihls wundersame Geschichte* (1813), in der der Protagonist Peter Schlemihl seinen Schatten verkauft, woraufhin ihn seine Mitmenschen meiden. In der Folge fällt ihm auf, dass er mit seinem Schatten etwas Wichtiges verloren hat.
3 Franz Beckenbauer (*1945): ehemaliger Fußballspieler und -trainer sowie Sportfunktionär.
4 Brodem: [üblen] Geruch ausströmender Dunst oder Dampf.
5 Helmut Kohl (1930–2017): Bundeskanzler der Bundesrepublik Deutschland von 1983 bis 1998.

Offizielle Musteraufgabe für die Abiturprüfung 2024

TIPP **Bearbeitungshinweise**

TEILAUFGABE 1: Im **Einleitungssatz** sollten Sie darauf achten, dass die Formulierung des Hauptthemas durch übergeordnete Begrifflichkeit alle wichtigen Aspekte des Textes erfasst. Außerdem ist es verpflichtend, Autor, Titel, Textsorte, Erscheinungsort und -datum zu nennen.

Die Darstellung des **Gedankengangs** muss neben der Erfassung des Inhalts die **logische Struktur** des Textes herausarbeiten, d. h. die Gliederung, die Funktion der Abschnitte (z. B. Hinführung zum Thema, Information, Argumentation, Veranschaulichung …) sowie den **Zusammenhang** zwischen den Absätzen und Argumenten. Der Aufsatz sollte sich auf keinen Fall auf eine bloße Aneinanderreihung wesentlicher Aussagen beschränken.

Die Struktur des vorliegenden Textes ist recht übersichtlich und die Ausführungen sind klar formuliert. Dennoch muss darauf geachtet werden, wie die einzelnen Teile der Darstellung zusammenhängen. Dazu ist es hilfreich, mehrere Aussagen unter einem **Oberbegriff** zu bündeln. Geht es zum Beispiel um die *Entwicklung* oder um allgemeine *Merkmale* von Dialekten? Bei den zahlreichen veranschaulichenden Beispielen im Text ist es nicht zielführend, alle aufzulisten. Treffen Sie stattdessen eine sinnvolle Auswahl.

Ihre Darstellung der sprachlichen Analyse und der Intention soll zeigen, wie der Autor schreibt und wie er seinen Thesen und Argumenten sprachlich Überzeugungskraft verleiht. Der Schwerpunkt liegt also nicht auf dem Inhalt (Was?), sondern auf dem **Schreibstil** und der **sprachlichen Gestaltung**. Beispielsweise sollten Sie erkennen, ob der Text eher sachlich-nüchtern oder stark wertend geschrieben ist, ob er aufgrund vieler Beispiele sehr anschaulich ist oder eher abstrakt. Die Hauptfrage ist allerdings: Welche **Funktion und Wirkung** haben der Stil und die sprachlichen Mittel? Die Analyse sollte auf keinen Fall aus einer bloßen Auflistung sprachlicher Mittel bestehen.

Um die Wirkung und Funktion sprachlicher Mittel zu bestimmen, ist es unerlässlich, sich die **Aussageabsicht** des Textes bewusst zu machen. Zur Erfassung der Intention dient die Leitfrage, was der Autor/die Autorin bei den Leser*innen bewirken möchte. Sollen diese beispielsweise eine bestimmte Meinung zu einem Thema entwickeln oder zu einer Verhaltensänderung angeregt werden? Da die Aussageabsicht beim vorliegenden Text aber nicht direkt formuliert, sondern nur angedeutet wird, müssen Sie sich sehr genau überlegen, mit welcher Zielsetzung der Autor seine Aussagen trifft. Davon ausgehend sollten Sie sich fragen, wie die Sprache die Meinung des Autors unterstützt, wie Aussagen durch die Art der Formulierung betont werden oder wie die Leser*innen dadurch für den Text gewonnen werden sollen.

TEILAUFGABE 2: Die zweite Aufgabe stellt eine Beurteilung dar, die als **dialektische Stellungnahme** aufgebaut sein muss. Sie müssen also Ihre (entweder zustimmende, ablehnende oder abwägende) Meinung zu der vorgegebenen Fragestellung klar und deutlich formulieren. Eine differenzierte Argumentation in einer dialektischen Erörterung muss zwingend auch **auf zentrale Positionen der Gegenseite eingehen** und diese möglichst entkräften. Überzeugend wird die eigene Position grundsätzlich durch gute **Argumente**. Diese zeichnen sich dadurch aus, dass sie nicht leicht zu widerlegen sind. Sie sollten daher vorab Ihre Argumente dahingehend überprüfen, ob sie möglichen Einwänden standhalten. Weitere Überzeugungskraft gewinnt Ihre Stellungnahme durch anschauliche **Beispiele**, die auch erwartet werden.

Bei der vorliegenden Aufgabe können Sie sich zunächst selbst fragen, ob Sie nach dem Lesen des Textes weiter über Dialekte im Unterricht sprechen möchten und Begründungen für Ihre Entscheidung formulieren. Die Beurteilung sollte aber auch über Ihre subjektive Sicht hinausgehen. Überlegen Sie, warum man sich mit gesprochener Sprache auseinandersetzen sollte und ob es wichtig ist, etwas über deren Besonderheiten zu wissen. Von diesen Aspekten ausgehend können Sie dann beurteilen, ob der Text Anregungen dafür bietet.

Lösungsvorschlag

TEILAUFGABE 1

Einleitung

Der Essay „Ein Tonfall nur für feine Nerven" wurde von Burkhard Müller geschrieben und am 13. 11. 2010 in der „Süddeutschen Zeitung" veröffentlicht. Thema ist das Ansehen und die Entwicklung der deutschen Dialekte. Mit dem Text möchte der Autor auf deren Funktion und Bedeutung aufmerksam machen und zu ihrer Verwendung aufrufen.

Hauptteil

Gedankengang des Textes

– unterschiedliches Prestige der Dialekte

Einleitend geht der Text auf die sogenannten Sprachkarten ein, welche die Dialektregionen eines Landes aufzeigen. Es gebe, so der Autor, neben der **geografischen Aufteilung** allerdings auch eine andere Möglichkeit, Dialekte voneinander abzugrenzen, nämlich nach deren jeweiligem Prestige. So zeigt Müller am Beispiel des Südwestdeutschen, des Sächsischen und des Bairischen, dass man sich für seinen Dialekt **einerseits schämen**, **andererseits** aber auch **stolz** auf ihn sein könne, wie es etwa beim Bairischen der Fall ist (vgl. Z. 1–17).

– Spott der Dialektsprecher*innen über Mundarten benachbarter Regionen

Seine Aussage, dass sich Dialekte in ihrem Ansehen unterscheiden, bestätigt Müller auch im darauffolgenden Absatz anhand des Spott benachbarter Regionen über die Mundart der jeweiligen anderen. Die **feinen Unterschiede**, die dabei zum Beispiel ein Chemnitzer zwischen der Dresdner oder der Leipziger Ausdrucksweise hört, sei **Außenstehenden** allerdings **nicht zugänglich** (vgl. Z. 18–32).

Nach diesen beispielhaften Darstellungen erläutert der Autor im folgenden Abschnitt, dass ein **niedriges Ansehen** wie im Falle des Plattdeutschen und eine **starke Abweichung vom Standarddeutschen** zum Verschwinden der Dialekte beitragen können. In Extremfällen, wie in Hannover, bleibt ein für den Autor beunruhigender dialektloser Raum zurück. Überwiegend seien die deutschen Dialekte allerdings nicht vom Aussterben bedroht. Die Entwicklung zeige jedoch eine Stärkung großräumig verbreiteter Dialekte, durch die **feine mundartliche Besonderheiten eingeebnet** würden. Dabei glichen sich Dörfer sprachlich sowohl an andere Dörfer als auch an Städte an (vgl. Z. 33–59).

– Gründe für das Verschwinden einzelner Dialekte

Im letzten Teil des Textes geht Müller auf zwei weitere Merkmale der dialektalen Entwicklung ein, nämlich dass Dialekte sich einerseits **nicht verschriftlichen** und andererseits **nicht lernen** lassen. Ein Zugezogener, der sich mundartlich anpassen möchte, falle immer negativ auf, weil er sich den Dialekt niemals so aneignen könne wie ein Einheimischer. Dass sich Mundarten einer Verschriftlichung widersetzen, sei allerdings sympathisch, weil sie sich damit der Regulierung entzögen und **Raum für individuelle Ausprägung** ließen (vgl. Z. 60–81).

– positive Beurteilung typischer Dialektmerkmale

Abschließend betont Müller noch einmal, dass man sich nicht um das Überleben der deutschen Dialekte sorgen muss. Sie seien kein Zeichen mangelnder Bildung mehr und hätten in einer **Koexistenz mit der Standardsprache** eine ganz eigene Berechtigung, da sie begriffliche Unterkategorien schaffen, worauf der Autor am Beispiel der Brötchen hinweist. In seinen Kindertagen fand das „Brötchen" als Oberbegriff Verwendung, wurde mundartlich allerdings in die rundlichen „Weck" und die länglichen „Stölli" ausdifferenziert (vgl. Z. 82–90).

– keine Sorge um Zukunft der deutschen Dialekte

Der Text ist überwiegend **sachlich-argumentativ** und **informierend** geschrieben. Dennoch lässt er sich durch die zahlreichen anschaulichen **Beispiele**, den **subjektiven Standpunkt**, das Einbringen **eigener Erfahrungen** und den **auffordernden Stil** eindeutig als Essay charakterisieren.

sprachlich-stilistische Gestaltung des Textes

– Einordnung als Essay

Die nähere Betrachtung der sprachlichen Merkmale zeigt, dass der Text stark durchgeformt ist. Die Verwendung von **Fachvokabular** wie „Mikroräume" (Z. 45) oder „Ausgleichsmundar[t]" (Z. 50) und **Fremdwörtern** wie „Resistenz" (Z. 73) oder „Spezifikation" (Z. 89) und auch die **literarische Anspielung** auf den „Schlemihl" ab Zeile 40 grenzen den Adressatenkreis auf eine eher gebildete Leserschaft ein. Dazu trägt auch der überwiegend **hypotaktische** und ausdifferenzierte **Satzbau** bei.

– Adressatenkreis: gebildete Leserschaft

Der sachlich-gehobene Sprachstil wird durch die Verwendung von **Komik** und **humorvollen Übertreibungen** aufgelockert. Beispielsweise charakterisiert der Autor das Sächsische **ironisch** als einen Dialekt, dem nur ein Vokal zur Verfügung stünde, was „üüngüünstsch" (Z. 11) sei. Ebenso überspitzt beschreibt er das Münchner Bairisch, das „der Standardsprache außer dem Radi so gut wie nichts gegeben hat" (Z. 16 f.). Komisch wirkt des Weiteren die Anekdote über eine Klassenkameradin Müllers, die in der Schule geweint habe, weil es ihr nicht gelungen sei, ihren Dialekt zu verschriftlichen (vgl. Z. 54 ff.). Stellenweise bedient sich der Autor **beißenden Spotts** („saturierte Kunstmünchnerisch [...] Pfälzer Schlachtplattenbrodem", Z. 77 ff.), zeigt dabei jedoch stets sein Wohlwollen gegenüber den Dialekten. Beispielsweise erwähnt er lobend den großen Einfluss, den das Sächsische auf die Entwicklung der Hochsprache gehabt habe (vgl. Z. 13 f.). Durch die humorvoll-ironische Darstellung sichert sich der Autor die Aufmerksamkeit der Lesenden.

– Sicherung von Aufmerksamkeit durch humorvoll-ironische Darstellung

Die Leserschaft soll zudem durch die häufige und vereinnahmende Verwendung des **Pronomens „man"** für die Sichtweise des Autors gewonnen werden: „[M]an kann ihn [den Dialekt] nicht eigentlich erlernen" (Z. 63), „man kann ihn willentlich ablegen" (Z. 65 f.) und „[m]an braucht aber auch nicht um seinen angeblichen Niedergang barmen" (Z. 83 f.). Der **Parallelismus** im Satzbau erhöht hier die Bestimmtheit der Aussage.

– Vereinnahmung der Leserschaft durch häufigen Gebrauch von „man"

Müller verweist des Weiteren auf **eigene Erfahrungen**, um seinen Aussagen Authentizität zu verleihen und sie zu veranschaulichen (vgl. Z. 23). Zu diesen Zwecken bezieht er auch Erlebnisse von Personen aus seinem Umfeld mit ein („Die Putzfrau unserer Familie", Z. 46; „[e]ine Klassenkameradin", Z. 54).

– Authentizität durch Einbezug realer Erfahrungen

Die eigene **Verwendung dialektaler Ausdrücke** (z. B. „barmen", Z. 84; „Stölli", Z. 86) wirkt authentisch und hebt zudem die Wertschätzung des Autors für solche Varianten hervor. Zahlreiche **Metaphern** wie etwa die wärmende „Decke des Dialekts" (Z. 38), „gedeih[en]" (Z. 37) oder das „Nordlicht" (Z. 67) unterstützen diesen Eindruck. Die metaphorische Bezeichnung der Mundart als „Schatten" (Z. 80) veranschaulicht darüber hinaus die enge Bindung, die nach Müllers Überzeugung zwischen den Menschen und ihrer jeweiligen regionalen Sprachvarietät besteht. Bereits der Titel des Essays deutet die positive Haltung des Autors gegenüber Dialekten an: Die Metapher „feine Nerven" illustriert, dass Mundarten für Müller nichts Plumpes an sich haben, sondern im Gegenteil das feine Sensorium ansprechen. **Alliterationen** wie „Prestige und Perspektiven" (Unterüberschrift) oder „die deutschen Dialekte" (Z. 4 f.) zeigen da-

– sprachlicher Ausdruck der Wertschätzung des Autors für Dialekte

rüber hinaus die klangliche Wirkung von Sprache und betonen damit die Relevanz von Dialekten. Die Anerkennung des Autors für die Differenziertheit dialektaler Besonderheiten lässt der **emphatische Ausruf** „Und was es da für feine Gehörnerven gibt!“ (Z. 20) deutlich erkennen.

Die Eigenständigkeit und die Individualität der Sprachvarietäten wird zudem durch deren **Personifizierung** betont. So gibt es „Dialekte […], die stolz auf sich selber sind“ (Z. 5), und das „Bairisch[e], das […] vor Selbstgefühl fast platzt“ (Z. 15 ff.). Solche kontrastierenden Gefühle schreibt Müller den Sprachvarietäten später im Text abermals zu, indem er formuliert, dass sie „trotzig daherkommen oder sich vor Blamage ängstigen“ (Z. 77). Außerdem „machen die deutschen Mundarten wenig Miene, auszusterben“ (Z. 42). Diese Aussage lässt die Dialekte wie lebendige Organismen wirken, die einen eigenen Willen besitzen.

– Betonung der Individualität und Lebendigkeit der Dialekte durch Personifizierung

Der Autor möchte in seinem Essay über deutsche Dialekte, den alltäglichen Umgang mit ihnen sowie ihre vergangene und zukünftige Entwicklung **informieren**. Darüber hinaus **fordert** Müller die Leserschaft indirekt dazu **auf**, die dialektale Vielfalt und Individualität anzuerkennen und zu nutzen.

Intention

TEILAUFGABE 2

Der Text von Burkhard Müller macht etwas zum Thema, das die meisten Menschen einfach nur selbstverständlich und alltäglich nutzen, nämlich unsere gesprochene Sprache. **Dialekte beeinflussen** durchaus unsere Befindlichkeit und unser **Selbstwertgefühl**, wie der Text deutlich zeigt. Aus diesem Grund kann eine frühe und **bewusste Auseinandersetzung** mit diesen Zusammenhängen sehr **wertvoll** sein. Müllers Essay regt allein durch die Thematisierung von gesprochener Sprache bereits eine Reflexion darüber an. Aber reicht das aus, um den Text für eine Auseinandersetzung mit der deutschen Gegenwartssprache in der Oberstufe zu empfehlen? Dies soll im Folgenden beurteilt werden.

Beurteilung der Eignung des Textes für den Unterricht

Mit dialektal gefärbtem Sprechen und dessen (Be-)Wertung machen viele Schülerinnen und Schüler häufig Erfahrungen, allein dadurch, dass sie aufgefordert sind, die Standardsprache zu verwenden. Diese **Lebensnähe** spiegelt der Autor durch den Einbezug persönlicher Erlebnisse, was eine authentische und nachvollziehbare Präsentation der Inhalte ermöglicht. Weiteres **Identifikationspotenzial** bietet der Text dadurch, dass er mit vielen Beispielen für die Verwendung von Dialekt wirbt. Er erlaubt somit keine reine distanziert-theoretische Auseinandersetzung mit dem Thema, sondern knüpft an **persönlich-**

– Pro-Argument: anschauliche Darstellung

subjektive Erfahrungen an. Dadurch, dass der Text das Phänomen Dialekt anschaulich illustriert und darüber eingängig informiert, ist er für den Einsatz in der Oberstufe gut geeignet.

Nicht unterschätzen darf man allerdings, dass die positive Sichtweise auf Dialekte im Text eher **subtil und indirekt** zum Ausdruck kommt. Dadurch ist sie für weniger geübte Leserinnen und Leser nicht unmittelbar zu erkennen. Darüber hinaus erschwert die in der sprachlichen Analyse aufgezeigte **gehoben-gelehrte Art der Darstellung** das Verständnis des Textes.

– Kontra-Argument: für ungeübte Leser*innen schwer verständlich

Aber auch inhaltlich bietet der Text zu wenig aufschlussreiche Informationen. **Problematisch** ist **im Schulalltag** nämlich genau das, was der Autor als sympathisch ansieht: dass sich **Dialekte nicht verschriftlichen** lassen. Der im Text genannte Helmut Kohl, der seine Pfälzer Herkunft nie verbergen konnte, hatte ein Team, das Schreibaufgaben für ihn übernahm. Schülerinnen und Schüler müssen hingegen selbst schreiben und werden unter Umständen gerügt, wenn sie dabei dialektale Wörter verwenden. Nicht allen gelingt es so gut wie dem Autor, Mundart neben der Standardsprache zu verwenden. Müllers **positive Sicht auf Dialekte** ist somit für die Welt der Schülerinnen und Schüler **zu einfach gedacht**.

– Kontra-Argument: keine Berücksichtigung der Probleme der Schüler*innen

Darüber hinaus decken Dialekte nur einen Teilaspekt gesprochener Sprache ab. Bei Jugendlichen sind sie im Vergleich zu anderen Bereichen weniger und bei Nicht-Muttersprachlern gar nicht präsent. Der spezifische Tonfall der Schülerinnen und Schülern entsteht oft nicht durch einen Dialekt, sondern durch ihre **soziale Schicht** oder einen **Migrationshintergrund**. Ausdrücke wie „Digga“ sind beispielsweise nicht Dialekt, sondern **Jugendsprache**. Diese für Jugendliche wichtigen Aspekte gesprochener Sprache thematisiert Müller nicht.

– Kontra-Argument: andere Aspekte gesprochener Sprache für Schüler*innen relevanter

Der positive Bezug zu Dialekten im Text und deren Aufwertung gegenüber der Standardsprache mögen zwar Identifikationspotenzial besitzen, bieten aber **nicht genügend Nähe zur Erlebniswelt von Jugendlichen** und zu ihrer ganz eigenen Sprache.

Fazit

Deutsch (Baden-Württemberg) ▪ Abiturprüfung (eAN)
Übungsaufgabe 14

TEXTANALYSE

Themenfeld „Sprache in politisch-gesellschaftlichen Verwendungszusammenhängen“

Arbeitsanweisung

- Analysieren Sie den vorliegenden Textauszug. Berücksichtigen Sie dabei den Argumentationsgang, die sprachlich-stilistische Gestaltung sowie die Leserlenkung. (ca. 70 %)
- Setzen Sie sich mit Bezug zum Textauszug mit der Frage auseinander, welche Rolle die sozialen Medien im öffentlichen Diskurs spielen und inwiefern sie eine Gefahr für die öffentliche Kommunikation darstellen. (ca. 30 %)

Material

Uwe Pörksen, Friedemann Schulz von Thun: Die Kunst des Miteinander-Redens. Über den Dialog in Gesellschaft und Politik (Auszug, 2020)[1]

Worum geht es in dieser Auseinandersetzung, in diesem Streit[2]? Auf der einen Seite stehen diejenigen, die entschieden für eine diskriminierungsfreie Sprache plädieren und die politisch korrekte Ausdrucksweise letztlich als ein „etwas erweitertes Höflichkeitsgebot“[3] betrachten. Sie sind der Auffassung, dass es schon der menschliche Anstand befiehlt, die Demütigung und die Erniedrigung des anderen zu vermeiden, dies in dem Wissen, dass das Sprechen immer auch ein Handeln ist und dass Diskriminierungserfahrungen einen Menschen verunsichern, ihn in die Depression und die Einsamkeit hineintreiben und letztlich brechen können. Das ist eine gut begründbare, außerordentlich ehrenwerte Position. Und doch muss man konstatieren: Man kann es auch übertreiben, jeden schlechten Scherz unversöhnlich verfolgen, jedem kleinsten Indiz der Diskriminierung mit maximalem Furor[4] nachgehen. Das heißt: Das Bemühen um eine zivilisierte Achtsamkeit und eine politisch korrekte Sprache kann in Richtung einer Dauermoralisierung[5] der Kommunikationsverhältnisse abstürzen, eine beklemmende, humorfreie Hypersensibilität[6] befördern, die das dialektische, auch produktiv polemische Prinzip von Debatten vorschnell verloren gibt.

Auf der anderen Seite des Spektrums möglicher Positionen finden sich die Vertreter einer robusten Unbekümmertheit, die sich auf das Mantra[7] verständigt haben: „Das wird man doch wohl noch sagen dürfen!“ Und weiter: „Ein paar vielleicht etwas zotige Witze werden doch wohl noch möglich sein in diesem Land! Schließlich herrscht Meinungsfreiheit! Und nun habt euch doch nicht so!“ Und auch hier gilt: Man kann es auch übertreiben. Denn Teile der Anti-Political-Correctness-Bewegung versuchen seit Jahren, das Gesamtprojekt einer achtsamen, diskriminierungssensiblen Redeweise pauschal als das Umerziehungsprogramm von *Tugendterroristen*, von *Meinungs-* und *Gesinnungsdiktatoren* und intoleranten *Gutmenschen* zu attackieren, die angeblich den Menschen in diesem Land den letzten Rest an Freiheit und Selbstbestimmung nehmen wollen. Das Plädoyer für Meinungs- und Redefreiheit ist hier also, das macht die Lage einigermaßen kompliziert, das Tarnvokabular eines ideologischen Ressentiments[8]. Und es ist ein Faktum, dass das gerade noch einigermaßen harmlos und vernünftig wirkende Plädoyer für die robuste Unbekümmertheit in manchen Publikationen und Pamphleten[9] der Anti-Political-Correctness-Bewegung selbst zur hysterischen Attacke wird, befeuert von düsteren DDR- und NS-Vergleichen, die den Willen zur Wut im Verbund mit eklatanter historischer Unkenntnis dokumentieren. Die Devise heißt dann: Wir leben doch längst in einer Diktatur! Und der Angriff auf die Meinungsfreiheit des Einzelnen trägt längst totalitäre Züge! Was dann an giftiger Häme[10] folgt, ist oft schlicht und einfach diskriminierend – gegenüber Frauen, Politikern, Andersdenkenden und Andersaussehenden. Die mehr oder minder offen ausgelebte Verachtung des Anständigen wiederum lässt auf der anderen Seite die Empörung erst so richtig emporschießen, weil man die Provokation und das Spiel mit dem Tabu als Beleg der Menschenverachtung sieht. „Sollen wir wirklich alles sagen dürfen“, so wird dann gefragt. „Wäre ein Innenminister, der Witze über Behinderte oder Juden macht, satisfaktionsfähig[11]? Darf ein Bundeskanzler sexistisch über Frauen reden und das Familienministerium als Gedöns[12] abtun? Nein. Ich verstehe überhaupt nicht, was es an kommunikativen Geboten und anständigen Umgangsformen auszusetzen gibt. Auf Minderheiten herumzutrampeln, ist keine Freiheit, sondern eine Frechheit.“[13] Ein dreifacher Befund lässt sich festhalten. Zum einen kann man hier beobachten, wie ein Teufelskreis der wechselseitigen Totalabwertung in Gang kommt und am Leben erhalten wird. Zum anderen wird offenbar, dass die Art der Diskursdiagnostik[14] selbst zum Instrument der Eskalationsrhetorik werden kann, die das Miteinander-Reden erschwert. Man produziert wechselseitig, so wie die Zeichner mittelalterlicher Ozeankarten, die jede Menge Ungeheuer und bizarre Fabelwesen in ihre Skizzen von fernen Meeren und Ländern hineinmalten, Zerrbilder der Kommunikationsrealität, entwirft Horrorgestalten und malt mit äußerst grobem Pinsel. Und diese Zerrbilder tragen dann zur allgemeinen Empörung und zur Verhärtung der Fronten bei. Wie soll man denn weiter sprechen, wenn einerseits behauptet wird, das große gesellschaftliche Gespräch sei endgültig zerstört und werde allein von Nazis und Netz-Trollen dominiert, die das Gift des Hasses versprühen? Was soll man sagen, wenn man zu lesen bekommt, die Öffentlichkeit, verstanden als der geistige Lebensraum einer liberalen Demokratie, ginge gerade „in Trümmer“ (Eva Menasse)[15]? Und wie soll man weiter sprechen, wenn es andererseits in den sogenannten alternativen Medien in endlos dröhnender Wiederholung heißt, wir lebten in einer *Meinungsdiktatur* oder einer Art wiederauferstandenen *DDR*? Und man dürfe eigentlich gar nichts mehr sagen in diesem Land der Unfreiheit, was ja schon durch den eigenen, eben gerade nicht zensierten Sprechakt unmittelbar widerlegt wird. Hier sieht man: Eine solche Art der Diskursbeschreibung will die Eskalation. Sie nutzt das Horrorszenario nicht, um zu warnen, die Dringlichkeit der Gegenwehr zu demonstrieren, sondern um die Polarisierung der Gesellschaft voranzutreiben, *den Riss zu vertiefen*, wie es ein Protagonist der Neuen Rechten einmal ausgedrückt hat. Schließlich und endlich wird am Beispiel der Political-Correctness-Debatte eine *meta-*

kommunikative Polarisierung sichtbar, streitet man sich doch nicht mehr über Inhalte, sondern über die Art und Weise des Miteinander-Redens selbst und schürt die Wut über die Wut und die Empörung über die Empörung der jeweils anderen Seite. Diese Empörung zweiter Ordnung ist längst zum kommunikativen Normalfall geworden, und sie ist kommunikationsanalytisch und zeitdiagnostisch brisant. Denn generell lässt sich beobachten, dass Auseinandersetzungen heute sehr schnell die Meta-Ebene emporklettern und man darüber streitet, ob man überhaupt sprechen solle, ob sich das Gespräch tatsächlich lohne. Und wenn man sprechen soll: in welcher Form? Vor welchem Publikum? Aus der dialektischen Perspektive, die hier vorgeschlagen wird, ist dieses Schwinden und Abhandenkommen der eigentlichen Inhalte und Dialoganlässe verständlich. Es lässt sich als Reaktion begreifen und als Versuch verstehen, ein normatives Vakuum[16] zu füllen, eine Unsicherheit aufzulösen, die in der Situation und den veränderten Kommunikationsbedingungen selbst liegt. Denn wenn Regeln wegfallen, gerade noch gängige Normen konstant verletzt werden und die Autorität etablierter Medienmacher schwindet, dann entsteht ein offener Raum, in dem man die Art und Weise des Miteinander-Redens immer wieder neu besprechen muss. Metakommunikation gleich welcher Art (und eben auch die hier geschilderte metakommunikative Polarisierung) ist, so gesehen, immer auch ein reaktiver[17] Aushandlungsprozess. Man will einordnen, was sich ungleich schwerer einordnen lässt, und versucht in Zeiten verfließender Kontext- und Kommunikationsgrenzen, Pfähle und Pflöcke wieder neu zu befestigen.

Quelle: Uwe Pörksen, Friedemann Schulz von Thun: Die Kunst des Miteinander-Redens. Über den Dialog in Gesellschaft und Politik. München: Hanser, S. 32–36.

Anmerkungen

1 Fußnoten, die sich im Originaltext finden, wurden aus Gründen der besseren Lesbarkeit nicht übernommen.
2 in diesem Streit: gemeint ist der Streit um politische Korrektheit
3 Hier zitieren die Autoren einen Artikel aus der „ZEIT", verfasst vom Journalisten Christian Staas.
4 Furor: gehobenes Wort für „Wut"
5 Dauermoralisierung: ständiges, übertriebenes Hinweisen auf moralisch korrektes Verhalten
6 Hypersensibilität: stark erhöhte Empfindlichkeit
7 Mantra: magische Formel
8 Ressentiment: auf Vorurteilen, Neid, Unterlegenheitsgefühl o. Ä. beruhende Abneigung
9 Pamphlet: Schmäh-/Streitschrift
10 Häme: boshafter Spott
11 satisfaktionsfähig: jemand, der genug Ehre besitzt, dass man ihn überhaupt für sein Verhalten zur Rechenschaft ziehen kann
12 Gedöns: Getue, Aufheben
13 Hier zitieren die Autoren einen Artikel von „SPIEGEL Online", verfasst von der Politologin und Journalistin Ferda Ataman.
14 Diskursdiagnostik: Untersuchung des sprachlichen Handelns, z. B. in gesellschaftlichen Zusammenhängen
15 Eva Menasse: österreichische Schriftstellerin (geb. 1970) – das Zitat stammt aus einem von ihr verfassten Zeitungsartikel in der „Neuen Zürcher Zeitung".
16 normativ: als Richtschnur, Norm, Regel dienend; Vakuum: Leere, Nicht-Ausgefülltsein
17 reaktiv: als Reaktion auf einen Reiz/Auslöser auftretend

Bernhard Pörksen, Jahrgang 1969, ist Medienwissenschaftler und Professor an der Universität Tübingen. **Friedemann Schulz von Thun**, Jahrgang 1944, ist Kommunikationspsychologe. Er ist v. a. bekannt für seine Kommunikationsmodelle wie beispielsweise das Kommunikationsquadrat.

TIPP **Bearbeitungshinweise**

TEILAUFGABE 1: Welche Aufgabenart liegt vor und wie sind die Teilaufgaben gewichtet?
Die vorliegende Aufgabe entspricht der **Aufgabenart 3 b (eAN): Textanalyse**. Die erste Teilaufgabe macht in der Bewertung ca. 70 % der Gesamtaufgabe aus, die zweite Teilaufgabe ca. 30 %. Der **Schwerpunkt** liegt demnach auf der **ersten Teilaufgabe**. Die Aufgabe bezieht sich auf das Schwerpunktthema „Sprache in politisch-gesellschaftlichen Verwendungszusammenhängen". Sie sollten daher diese Aufgabe nur wählen, wenn Sie mit diesem Thema vertraut sind.

Was verlangt die Aufgabenstellung von mir?
Die erste Teilaufgabe ist mit dem Operator „Analysieren" versehen. Dieser Operator verlangt „einen Text als Ganzes oder aspektorientiert unter Wahrung des funktionalen Zusammenhangs von Inhalt, Form und Sprache [zu] erschließen und das Ergebnis der Erschließung dar[zu]legen". Dabei sollten Sie mit einer Darlegung der **wesentlichen Aussagen** des Textauszugs beginnen und sich anschließend an den vorgegebenen Akzentuierungen orientieren.

Wie gehe ich bei der Bearbeitung der Aufgabe sinnvollerweise vor?
Die gründliche Textlektüre bildet die Grundlage, um den Text analysieren zu können. So können Sie beispielsweise den Text zunächst überfliegen, um sich einen Gesamteindruck zu verschaffen. Die nächsten Lektüredurchgänge dienen dann dem Markieren der für die Analyse zentralen Aussagen und sprachlich-stilistischen Aspekte sowie der Anfertigung von Randnotizen, die Sie beim Verfassen der Analyse verwenden können.

Wie kann ich meinen Aufsatz strukturieren?
Grundsätzlich besteht eine Analyse aus Einleitung, Hauptteil und Schluss. In der **Einleitung** nennen Sie die **Primärinformationen** des Auszugs (Autoren, Titel, Erscheinungsjahr, Textsorte) sowie sein Thema. Den **Hauptteil** können Sie linear anlegen, d. h., Sie gehen den Text von vorne bis hinten durch und erarbeiten dabei sukzessive die oben genannten Analyseaspekte – Sie können den Hauptteil aber auch nach diesen Analyseaspekten strukturieren (wie im nachfolgenden Lösungsvorschlag – vgl. hierzu die Hinweise in der Randspalte). Mit einem **Fazit** runden Sie die Analyse ab.

Was gibt es bei dieser Aufgabe sonst noch zu beachten?
Achten Sie darauf, dass Sie Ihre Beobachtungen im Text nicht nur beschreiben, sondern auf die Funktion bzw. Bedeutung hin analysieren und mit Zitaten absichern.

TEILAUFGABE 2: Was verlangt die Aufgabenstellung von mir?
Der gewählte Operator lautet „Sich auseinandersetzen mit" und beinhaltet, dass man „eine Aussage, eine Problemstellung argumentativ und urteilend abwägen" soll. Thematisch bezieht sich die Teilaufgabe auf die **Bedeutung der sozialen Medien** im öffentlichen Diskurs und auf die möglicherweise davon ausgehende

Gefährdung der öffentlichen Kommunikation. Dabei sollen Sie Bezüge zum zuvor analysierten Text herstellen. Außerdem gilt es, Ihr Vorwissen zur spezifischen Ausprägung von Kommunikation in den sozialen Medien zu aktivieren.

Wie gehe ich bei der Bearbeitung der Aufgabe sinnvollerweise vor?
Bevor Sie zu schreiben beginnen, notieren Sie sich **Stichpunkte** bezüglich des oben genannten **aktivierten Vorwissens**. Überlegen Sie dann, wie Sie dieses Wissen mit Ihrer Analyse (Teilaufgabe 1) verbinden können. Da der Operator eine Abwägung fordert, sollten Sie sich sowohl zu **positiven** als auch zu **negativen Effekten** der sozialen Medien Gedanken machen. Fragen Sie sich zum Beispiel, wie sich die Sender- und Adressatenstruktur der öffentlichen Kommunikation geändert hat und welche Vorteile bzw. Nachteile diese hat. Planen Sie dann den Aufbau Ihres Aufsatzes.

Wie kann ich meinen Aufsatz strukturieren?
Beginnen Sie mit einer **Überleitung**, die eine Verknüpfung zwischen der Analyse (Teilaufgabe 1) und der vorgegebenen Aussage beinhaltet. In diesem Fall können Sie beispielsweise den Medienwandel, den die Verfasser des Textes als einen Faktor für die beschriebenen Kommunikationsmuster anklingen lassen, als Anknüpfungspunkt nutzen. Wenden Sie sich dann der **gedanklichen Auseinandersetzung** anhand der von Ihnen vorbereiteten Notizen zu. Die Argumente, die für Ihre Position sprechen, sollten eher am Ende Ihrer Auseinandersetzung stehen. Der nachfolgende Musteraufsatz beginnt daher mit positiven Aspekten der sozialen Medien und lässt dann die kritischen Punkte folgen. Sie können dabei auch die digitalen Kommunikationsgewohnheiten thematisieren (z. B. schnelles Antworten, Anonymität, Nutzung von Bildern) und aufzeigen, welche Folgen diese für die Art und Weise, wie der öffentliche Diskurs geführt wird, haben. Um den Bezug zum Textauszug zu wahren, bietet es sich an, gelegentlich **Zitate** daraus einzubetten – insbesondere was die Beschreibungen der **Eskalation** und **Polarisierung** angeht, dürfte Ihnen das nicht schwerfallen.
Als **Fazit** können Sie festhalten, inwieweit das Netz die von den Autoren beschriebenen Defizite der Kommunikation tatsächlich begünstigt, und einen Ausblick geben, welche Möglichkeiten der Verbesserung es geben könnte.

Lösungsvorschlag

TEILAUFGABE 1

Der vorliegende **Sachtext** stellt einen Auszug aus dem Werk „Die Kunst des Miteinander-Redens. Über den Dialog in Gesellschaft und Politik“ von Uwe Pörksen und Friedemann Schulz von Thun aus dem Jahr 2020 dar. Die Autoren beschäftigten sich mit der **Frage**, wie der **Streit um politische Korrektheit in der Öffentlichkeit** ausgetragen wird.

Einleitung
Primärinformationen, Thema des Textes

Die beiden Wissenschaftler zeigen **am Beispiel der Political-Correctness-Debatte** auf, wie problematisch sich die Kommunikation über strittige Inhalte in der Öffentlichkeit gestaltet, sodass das Miteinander-Reden komplett zu scheitern droht. Das liegt nach ihrer Auffassung nicht nur daran, dass Gegner und Befürworter gegensätzliche Meinungen vertreten und sich ein **Teufelskreis an gegenseitiger Abwertung** bildet, sondern auch daran, dass die **Polarisierung sich auf die Ebene der Metakommunikation** ausweitet. Hintergrund dafür sei der Verlust von verbindlichen Kommunikationsregeln, den die Autoren offenbar auch den Veränderungen der Medienlandschaft zuschreiben. Es bedürfe trotz aller Schwierigkeiten in den „Zeiten verfließender Kontext- und Kommunikationsgrenzen" (Z. 86 f.) genau eines solchen **Aushandlungsprozesses** in Bezug auf das **Wie der Kommunikation**.

Hauptteil
Position der Autoren

Zunächst stellen die beiden Verfasser **zwei tolerierbare Positionen** bezüglich der Political Correctness sprachlichen Handelns einander gegenüber. Die eine umfasst die **Haltung der Befürworter**, die sie als Gebot des Anstands und der Höflichkeit betrachten, wissend darum, dass sprachliche Diskriminierung betroffene Menschen demütigen und psychisch krank machen kann (vgl. Z. 5–8). Die andere Position nähmen „Vertreter einer robusten Unbekümmertheit" (Z. 16 f.) ein, die sich auf Rede- (vgl. Z. 17 f.) und Meinungsfreiheit (vgl. Z. 19 f.) berufen würden. Kritisch sehen es die Verfasser, wenn die jeweilige Seite es mit ihrer Haltung übertreibt: Die Befürwortung der Political Correctness könne dann in eine überempfindliche „**Dauermoralisierung**" (Z. 13) ausarten, die der lebendigen Debattenkultur schade (vgl. Z. 15). Und manche Gegner der Political Correctness würden es übertreiben, wenn sie pauschal jegliche Bemühungen um eine respektvollere Sprache als Teil eines „Umerziehungsprogramm[s] von *Tugendterroristen*" (Z. 23) verunglimpfen, die das Recht auf Freiheit und Selbstbestimmung beschneiden wollten. Manche Gegner scheuten nicht einmal davor zurück, **Vergleiche mit der DDR oder NS-Zeit** zu bemühen, was nicht nur von mangelndem Geschichtswissen zeuge, sondern auch als **Legitimation** für die übelsten diskriminierenden Äußerungen dienen solle. Dieses Vorgehen verstärke die Empörungsbereitschaft der Befürworter, die die offenen Tabubrüche als Angriff auf die Menschlichkeit verständen.

wesentliche Textaussagen in ihrer gedanklichen Entfaltung

Die Beschreibung der beiden Positionen mit ihren problematischen Seiten ist für Pörksen und Schulz von Thun der Hintergrund für die **drei Befunde**, die sie im Folgenden formulieren: Der **erste benennt** einen „**Teufelskreis der wechselseitigen Totalabwertung**" (Z. 45 f.), also eine gegenseitig sich verstärkende Herabsetzung des jeweils anderen. Der **zweite** besteht darin, dass die Beschreibung der

Art und Weise, wie das andere Lager kommuniziere, häufig verzerrend und übertreibend ist („Zerrbilder der Kommunikationsrealität“, Z. 51) und so zur **weiteren Eskalation** beiträgt, die die Positionen weiter verhärtet. Äußerungen wie beispielsweise, man lebe in einer „*Meinungsdiktatur*“ (Z. 60), erschwerten die produktive Auseinandersetzung, förderten die gesellschaftliche Polarisierung und seien zudem widersinnig, denn bei wirklichem Redeverbot wäre diese Äußerung gar nicht mehr möglich. Den **dritten Befund** beschreiben die Verfasser mit der Wendung der *„metakommunikative[n] Polarisierung“* (Z. 67 f.). Die Auseinandersetzungen bezögen sich nicht mehr nur auf die Inhalte, sondern auch auf die Art der Kommunikation: Man „schürt die Wut über die Wut und die Empörung über die Empörung“ (Z. 69 f.). Dieses Vorgehen stelle inzwischen den „Normalfall“ (Z. 71) dar und infolgedessen gebe es **weniger Debatten über Inhalte**, sondern mehr darüber, ob es überhaupt noch sinnvoll sei, miteinander zu reden.

Als Grund für die Verlagerung der Debatte auf die Metaebene sehen die Verfasser ein „normatives Vakuum“ (Z. 78 f.), das sie auf die heutigen veränderten Kommunikationsbedingungen, auf den Wegfall von Regeln, die stetige Normverletzung und auf das Schwinden der „Autorität etablierter Medienmacher“ (Z. 81 f.) zurückführen. Die beschriebene Metakommunikation ist für sie eine **Reaktion** auf dieses Vakuum, mithin als Versuch, **neue Regeln und Grenzen zu etablieren**.

Art und Funktion der Argumentation

Der Textauszug wird **mit einer Frage** bezüglich des Streits um Political Correctness eröffnet, die im Folgenden differenziert beantwortet wird. Denn die Verfasser legen nicht nur die **beiden tolerierbaren Positionen** in dieser Auseinandersetzung dar, sondern **problematisieren** auch die Überschreitung der **Grenzen des Tolerierbaren**. Als **Folge** dieser Grenzüberschreitung stellen sie die Empörung darüber im anderen Lager dar. Aus den Beobachtungen des kommunikativen Verhaltens **leiten** Pörksen und Schulz von Thun abstrahierend ihre **drei Befunde ab**, wobei sie dem dritten Befund, der metakommunikativen Polarisierung, besondere Aufmerksamkeit widmen, indem sie die Gründe für den **Sprung auf die Metaebene erklären**.

Die Verfasser beschreiben ihre Beobachtungen genau und veranschaulichen sie mit **typischen** (vgl. Z. 16 ff.) oder **konkret zuschreibbaren** (vgl. Z. 56 ff.) **Äußerungen** der jeweiligen Seite. Ihre Diskursbeschreibung ist dabei um Neutralität hinsichtlich der beiden Lager bemüht, wie ihre mehrfache Betonung der Wechselseitigkeit (vgl. Z. 46, 49, 69 f.) verdeutlicht. Eindeutige Positionierungen finden sich gleichwohl in Einzelfragen (vgl. Z. 8 f.: „Das ist eine gut begründbare, außerordentlich ehrenwerte Position.").

sprachlich-stilistische Gestaltung in ihrer Funktion

Die sprachlich-stilistische Gestaltung zeugt von einer ambitionierten Herangehensweise. Der Text ist in **niveauvoller Standardsprache** verfasst, weist einen überwiegend **anspruchsvollen Satzbau** und einen **bildungssprachlichen Wortschatz mit einigen Fremdwörtern** auf („Spektrums", Z. 16; „Furor", Z. 11). Für Anschaulichkeit sorgen viele **Adjektive** („humorfreie", Z. 14; „produktiv polemische", Z. 14 f.) und eine zum Teil **bildliche Sprache** („hineintreiben und letztlich brechen", Z. 8; „Teufelskreis", Z. 45 f.), die auch immer wieder mit dem gehobenen Wortschatz verbunden ist („Diskursdiagnostik", Z. 47; „normatives Vakuum", Z. 79 f.; „Tarnvokabular", Z. 27). Die gleiche Funktion hat der einzige **bildliche Vergleich**: Zur Erläuterung der „Eskalationsrhetorik" (Z. 48) verwenden die Autoren das Bild von Zeichnern aus dem Mittelalter, die auf ihren Ozeankarten Ungeheuer und Monstergestalten malten (vgl. Z. 49–52). Diese **Analogie** soll deutlich machen, wie verzerrt und unrealistisch die Wahrnehmung des jeweils anderen ist. Zahlreiche **Aufzählungen** („von *Tugendterroristen*, von *Meinungs- und Gesinnungsdiktatoren* und *intoleranten Gutmenschen*", Z. 23 f.) **illustrieren die Gefährlichkeit** des in der Auseinandersetzung verwendeten Vokabulars. Auffällig sind zudem der Gebrauch **anaphorischer Satzanfänge** („Und", Z. 18, 20, 28), die die jeweilige **gedankliche Auseinandersetzung** vorantreiben, und die **wiederholten Fragen**, die die Gefahr des Kommunikationsabbruchs (vgl. Z. 53–60) oder die Ratlosigkeit, wie zu sprechen sei (vgl. Z. 75 f.), vor Augen führen.

Leserlenkung

Der **überwiegend informierende Text** richtet sich an **gebildete Laien und Experten**, die den eloquenten Ausführungen aufmerksam folgen müssen, da der Sachverhalt differenziert und **in einem nahezu absatzlosen Fließtext** erläutert wird. **Strukturschaffend** sind vor allem die Auflistungsformeln wie „auf der einen Seite – auf der anderen Seite" (vgl. Z. 1, 16), „dreifacher Befund" (Z. 44 f.), „zum einen – zum anderen" (vgl. Z. 45, 47), „schließlich und endlich" (Z. 67), die dem Leser eine **Orientierung** ermöglichen. Im Hinblick auf die Meinungsbildung wählen die Autoren eine **Darstellungsweise**, die von **Zurückhaltung** geprägt ist, aber dennoch ihre **eigene Position erkennen** lässt. So beschreiben sie zunächst das sprachliche Verhalten und ziehen anschließend ihre **Schlüsse aus dem Beobachteten** („Hier sieht man: „Eine solche Art der Diskursbeschreibung will die Eskalation.", Z.63). So ist denn auch der **appellative Charakter** des Textauszugs nur indirekt zu erkennen und lässt dem Leser genügend **Spielraum, sich eine eigene Meinung zu bilden**.

Die beispielhafte Analyse des Miteinander-Sprechens im öffentlichen Raum anhand des Streits um politische Korrektheit vermittelt die **doppelte Problematik**, von der gesellschaftliche Diskurse aktuell geprägt sind. So entzünden sich Streitthemen nicht nur an **inhaltlichen Differenzen**, sondern verlagern sich zudem auf die **metakommunikative Ebene** – häufig mit dem Ergebnis, dass die Konfliktparteien gar nicht mehr miteinander sprechen wollen und ausschließlich in ihrer eigenen Blase verbleiben. Die gegebenen situativen und kommunikativen Bedingungen begünstigen diese Haltung. Dennoch ist die „Kunst des Miteinander-Redens" von hoher Bedeutung, um nicht den von beiden Seiten beschworenen Riss durch die Gesellschaft zu vertiefen.

Schlussbetrachtung

TEILAUFGABE 2

Pörksen und Schulz von Thun streifen in ihrem Auszug die These, dass die beschriebenen Kommunikationsmuster auf den Medienwandel der letzten Jahrzehnte zurückzuführen ist, nur kurz (vgl. Z. 80–83). Man darf davon ausgehen, dass sie damit insbesondere das Aufkommen der **sozialen Medien** meinen. Aber welche Bedeutung haben die sozialen Medien im gesellschaftlichen Diskurs? Und gefährden sie die produktive öffentliche Kommunikation?

aufgabenbezogene Überleitung

Kommunikation im digitalen Zeitalter weist deutliche Unterschiede zum Vor-Internet-Zeitalter auf. So ist die **Beteiligung an öffentlichen Diskursen deutlich einfacher** geworden: Jede und jeder kann vom Empfänger zum Sender, vom **passiven Rezipienten** zum **aktiven Teilnehmer** werden. Widerstreitende Interessen, Meinungen und Weltanschauungen pluralistischer Gesellschaften können abgebildet werden. Darin liegt ein **großes Potenzial für den öffentlichen Diskurs** und die **Meinungsbildung**, da hier das „dialektische, auch produktiv polemische Prinzip von Debatten" (Z. 14 f.) für eine konstruktive Auseinandersetzung genutzt werden kann.

Hauptteil

Potenziale der sozialen Medien

– Erweiterung der Diskursmöglichkeiten

Das Internet ist so auch der Ort, an dem **von Diskriminierung betroffene Menschen** öffentlich über ihre **Erfahrungen** sprechen können – zum Beispiel auf Instagram oder auf Youtube. Die entsprechenden Themen haben dadurch eine sehr viel **größere Präsenz** in der Öffentlichkeit, als das früher in den klassischen Massenmedien üblich war, in denen hin und wieder eine hierauf bezogene Reportage gesendet wurde. Insbesondere die sozialen Medien ermöglichen es betroffenen Menschen, andere Betroffene zu finden und sich mit ihnen zu vernetzen. Nicht zuletzt die Me-Too-Bewegung zeigt, wie kraftvoll die sozialen Medien im Hinblick auf die Anprangerung von **gesellschaftlichen Missständen** sein können.

– Chancen der Vernetzung und ihre Wirksamkeit

Eine größere Öffentlichkeit erfahren in sozialen Netzwerken, Foren oder Kommentarbereichen der Internetauftritte von Zeitungen oder Institutionen allerdings auch diskriminierende Beiträge und **Hasskommentare**, oft mit Bezug auf bestimmte Gruppenzuschreibungen („Flüchtlinge", „Homosexuelle"). Auch Menschen, die sich schützend vor die Diskriminierten stellen, werden zur Zielscheibe. Im Internet fehlt ein **direktes Gegenüber**, dem man beim Sprechen in die Augen sieht, und dies führt zu einem **verbalen Enthemmungseffekt**. Was früher vielleicht am Stammtisch oder in der Fußballumkleidekabine gesagt wurde, kann nun öffentlich und prinzipiell für jeden zugänglich geäußert werden – und das häufig unter dem Deckmantel der **Anonymität**, die das Netz bietet. Diese Enthemmung begünstigt die von Pörksen und Schulz von Thun beschriebene **Eskalation und Polarisierung**.

Gefahren der sozialen Medien

– Öffentlichkeit für Diskriminierung und Hasskommentare

Dazu kommt die **hohe Geschwindigkeit** des Mediums: Ein kurzer Kommentar unter einem Online-Artikel ist schnell geschrieben und veröffentlicht – im Unterschied zu seinem klassischen Pendant, dem Leserbrief. Dies kann dann **zulasten der Durchdachtheit und Ausgewogenheit** gehen, wodurch dann wiederum die Eskalation befeuert wird.

Die in den letzten beiden Jahrzehnten stark wachsende Bedeutung der **Bildlichkeit in der Kommunikation** – zuweilen als ikonische Wende bezeichnet – ist als ein weiterer Faktor zu betrachten, der die Diskursfähigkeit der Userinnen und User bestimmt: An die Stelle der Sprache sind zunehmend **Bilder** (z. B. Memes) oder **bildhafte Zeichen** (z. B. Emojis) getreten. Ohne die Leistung von Bildern als Mittel der Repräsentation oder Interaktion verneinen zu wollen, bedarf es zur **Verhandlung anspruchsvoller Fragestellungen der differenzierten Möglichkeiten der Sprache**. Dies entspricht aber nicht dem, was besonders die sozialen Netzwerke bieten. Instagram, Tiktok oder Facebook leben von Bildern oder Videos, die zu **schnellem und oberflächlichem Konsum** einladen. Der Anteil sprachlicher Zeichen ist rückläufig, Aufmerksamkeit wird nicht durch Texte erzielt und wenn überhaupt durch **reißerische Überschriften und Untertitel** – bis hin zum Clickbaiting. Die Konkurrenz um Followerinnen und Follower, Klicks und Likes führt oft zu einer **simplifizierenden Darstellung**, um möglichst viele Menschen zu erreichen. Und mangelnde Differenziertheit provoziert dann häufig heftige – oft ebenfalls undifferenzierte – Reaktionen, die wiederum ebenso heftige Antworten nach sich ziehen. Dadurch kommt tatsächlich ein „Teufelskreis der wechselseitigen Totalabwertung in Gang" (Z. 45 f.), wie ihn Pörksen und Schulz von Thun darstellen.

– Internet bzw. soziale Medien als eher visuelles denn sprachliches Medium

– Aufmerksamkeitskonkurrenz und Mangel an Differenziertheit

Die Beispiele der Verfasser zeigen allerdings, dass Eskalation und Polarisierung **nicht allein in den sozialen Medien** zu beobachten sind. So zitieren die Verfasser aus Artikeln der klassischen Massenmedien (vgl. Z. 39–44, 58), um die Empörung über die Empörung zu verdeutlichen bzw. die Diagnose, die öffentliche Kommunikation werde zerstört, als Teil der Eskalation zu kennzeichnen. Wie zum Beispiel auch die **Debatte um Äußerungen des Satirikers Dieter Nuhr** in der ARD im Jahr 2020 bezeugt, wirken die sozialen Medien auch in die klassischen Massenmedien zurück. So verteidigte Nuhr, nachdem er in den sozialen Medien heftige Reaktionen auf bestimmte Äußerungen bekommen hatte, in einem Interview auf dem Nachrichtensender Phoenix seine Einschätzung, der „Shitstorm" sei „die humane Schwester des Pogroms". Dieser Vergleich löste dann wiederum in den sozialen Medien empörte und z. T. verächtliche Beiträge aus (Twitterkommentar: „Dieter Nuhr ist die humane Variante des Durchfalls."). Diese – maßgeblich von den sozialen Medien geprägte, aber nicht auf diese beschränkte – Auseinandersetzung ist ein **Paradebeispiel** für die **metakommunikative Polarisierung**, die Pörksen und Schulz von Thun beschreiben.

– Differenzierung: Rückwirkungen auf klassische Medien

Schluss

Zusammenfassung und Ausblick

Die beiden Verfasser gehen zu Recht davon aus, dass die „Kunst des Miteinander-Redens" gefährdet ist. Die sozialen Medien spielen dabei gewiss eine wichtige Rolle. Insbesondere hier – aber nicht nur – sind Eskalationsrhetorik und Polarisierung an der Tagesordnung. Es bedarf daher einer Veränderung der **Diskurskultur**. Dazu gehört die Ehrlichkeit zuzugeben, dass es nicht nur Schwarz oder Weiß gibt, dass Inhalte komplex und Lösungen komplex sind und dass Ambivalenzen manchmal ausgehalten werden müssen. Dazu gehört die Verantwortung jedes Einzelnen, aber im Besonderen auch der Meinungsbildner. Dazu gehört Aufklärung, beginnend in den Schulen und Bildungseinrichtungen. Einen wichtigen Beitrag dazu leistet die **Politolinguistik**, ein neuer Teilbereich der Linguistik, der 1996 von dem Sprachwissenschaftler Armin Burkhardt begründet wurde und den **Prozess politischer Meinungsbildung** untersucht. Dabei beschränkt sich die Politolinguistik nicht auf den Sprachgebrauch der Politik und ihrer Akteure, sondern nimmt auch das Sprechen über Politik und in diesem Zusammenhang die Rolle der Medien in den Blick. Sie könnte Wege aufzeigen, wie die Kommunikation im öffentlichen Raum respektvoll gestaltet werden kann, um so den kommunikationsstrukturellen Chancen, die die sozialen Medien bieten, mehr Geltung zu verschaffen.

Deutsch (Baden-Württemberg) ▪ Abiturprüfung (eAN)
Übungsaufgabe 15

ESSAY

Arbeitsanweisung

Bearbeiten Sie die folgenden Aufgaben auf der Grundlage des vorgelegten Dossiers zum Thema „Privilegien“:

1. Verfassen Sie Abstracts zu den **Materialien 3, 4 und 5**. (ca. 30 %)
2. Schreiben Sie einen Essay. Wählen Sie einen Ihrer Intention entsprechenden Titel. (ca. 70 %)

Material 1 **Privilegierungen – Definition**

Unter „Privilegierung“ versteht man in den Geschichts- und Rechtswissenschaften allgemein einen begünstigenden Herrschaftsakt (z. B. eines Kaisers, Papstes, Herzogs oder Grundherrn) zu Gunsten eines Einzelempfängers oder einer Gruppe durch Verleihung eines (Vor-)Rechts (= Privileg). Als „Privilegierungen“ bezeichnete Akte kamen vom Mittelalter bis in die Neuzeit auf sämtlichen Gebieten des öffentlichen und privaten Rechts vor, in vertragsähnlichen Kontexten ebenso wie zur Kennzeichnung eines Rechtsstatus (Standesprivilegien) oder von Bewidmungen (z. B. Stadtrechts- oder Reichsstadtprivilegien; Bewidmung mit Magdeburger Recht). Ferner gab es Münz-, Buchdruck-, Handwerks-, Appellations- oder Universitätsprivilegien (Erlaubnis zur Münzprägung, Anfertigung von Druckerzeugnissen, Ausübung eines Handwerks, Anrufung von Gerichtsinstanzen, Universitätsgründung). In der Frühen Neuzeit wurden Herrschaftskompetenzen vielfach in Form landesherrlicher Privilegien verliehen, sodass diese auch für die Verfassungsentwicklung eine Rolle spielten.

Quelle: https://ome-lexikon.uni-oldenburg.de/begriffe/privilegierungen (Zugriff am 02. 07. 2021).

Material 2 **Kübra Gümüşay: Individualität als Privileg**

Individualität.
Komplexität.
Ambiguität.*
Makel.
Fehler.

Alle diese Dinge sind *Privilegien*. Individualität, Komplexität, Ambiguität, Makel und Fehler sind natürlich eigentlich keine Privilegien. Sie gehören zum Menschen dazu, ohne sie kann ein Mensch nicht sein. Und doch werden sie Menschen, die von der Norm abweichen, nicht zugestanden. So wird, was einen Menschen in seinem Facettenreichtum ausmacht, zu einem Privileg. Für diejenigen, die inspiziert werden, die benannt werden, die eingesperrt sind in den Definitionen der Benennenden: *Die* jüdische Frau. *Der* Schwarze Mann. *Die* Frau mit Behinderung. *Der* Mann mit Migrationshintergrund. *Die* muslimische Frau. *Der* Geflüchtete. *Die* Homosexuelle. *Die* trans Frau. *Der* Gastarbeiter.

Sie alle werden im Kollektiv benannt und betrachtet. So als wäre es möglich, einen Menschen zu verstehen, ohne Zeit mit ihm zu verbringen und sich auf seine besondere Sicht einzulassen. Ohne seine Widersprüche, seine Makel, seine Fehler zu kennen. Und selbst dann hat das Kennenlernen eines Menschen kein Ende. Oder würden Sie über sich sagen, Sie hätten sich abschließend verstanden, Sie selbst könnten sich in Ihrer ganzen Komplexität einem anderen Menschen verständlich machen?
Doch den Abweichenden wird diese Unergründlichkeit nicht zugestanden. Sie werden ihrer Individualität beraubt. Komplexität wird für sie zu einem Privileg.

Aus: Kübra Gümüşay: Sprache und Sein. München Carl Hanser Verlag 2020, S. 63 f.

Anmerkung
* Ambiguität: Mehrdeutigkeit

Material 3 Alice Hasters: Was weiße Menschen nicht über Rassismus hören wollen, aber wissen sollten

Lange wusste ich nicht, wie angenehm es ist, nicht aufzufallen. Das erste Mal wurde mir das richtig bewusst, als ich in den USA in einen Bus stieg. In Deutschland ist das meist der Moment, an dem kurz Blicke an mir haften. Sie sind weder eindeutig bösartig noch eindeutig wohlwollend – doch es gibt sie. Im Bus in den USA war ich auf einmal die Norm. Ich konnte erstmals ausschließen, dass mich Menschen vorrangig wegen meiner Hautfarbe wahrnahmen. Ich war nicht „die Schwarze“, ich war höchstens „die mit dem blauen Pullover“ oder „die mit den offenen Haaren“. Das empfand ich als unglaublich angenehm. Ich war überrascht, wie anders sich das anfühlte, das Nicht-Auffallen. Es war, als ob mir eine Last abgenommen wurde, derer ich mir nicht bewusst gewesen war. Wenn ich mit *weißen* Menschen darüber spreche, meinen sie, dieses Gefühl nachvollziehen zu können. Sie erzählen mir dann von ihren Urlaubserlebnissen in Ländern, die nicht mehrheitlich *weiß* sind. Wie sie angestarrt wurden, wie die Menschen ihre Haare anfassten und Fotos mit ihnen machen wollten. Manchmal klingen diese Anekdoten wie passiv-aggressive Verteidigungsversuche, um zu beweisen, dass auch *weiße* Menschen Opfer von Rassismus sein können. Andere Male scheinen sie wie ein aufrichtiger Versuch, nachempfinden zu wollen, wie ich mich fühlen muss. Ich glaube diesen Menschen, dass ihre Erlebnisse unangenehm waren und dass sie vielleicht ein Stück weit helfen können, das „Anderssein“ nachzuempfinden. Doch die sogenannten „Rassismuserfahrungen“ *weißer* Menschen sind nicht die gleichen, die ich mache. Wer zuvor gut aufgepasst hat, weiß, dass sich *weiße* Menschen selbst zu einer „überlegenen“ Rasse erklärten. Diese Theorie trugen sie während der Kolonialisierung in fast jeden Winkel der Welt. Es stimmt also, dass *weiße* Menschen in diesen Momenten die Auswirkungen von Rassismus zu spüren kriegen, jedoch – anders als bei mir – nicht als Benachteiligte, sondern als privilegierte Person. Das, was vielleicht unangenehm sein mag, ist die unverdiente positive Aufmerksamkeit. Das heißt nicht, dass alle Begegnungen positiv sind. Doch der gravierende Unterschied ist: *Weißen* Menschen wird vielleicht unterstellt, dass sie wohlhabend seien, oder sie werden als besonders attraktiv wahrgenommen. Vielleicht in einem Ausmaß, das unangenehm oder sogar bedrohlich sein kann. Doch die Attribute, die ihnen zugeschrieben werden, sind positiv und höhergestellt. Die Attribute, die mir zugeschrieben werden, sind negativ und tiefergestellt. *Weiße* sind also niemals Opfer von Rassismus.

Aus: Alice Hasters: Was weiße Menschen nicht über Rassismus hören wollen, aber wissen sollten. München: Carl Hanser Verlag 2019, S. 43 f.

Material 4

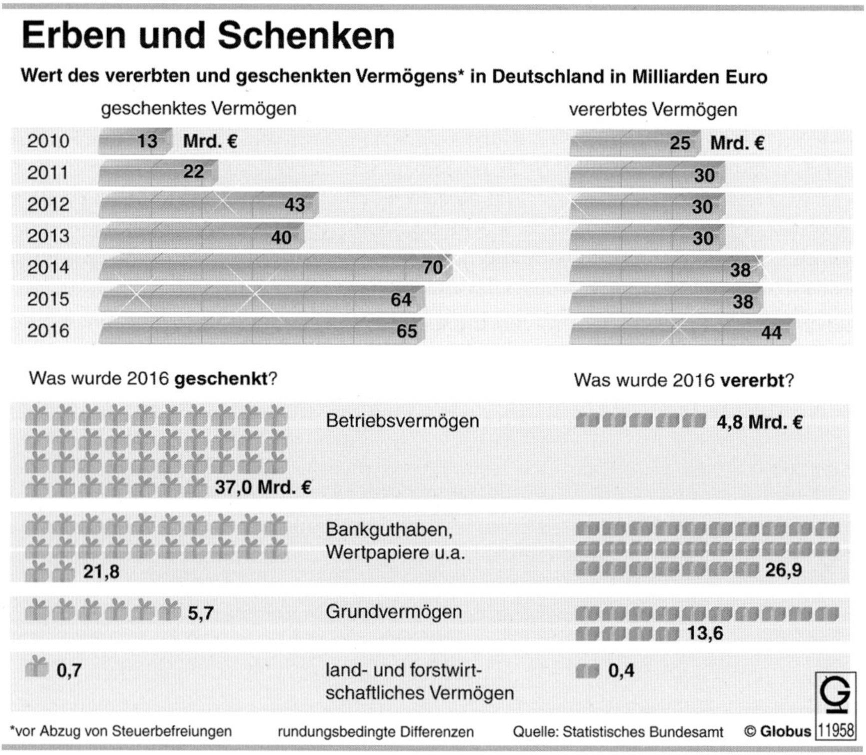

Quelle: Globus Infografik Ob-11958 vom 01. 09. 2017.

Material 5 Athena Rolland*: Den Schuh zieh' ich mir nicht an

Ich gehöre in der Klasse zu den Ärmsten, aber es macht mir nichts aus. Na gut: fast nichts

Den Unterschied zwischen meinen Mitschülern und mir sieht man erst auf den zweiten Blick. Im Gegensatz zu mir haben sie ein iPhone oder benutzen im Unterricht ihr iPad. Bei uns an der Schule rennen schon 14-jährige mit Gucci-Taschen herum. Viele fahren mit ihrem Roller oder sogar mit einem eigenen Auto zur Schule. Ich selbst bin anderthalb Stunden mit dem Zug unterwegs. Meine Mutter, meine Schwester und ich wohnen in einem Vorort von Frankfurt, weil dort die Mieten billiger sind.

Meine Schule liegt in einer wohlhabenden Gegend, dem Westend in Frankfurt. Dort mache ich nächstes Jahr mein Abitur. Mein Glück ist, dass ich nicht die Einzige bin, deren Familie wenig Geld hat. Es gehen auch Kinder aus dem weniger betuchten Gallus-Viertel auf mein Gymnasium. Deshalb sind die Unterschiede zwischen Arm und Reich nicht so besonders. An der vorherigen Schule in meinem Dorf war das anders. Da habe ich mir immer Sprüche über „Hartz-IV-Schmarotzer" anhören müssen.

Armut bedeutet für mich, dass wir uns über alle Anschaffungen Gedanken machen müssen. Und nie Geld da ist, wenn es für mich drauf ankommt: für Austauschfahrten, Studienreisen oder bestimmte Ausflüge zum Beispiel. Meine Mitschüler können Angebote in Japan, Rom oder den USA annehmen. Ich habe Freunde, die bereits viermal in Marokko waren. Das wird mir nicht passieren. Ich kann nur an obligatorischen Klassenfahrten teilnehmen, weil die vom Amt übernommen werden. Ich muss dann jedes Mal einen sogenannten Beihilfeantrag ausfüllen und ihn vom Lehrer unterschreiben lassen. Das ist unangenehm, weil es die anderen oft mitkriegen.

Manchmal vergleiche ich mich schon mit meinen Freunden, die mehr Geld haben, und bin dann traurig, weil mir so viel entgeht – eigene Bücher, Theaterbesuche, Filme auf DVD.

Aus: fluter Nr. 45 (Winter 2012/2013), S. 14.

Anmerkung

* Erläuterung zur Autorin: Die Verfasserin war zum Zeitpunkt der Veröffentlichung 16 Jahre alt, der Name ist nicht ihr richtiger Name.

Originalaufgabe der Abiturprüfung 2022

TIPP **Bearbeitungshinweise**

TEILAUFGABE 1: Die **Erschließung der Materialien** ist die Grundlage für das Verfassen von Abstracts. Wenden Sie dabei die im Unterricht eingeübten Lesestrategien an. Durch Überfliegen des Dossiers verschaffen Sie sich rasch einen ersten Zugang, dem ein genaues Lesen – am besten mit einem Stift für Markierungen und Notizen – folgt. Hier nutzen Sie die Strategie des selektiven Lesens, d. h., Sie erschließen die Materialien im Hinblick auf das vorgegebene Thema Ihres Essays. Es empfiehlt sich, die vielfältigen Informationen optisch zu strukturieren, z. B., indem Sie **Schlüsselbegriffe in Form eines Clusters** um den zentralen Begriff „Privilegien/Privilegierung" herum ordnen. In der Prüfung können Sie das bereitliegende **Wörterbuch nutzen**, um Begriffe zu klären oder Wortfamilien, Synonyme und Antonyme zu suchen.

Beachten Sie folgende Regeln für das Verfassen von Abstracts: Schreiben Sie im **Präsens**, bleiben Sie **sachlich**, verzichten Sie auf eine persönliche Wertung oder Stellungnahme und kennzeichnen Sie fremde Urteile durch **indirekte Rede** bzw. Konjunktiv. Der Umfang eines Abstracts sollte etwa eine Viertelseite bzw. ca. 100 Wörter umfassen.

TEILAUFGABE 2: Beginnen Sie mit einem **Brainstorming** und halten Sie Ihre Ideen schriftlich fest. Sie können hierfür das Cluster zum Dossier nutzen und zu einem Ideennetz erweitern: um weitere Aspekte des Themas, eigene Erfahrungen, konkrete Beispiele, Gegenbegriffe, mögliche Gegenpositionen und vieles mehr. Arbeiten Sie auch mit unterschiedlichen Zeichen und Symbolen, z. B. Frage- und Ausrufezeichen, Pfeile, Blitze, Verbindungslinien, Smileys usw. Ein **aussagekräftiges Ideennetz**, das über die Aspekte der Materialien hinausgeht, bildet eine gute Grundlage für die Entwicklung eine Schreibplans.

Machen Sie sich klar, welches **Schreibziel** Sie mit Ihrem Essay verfolgen: Wollen Sie Probleme beschreiben, Hintergründe erklären, Ihre eigene Position begründen? Möchten Sie Ihre Leser*innen informieren, zu etwas auffordern, ihnen etwas erzählen oder sie provozieren? Wollen Sie ironisieren, dramatisieren, übertreiben? Vermutlich werden Sie sich für eine Mischung entscheiden und abwechselnd unterschiedliche Schreibhaltungen einnehmen. Denn der Essay verlangt, dass Sie sich dem Thema **facettenreich, subjektiv und ergebnisoffen** annähern und Ihre Leser*innen zum eigenständigen Denken anstiften. **Originalität und sprachliche Kreativität** sind ausdrücklich erlaubt, dürfen aber kein Selbstzweck sein.

Der Essay wird oft als **Gedankenspaziergang** bezeichnet, verlangt also kein streng logisches Voranschreiten wie eine Erörterung, sondern erfordert ein **differenziertes Denken in Widersprüchen und Gegensätzen**, hinter denen ein „roter Faden" erkennbar ist. Die Verfasserin des vorliegenden Lösungsvorschlags hat hierfür die Metapher des Spaziergangs wörtlich genommen: Sie lässt sich von einer imaginären Person, stellvertretend für den Leser/die Leserin, auf einem Spaziergang durch die Stadt begleiten und kommt mit ihr über die vielfältigen konkreten Erscheinungsformen von Privilegien ins Gespräch. Dabei werden relevante Informationen aus den unterschiedlichen Materialien eingebunden und mit eigenem Wissen, eigenen Erfahrungen und Fragen an die Begleitperson bzw. den Leser oder die Leserin verknüpft.

Wie jeder Aufsatz ist auch der Essay in **Einleitung** bzw. Einstieg, **Hauptteil** und **Schluss** gegliedert. Sie sollten alle Materialien in Ihre Ausarbeitung einbeziehen. Wie detailliert Sie auf die einzelnen Texte und Grafiken eingehen, bleibt allerdings Ihnen überlassen. Darüber hinaus verlangt die Aufgabenstellung, dass Sie einen aussagekräftigen, weder zu weit noch zu eng gefassten **Titel** formulieren, der zum Lesen des Aufsatzes motiviert. Bei aller Freiheit, mit Stilmitteln zu spielen, dürfen Sie die **sprachliche Richtigkeit** (Rechtschreibung, Kommasetzung) nicht vernachlässigen.

Zur **politisch korrekten Wortwahl:** Das Adjektiv „farbig" gilt als rassistisch konnotiert. Verwenden Sie bei der Bezeichnung von Menschen mit einer bestimmten Hautfarbe stattdessen „**Schwarz**" (mit Großschreibung) bzw. „***weiß***" (kursiv), außerdem „**People/Person of Color (POC)**". Die Besonderheiten in der Schreibung machen kenntlich, dass es nicht um die Hautfarbe an sich, sondern um soziokulturelle Aspekte geht.

Lösungsvorschlag

ABSTRACTS (TEILAUFGABE 1)

Alice Hasters: Was weiße Menschen nicht über Rassismus hören wollen, aber wissen sollten

Zu Material 3

Alice Hasters stellt in ihrem 2019 erschienenen Buch „Was weiße Menschen nicht über Rassismus hören wollen, aber wissen sollten" die These auf, dass *Weiße* niemals Opfer von Rassismus sein könnten. Auch wenn *weiße* Menschen in Ländern mit überwiegend Schwarzer Bevölkerung unangenehme Erlebnisse des Andersseins hätten, seien diese nicht mit den Rassismuserfahrungen Schwarzer Menschen vergleichbar. Denn *Weiße* hätten sich lange als „überlegene" Rasse betrachtet. Diese aus der Kolonialzeit herrührende Theorie präge noch heute die allgemeine Wahrnehmung. *Weiße* spürten die Auswirkungen von Rassismus deshalb nicht als Benachteiligte, sondern als privilegierte Personen, denen durchweg positive Eigenschaften zugeschrieben würden.

Globus Infografik zum Erben und Schenken

Zu Material 4

Die Globus Infografik vom 01. 09. 2017 stellt dar, wie sich die Vermögensverteilung in Deutschland durch Erben und Schenken zwischen 2010 und 2016 entwickelt hat. Geschenktes Vermögen hat sich demnach innerhalb von sechs Jahren mehr als vervierfacht, vererbtes knapp verdoppelt. Für 2016 wird der Vermögenstransfer genauer aufgeschlüsselt: Bei den Schenkungen spielt Betriebsvermögen die größte Rolle, gefolgt von Bankguthaben und Wertpapieren sowie Grundvermögen. Land- und forstwirtschaftliches Vermögen fällt kaum ins Gewicht. Den Löwenteil des vererbten Vermögens macht Bankguthaben aus, vor Grundvermögen, Betriebsvermögen und land- und forstwirtschaftlichem Vermögen. Die größten Unterschiede werden beim Betriebsvermögen erfasst, wo der geschenkte Betrag mehr als sieben Mal höher ist als der vererbte.

Athena Rolland: Den Schuh zieh' ich mir nicht an

Zu Material 5

In einem im Winter 2012/13 in der Zeitschrift „fluter" erschienenen Artikel äußert sich eine Frankfurter Schülerin unter dem Pseudonym Athena Rolland zu ihrem Status als Kind einer Hartz-IV-Empfängerin. Detailliert beschreibt sie die privilegierte Situation ihrer Mitschüler*innen, die sich von ihrer Lage deutlich unterscheidet. An ihrer Schule spielt der Unterschied zwischen Arm und Reich keine große Rolle, da dort Kinder aus allen sozialen Schichten zu finden sind. Dennoch macht es Athena traurig, kein Geld für Freizeitaktivitäten zu haben und deshalb von vielen Erlebnissen ausgeschlossen zu sein.

ESSAY (TEILAUFGABE 2)

Alles, was (Vor-)recht ist!

Einstieg

Assoziationen zu „Privilegien"

Woran denken Sie, wenn Sie das Stichwort Privilegien hören? An die Waschmaschine der Marke Privileg, die sich im Unterschied zum teuren Miele-Gerät auch der Otto Normalverbraucher leisten kann? An Altkanzler Gerhard Schröder, dem das Vorrecht auf ein Büro im Bundestag entzogen wurde? An die steuerlichen Vergünstigungen, die Käufer von Elektroautos genießen? …

Definition des Begriffs „Privilegien" aus historischer Perspektive

Bezug zu M 1

Wenn Sie das Online-Lexikon der Universität Oldenburg zurate ziehen, finden Sie folgende Definition: **Privilegien sind Vorrechte**, die durch einen „Herrschaftsakt (z. B. eines Kaisers, Papstes, Herzogs oder Grundherrn)" an Einzelpersonen oder Gruppen verliehen werden. Solche als „**Privilegierungen**" betitelte Akte gab es vom Mittelalter bis zur Neuzeit in sämtlichen Bereichen des öffentlichen und privaten Rechts, und zwar als Standesprivilegien, Stadtrechts- oder Reichsstadtprivilegien, sowie als „Münz-, Buchdruck-, Handwerks-, Appellations- oder Universitätsprivilegien". Den begünstigten Individuen oder Gruppen wurden dadurch **Status und Macht verliehen**, z. B. die Erlaubnis zur Münzprägung oder zum Buchdruck, zur Ausübung eines Handwerks, zur Anrufung von Gerichten oder der Gründung einer Universität. Auch für die Entwicklung staatlicher Verfassungen spielten Privilegierungen eine Rolle. So wurde z. B. das Wahlrecht, in heutigen Demokratien ein allgemeines Bürgerrecht, zunächst nur einer kleinen gesellschaftlichen Schicht gewährt.

Beispiele für überholte Privilegien

Das ist Ihnen viel zu abstrakt und klingt nach Schnee von gestern? In der Tat sind viele solcher Bevorzugungen längst passé, ganz konkret etwa das mittelalterliche Privileg des Adels, Waffen zu tragen, das Recht auf Heirat ausschließlich für besitzende Schichten, der Besuch einer Universität als Vorrecht von Männern bis ins 20. Jahrhundert hinein, das Wahlrecht, das Frauen in Deutschland bis 1918 ausschloss. Und noch in den 1950er-Jahren war es ein Vorrecht des Ehemanns, das Vermögen seiner Frau zu verwalten und ihr eine eigene Erwerbstätigkeit zu gestatten oder zu verwehren. In den Genuss solcher Vorteile kam man in der Regel nicht durch **Leistung**, sondern durch die **Zugehörigkeit zu einem Stand, einem Geschlecht oder einer gesellschaftlichen Gruppe**.

Überleitung zu heutigen Privilegien

Aber so ganz verschwunden sind Privilegien auch in unserer modernen Gesellschaft nicht. Oft teilen sie uns eine **Rolle** zu, die wir ohne eigenes Zutun, quasi **durch Geburt**, bekommen. Jetzt protestieren Sie und weisen auf die demokratische Verfassung unseres Rechtsstaats hin, vor dem alle Menschen gleich sind? Sie sind überzeugt davon, dass Sie selbst keine Privilegien genießen und auch niemanden benachteiligen? Dann begleiten Sie mich auf einen Spaziergang durch die Stadt und machen Sie sich selbst ein Bild!

Privilegierung durch Vermögen

Schon beim ersten Schritt vor die Haustür bemerken Sie: Wir befinden uns in einem wohlhabenden Viertel. Sie sehen frei stehende Bungalows mit gepflegten Gärten, großzügige Doppelhäuser mit schönen Terrassen, moderne Reihenhäuser mit Balkon und Freisitz, davor stehen überall neue SUVs und kleinere Zweitautos, manche mit Elektroantrieb. Wer hier wohnt, verfügt über ein **hohes Einkommen**, einer der Partner kann auf Erwerbstätigkeit verzichten. Meistens sind es die Frauen, die trotz guter Ausbildung ihre eigene Berufstätigkeit aufgeben oder reduzieren. Der Gender-Pay-Gap und drohende Altersarmut sind der Preis dafür. Das **Privileg, zu Hause zu bleiben** und sich um die Kinder zu kümmern, hat also auch eine Kehrseite.

Rolle von Erbschaft und Schenkungen

Bezug zu M 4

Ein **hoher Lebensstandard** wie hier im Viertel ist aber nicht nur das Ergebnis von Leistung und Erwerbsarbeit. Familie Bauer dort drüben z. B. hat ihr Fachwerkhaus von einer Tante **geerbt**, die Müllers haben großzügige Bauzuschüsse von ihren Eltern erhalten, Herr Geiser konnte ehemals landwirtschaftlich genutzte Grundstücke verkaufen und damit seine schicke Villa finanzieren. Solche Privilegien sind doch nicht die Regel, meinen Sie. Dann schauen Sie mal die

Statistik über **Erben und Schenken** in Deutschland an. Seit 2010 nimmt sowohl das verschenkte als auch das vererbte Vermögen stetig zu, 2016 betrug es 65 Milliarden bzw. 44 Milliarden Euro. Dieser Reichtum wird von Generation zu Generation vererbt und vergrößert sich oft im Laufe der Zeit. Leider gilt dies auch für **Armut**. Wer nichts hat, dem wird auch nichts gegeben – die Umkehrung des bekannten Matthäus-Prinzips.

Wir kommen jetzt gleich am Einkaufszentrum vorbei. Seit einigen Jahren befindet sich dort nicht nur ein Bio-Supermarkt für umweltbewusste Gutverdiener, sondern auch ein Tafelladen, vor dem sich in letzter Zeit immer längere Schlangen bilden. Wer dort einkauft, kann sich Tomaten nicht einmal beim Discounter leisten. Er oder sie ist **auf staatliche und gesellschaftliche Unterstützung angewiesen**. Sie haben recht, man sieht das den Leuten nicht unbedingt an. Es sind sorgfältig frisierte Rentnerinnen dabei, alleinerziehende junge Mütter mit Smartphone, arbeitsunfähige Männer in Businesskleidung. Alle stehen hier und hoffen, dass sie von keinem Bekannten oder Nachbarn gesehen werden. Verständlich, oder?

Unterprivilegierung durch Armut

Auch im Schulzentrum gegenüber erkennen Sie die Armen oft erst auf den zweiten Blick. Die Frankfurter Schülerin Athena Rolland registriert die Unterschiede aber sehr wohl: iPhone und Gucci-Taschen, Roller oder eigenes Auto, Auslandsaufenthalte in Japan, Rom oder den USA, Urlaub in Marokko – all das sind Privilegien, die Athena nicht besitzt, denn ihre Familie lebt von **Hartz IV**. Selbstbewusst – oder sogar ein bisschen trotzig? – behauptet sie in einem Artikel in der Zeitschrift „fluter“, dass ihr die Armut nichts ausmache. Denn sie vergleicht sich nicht nur mit den Reichen, sondern auch mit Jugendlichen aus ihrer sozialen Schicht, denen es ähnlich geht. Zudem profitiert sie davon, dass der Staat sie bei obligatorischen Klassenfahrten finanziell unterstützt. Aber sie möchte nicht, dass die anderen mitbekommen, wie sie den Beihilfeantrag von der Lehrkraft unterzeichnen lässt. Menschen, die das Privileg des Reichtums nicht besitzen, werden oft **als faul und wenig intelligent stigmatisiert**. Deshalb wundert es Sie sicher nicht, dass Athena unter Pseudonym schreibt.

Beispiel für Kinderarmut

Bezug zu M 5

Was ihr und ihresgleichen aufgrund von Armut alles entgeht, werden wir uns auf unserer nächsten Station anschauen, der Innenstadt. In der Fußgängerzone drängeln sich viele junge Leute beim **Shoppen** in Kaufhäusern, Boutiquen, Schuhgeschäften, Schmuckläden usw. Hier gibt es alles, was die **Konsumgesellschaft** so zu bieten hat. Aber Athena bedauert vor allem, dass ihr wenig **kulturelle Teilhabe** möglich ist. Sie kann sich keine eigenen Bücher, DVDs und Theaterbesuche leisten. Am Schaufenster der Buchhandlung würde sie

Konsum und kulturelle Teilhabe als Privilegien

wohl traurig vorbeigehen. Dort liegen die Neuerscheinungen der Buchmesse, Bestseller im Taschenbuchformat, dicke Kunstbände, Reiseführer und so fort. Zwischen 15 und 30 Euro, nach oben keine Grenze, kostet ein Buch – für die Wohlhabenden kein Problem, für Hartz-IV-Familien unerschwinglich, genauso wie Klavierunterricht, Ballettschule, Tennis und Segeln oder Nachhilfestunden. Auch das Kulturangebot des Stadttheaters nutzen vor allem die Privilegierten dieser Gesellschaft, denn die 30, 50, ja 100 Euro für eine Karte können sie locker bezahlen. Und sie profitieren darüber hinaus von den Zuschüssen der öffentlichen Hand, die bezahlbare Ticketpreise im Kulturbetrieb erst ermöglichen. Wer Sprüche über „Hartz-IV-Schmarotzer" klopft, die sich Athena in ihrem Dorf anhören muss, sollte sich klarmachen, dass er oder sie womöglich mehr Nutzen aus staatlichen Transferleistungen zieht als die Armen.

Normabweichung (Behinderung, Hautfarbe) als Benachteiligung

Bezug zu M 2

Es wird Zeit, dass wir den Rückweg antreten. Nehmen wir dieses Mal den Bus. Ob wir noch einen Sitzplatz ergattern können? Der hinter dem Fahrer ist für Menschen mit **Behinderung** reserviert – ein Privileg, das deren Einschränkungen ein klein wenig abfedern soll, genauso wie die reduzierten Fahrscheine. Aber mich interessiert noch etwas anderes: Was nehmen Sie wahr, wenn Sie die Fahrgäste einen nach dem anderen betrachten? Den Mann mit Migrationshintergrund, die Türkin mit Kopftuch, den Juden mit Kippa, die geschminkte Trans-Frau? Oder **Individuen mit all ihren Facetten**, die Sie gerne kennenlernen würden, um sie besser zu verstehen? Für die Autorin Kübra Gümüşay steht fest: Individualität wird für all diejenigen zum verweigerten Privileg, die von der Norm abweichen. *Die* Flüchtlinge, *die* Gastarbeiter, *die* Behinderten – wir benennen und betrachten sie nicht individuell, sondern im Kollektiv, sperren sie sozusagen ein in unsere Definitionen und **reduzieren sie auf Kategorien**. Die Wirkungsmacht der Sprache zeigt sich auch in der Diskussion um die Political Correctness von Wörtern wie „Mohrenkopf" oder „Zigeunerschnitzel". Sie halten das für übertrieben? Dann fragen Sie mal die Betroffenen, was sie von solchen Begriffen halten.

Diskriminierung aufgrund der Hautfarbe

Bezug zu M 3

Auch die Autorin Alice Hasters gehört zu den People of Color und kennt die **Zuschreibungen und Klischees**, denen Schwarze Menschen in einer überwiegend *weißen* Gesellschaft begegnen. In den USA, beim Busfahren, hat sie eine überraschend angenehme Erfahrung gemacht: Zum ersten Mal ist sie aufgrund ihrer Hautfarbe nicht aufgefallen – ein Zustand, der für *weiße* Menschen völlig normal ist. In ihrem Buch „Was weiße Menschen nicht über Rassismus hören wollen, aber wissen sollten" (2019) behauptet Hasters folglich, dass *Weiße* niemals Opfer von Rassismus seien. Denn selbst wenn *Weiße* in Ländern mit mehrheitlich Schwarzer Bevölkerung als andersartig wahrgenommen werden, seien die ihnen zugeschriebenen Attribute, z. B. wohlhabend oder attraktiv, nicht abwertend, sondern „positiv und höhergestellt".

Bedeutung des Alltagsrassismus

Jetzt werden Sie nachdenklich, nicht wahr? Diskriminierung aufgrund von Abstammung und Hautfarbe, das kennt man doch gerade aus den USA, man denke nur an George Floyd, der von einem *weißen* Polizisten brutal getötet wurde! Im Bus als Schwarze Person nicht aufzufallen, ist sicher angenehmer, als angestarrt zu werden, aber es löst das Problem der **rassistischen Diskriminierung** nicht im Ansatz. Und doch hat diese Erfahrung Hasters Blick geschärft, und zwar den für den **versteckten Alltagsrassismus** in Deutschland. Das Nicht-Auffallen, so ihre These, ist ein Privileg, das uns *weißen* „Normalos" meist gar nicht bewusst ist. Dabei hat es folgenreiche Auswirkungen auf unser Leben. Denn im Unterschied zu People of Color brauchen *weiße* Menschen keine Angst zu haben, bei der Bewerbung um eine Wohnung wegen der Hautfarbe abgelehnt zu werden, sie können sich ohne argwöhnische Beobachtung an öffentlichen Plätzen treffen, müssen ihre Kinder nicht vor bösen Bemerkungen zu ihrer Abstammung schützen und werden weniger oft von der Polizei angehalten. – Achtung, der Kontrolleur kommt! Was glauben Sie, wen er auffordern wird, seinen Fahrschein zu zeigen? Eben!

Fragen zum Umgang mit Privilegierung

Wo **die einen privilegiert** werden, erfahren **die anderen Benachteiligung**. Sie werden abgewertet, haben weniger Handlungsmöglichkeiten und bleiben zurück. Sie spüren dauernden Gegenwind, während wir Privilegierten vom Rückenwind gepusht werden. Da kommen sicher auch bei Ihnen einige Fragen auf: Müssen wir jetzt mit schlechtem Gewissen durchs Leben gehen? Oder dürfen wir unsere Privilegien genießen? Kann man Privilegien verdienen? Ist es möglich, sie zu verweigern, zurückzugeben, abzuschütteln? Was passiert, wenn man sie missbraucht oder sich erschwindelt? Sind Privilegien gerecht oder ungerecht? Oder sind sie einfach nur Glück?

Machen Sie doch mal eine Checkliste, um herauszufinden, welche Privilegien Sie selbst haben! Etwa das Privileg, nicht aufgrund Ihrer Abstammung ausgegrenzt zu werden, in einer Demokratie zu leben, in einem Land ohne Krieg zu wohnen, gesund zu sein und bei Krankheit eine funktionierende medizinische Infrastruktur vorzufinden, und so weiter und so fort.

Appell

Über die eigenen Vorteile nachdenken, sich bewusst machen, inwiefern man privilegiert ist oder nicht, den Status der „Normalität" reflektieren – das wäre schon mal ein Schritt in die richtige Richtung, nämlich aktiv zu werden und **die Situation Benachteiligter zum Bessern zu ändern**.

ESSAY

Arbeitsanweisung

Bearbeiten Sie die folgenden Aufgaben auf der Grundlage des vorgelegten Dossiers:

1. Verfassen Sie Abstracts zu den **Materialien 2, 3 und 4**. (ca. 30 %)
2. Schreiben Sie einen Essay mit dem Titel „Alles fürs Klima?!“ (ca. 70 %)

Material 1 Marcus Düwell: Zur Zukunft der Klimaethik

Lange Zeit war die Umweltethik dominiert von sehr abstrakten Fragen, etwa der Frage, ob nicht die besondere Stellung, die Ethik und Recht dem Menschen zuerkennen, für die Überschreitung der ökologischen Grenzen verantwortlich sei und ob nicht eine radikale Abkehr von zentralen normativen Überzeugungen der Moderne erforderlich sei, um einer drohenden ökologischen Katastrophe zu entkommen. Diese Diskussionen waren aus (mindestens) zwei Gründen nicht förderlich für die Entwicklung der ethischen Diskussion. Zum einen wurden mit Stichworten wie „Anthropozentrik“ und „Biozentrik“, „Deep Ecology“ oder „Respekt gegenüber der Natur“ Alternativen etabliert, die die Ethik m[eines] E[rachtens] in eine Sackgasse führen. Ethik wird nicht umhin kommen, dem Menschen eine zentrale Stellung zuzuweisen, will sie verstehen, was es überhaupt bedeutet, moralisch zu handeln, Verantwortlichkeit zu haben, moralische Verpflichtungen einzugehen – all diese Begriffe setzen den Menschen als verantwortungs- und handlungsfähiges Wesen voraus. Das bedeutet aber gerade nicht, dass der Mensch damit auch unbegrenzt ermächtigt ist, die Natur zu beliebigen Zwecken zu verwenden. Zum anderen hat der Fokus auf derartige Diskussionen lange Zeit den Blick dafür verstellt, dass nahezu alle moralischen und politischen Diskurse eine ökologische Dimension haben. Wie kann man Wirtschafts- und Finanzsysteme so gestalten, dass ihre Dynamik nicht zwangsläufig ökologische Probleme verschärft? Müssen nicht politische Entscheidungsprozesse und das Rechtssystem zukünftige Generationen integrieren und wie kann das konkret gestaltet werden? Müssen dazu nicht die Grundlagen des Menschenrechtssystems und der liberalen Gesellschaft im Hinblick auf Zukunftsverantwortung neu durchdacht werden? Erfordern effektive Maßnahmen der Zukunftsverantwortung nicht andere Institutionen globaler Politik, als es sie derzeit gibt? Und wie können solche Institutionen demokratisch gestaltet werden? Setzt ein effektiver Schutz der natürlichen Lebensgrundlage nicht voraus, dass das enorme Wachstum der Weltbevölkerung gestoppt wird? Und kann dies geschehen, ohne dass massiv in Freiheits- und Persönlichkeitsrechte eingegriffen wird?

Aus: Jahrbuch für Wissenschaft und Ethik, Band 21 (2017), Heft 1, S. 116.

Material 2 **Interview mit der Politikwissenschaftlerin Ulrike Ackermann: Bewegung wird zur „Religion“ – Warum wir anders über den Klimaschutz reden sollten**

FOCUS Online: Wie empfinden Sie die derzeitige Debatte über den Klimaschutz?

Ulrike Ackermann: Die Debatte ist hysterisch und wird mit Alarmismus geführt. Wir sind uns alle darüber einig, dass die Klimarettung wichtig ist und der Klimawandel bedrohliche Züge angenommen hat. Umso wichtiger ist es, dass wir mit kühlem Kopf den Problemen entgegentreten.

FOCUS Online: Was meinen Sie genau mit „kühlem Kopf“?

Ackermann: Sachlich und in Ruhe, mit naturwissenschaftlichen Fakten. Klimarettung kommt mittlerweile wie eine neue Heilslehre daher, fast wie eine Religion. Es hat beängstigende Züge angenommen, wenn dauernd vom drohenden Weltuntergang die Rede ist. Das ist so nicht zielführend.

Der Klimaschutz wird über alles gestellt. Der Kult um Greta Thunberg ist zu einer Art Heiligenverehrung geworden. Veganer treten geradezu militant auf und predigen, dass der Verzicht auf Fleisch unsere Welt rettet.

FOCUS Online: Wieso ist es problematisch, dass die Bewegung religiöse Züge angenommen hat?

Ackermann: Weil die Fakten aus dem Blick geraten und die Aktivisten als radikale Retter der Welt auftreten. Wir müssen versuchen, sachlich zu reden und nicht zu moralisieren. Die Polarisierung in dieser Debatte hängt damit zusammen, dass sie nicht mehr sachlich ist.

Wissenschaftler, die sich dieser aufgeheizten Stimmung entgegenstellen, werden als sogenannte „Klimaleugner“ und „Klimaskeptiker“ stigmatisiert. Das ist unredlich. Für den Klimawandel wird vor allem der Kapitalismus und unsere westliche Lebensweise, die Ausbeutung der Dritten Welt verantwortlich gemacht. Aber unser Wirtschaftssystem hat den Lebensstandard weltweit verbessert. Auch wenn der Umgang mit unserem Planeten teils unverantwortlich gewesen ist.

Die Welt ist komplizierter und hat heute ein paar mehr Probleme. Selbst wenn wir das Klima auf einen Schlag reparieren könnten, entsteht nicht plötzlich ein Paradies auf Erden. Ungerechtigkeiten oder Kriege wird es auch dann noch geben. Ich will den Klimaschutz nicht kleinreden. Aber wir sollten eine vernünftige Debatte darüber führen. […]

FOCUS Online: Wie müsste die Debatte um Klimaschutz Ihrer Meinung nach geführt werden?

Ackermann: Ich finde es klüger, wenn Menschen als Erwachsene wahrgenommen werden. Sie müssen dazu befähigt werden, Eigenverantwortung zu übernehmen. Die Menschen fahren weniger Auto, gehen bereits bewusster mit Plastik um oder achten auf Recycling. Das sind alles Aktivitäten, die in die richtige Richtung gehen. Die Menschen sind nicht so unvernünftig, wie sie immer dargestellt werden.

Quelle: Vivica Mildner: Interview mit Politologin: Bewegung wird zur „Religion“: Warum wir anders über den Klimaschutz reden sollten, FOCUS Online vom 10. 09. 2019, https://www.focus.de/perspektiven/nachhaltigkeit/politologin-erklaert-bewegung-wird-zur-religion-warum-wir-anders-ueber-den-klimaschutz-reden-sollten_id_11123302.html

Material 3 Die persönliche CO_2-Bilanz

Die persönliche CO_2-Bilanz

So viele Tonnen Kohlendioxid* werden durchschnittlich pro Person in Deutschland im Jahr verursacht

rund 11,6 t CO_2 pro Person/Jahr unter folgenden Bedingungen:		So könnte die persönliche CO_2-Bilanz auf **5,8** t CO_2 reduziert werden:	
ERNÄHRUNG pflanzliche und tierische Produkte, teilweise Tiefkühlkost, keine Bioprodukte	**1,74**	vegetarisch, vorwiegend regional und saisonal, viele Bioprodukte	**1,16**
MOBILITÄT Mittelklassewagen mit Benzinmotor (Jahresleistung 6 700 km) 4-Stunden-Flug	**2,18**	kein eigenes Auto, Fahrrad, Carsharing (im Jahr 500 km), Bus & Bahn, kein Flug	**0,24**
HEIZUNG & STROM Strommix (Jahresverbrauch 2 900 kWh) Heizung (Jahresverbrauch 11 550 kWh)	**2,40**	Ökostrom, weniger heizen (Jahresverbrauch 8 000 kWh)	**1,19**
SONSTIGER KONSUM z. B. Kleidung, Elektronik, Freizeit 450 € Konsumausgaben im Monat, manchmal gebrauchte Gegenstände, weniger als 2 Wochen Hotel im Jahr	**4,56**	sparsames Kaufverhalten, langlebige, gebrauchte Gegenstände, 300 € Konsumausgaben im Monat, keine Hotelübernachtung	**2,46**
ÖFFENTLICHE EMISSIONEN**	**0,73**		**0,73**

Annahme: 2-Personen-Haushalt in 100 m^2-Mietwohnung
* einschl. Methan und Lachgas, die in CO_2-Äquivalante umgerechnet wurden
** Emissionen, die auf alle Einwohner verteilt werden z.B. durch öffentliche Verwaltung und Bildung

Eigene Darstellung nach: Umweltbundesamt, CO2-Rechner, Globus Infografik Dc-13394 vom 23. August 2019

Material 4 BUND will Luftverkehrswachstum nach Corona eindämmen

Während der Flugverkehr gegenwärtig fast zum Erliegen gekommen ist, warnt der Bund für Umwelt und Naturschutz Deutschland (BUND) vor einer Rückkehr zur wachstumsorientierten Luftverkehrspolitik nach der Corona-Pandemie. Als „Wegweiser für Politik und Wirtschaft“ legte der Verband einen 7-Punkte-Plan für einen „klima- und ressourcenschonenden Luftverkehr“ vor. In diesem wird die Bundesregierung aufgefordert ein grundsätzlich neues Luftverkehrskonzept auf den Weg zu bringen. Das letzte stamme aus dem Jahr 2017 und strebe ein Wachstum des Luftverkehrs an, ohne Vorschläge für mehr Umweltschutz zu machen. Es bedürfe zudem einer effizienteren Auslastung durch mehr Zusammenarbeit der Fluggesellschaften, so ließe sich die Zahl der Flugbewegungen stark reduzieren.

Um mehr innerdeutschen Verkehr auf die Schiene zu verlagern, müssten zudem „Dumpingpreise“ für Flüge verhindert und neben weiteren Maßnahmen Verhandlungen zwischen Airlines, Flughäfen und Bahn zur Umsetzung starten. [...]

Die Corona-Krise sei eine Chance, aus alten Mustern im Luftverkehr rauszukommen, kommentiert der BUND-Vorsitzende Olaf Brandt den Aufruf des Verbandes. „Ein Zurück in die Vergangenheit darf es aus Klimaschutzgründen im Flugverkehr nicht geben. Bereits jetzt in der Krise müssen nachhaltige, klimafreundliche Maßnahmen eingeführt werden, die der Transformation im Luftverkehrssektor dienen.“ Nach der vollen Wiederaufnahme des Luftverkehrs sei es zu spät.

Für den Bundesverband der Deutschen Luftverkehrswirtschaft (BDL) muss der Fokus für Politik und Wirtschaft hingegen auf technischen Innovationen, vor allem der Entwicklung weitgehend klimaneutraler Treibstoffe, liegen.

Es sei wichtig, den Luftverkehr stärker mit dem Klimaschutz in Einklang zu bringen, so Verbandschef Matthias von Randow zu airliners.de. Für nachhaltige Kraftstoffe brauche es eine industriepolitische Initiative zum Aufbau von Produktionskapazitäten und einer Markteinführung zu angemessenen Preisen.

Im Übrigen sei momentan der mit Abstand wirkungsvollste Hebel für weniger Emissionen im Luftverkehr der Ersatz von älteren Maschinen durch neue emissionsarme Flugzeuge, die deutlich weniger Kraftstoff verbrauchen. Eine neue Flugzeuggeneration stößt rund 25 Prozent weniger Emissionen aus, so von Randow.

Quelle: https://www.airliners.de/bund-plan-luftverkehr/55165 (veröffentlicht am 30. 4. 2020, abgerufen am 09. 7. 2020).

Material 5 Philipp Banse: Ökologischeres Wirtschaften nach der Coronakrise

Europa hat die Chance, einen großen Schritt zu machen: Mehr Solidarität, mehr Klimaschutz, ja: Klimaschutz als architektonisches Rückgrat der EU zu etablieren. Da waren sich die vier Wirtschaftsforscher und -forscherinnen auf ihrer Pressekonferenz heute Morgen einig.

Die EU-Kommission hat ja vorgeschlagen, dass die EU sich Milliarden leiht, um die Corona-Folgen zu lindern und dieses Geld nur zum Teil als Kredit verteilt. Der Großteil soll als Zuschuss an EU-Länder überwiesen werden. Dieser Plan der EU weise im Kern in die richtige Richtung, sagt Pascal Lamy, ehemaliger Generaldirektor der Welthandelsorganisation, ehemaliger EU-Kommissar für Handel:

„Die grüne Dimension ist absolut enthalten in diesem Wiederaufbau-Plan. Der Plan würde eine Reihe von klimatischen Transformationen anstoßen – im Transport, aber auch bis hin zur Biodiversität. Die Musik ist gut.“ [...]

Alle vier Ökonomen und Ökonominnen sprachen sich klar dafür aus, dass EU-Corona-Hilfsgelder an klimapolitische Bedingungen gebunden sein müssten. Ein Beispiel nannte Enrico Giovannini, Professor für Wirtschaftsstatistik an der Universität Rom und ehemaliger italienischer Arbeitsminister:

„Italien zahlt jedes Jahr 19 Milliarden Euro für klimaschädliche Subventionen. Das ist absolut inakzeptabel. Wenn die EU-Staaten nicht fordern würden: Bringt euer Haus klimatisch in Ordnung, bevor Geld fließt, wäre das ein großer Fehler.“

Maja Göpel, Generalsekretärin des Wissenschaftlichen Beirats der Bundesregierung *Globale Umweltveränderungen*, setzt große Hoffnungen darin, dass ausgerechnet das einflussreiche Deutschland in dieser wichtigen Phase die EU-Präsidentschaft innehat.

„Eine der wichtigsten Fragen ist: Wie können wir die Digitalstrategie der EU dazu nutzen, um die grüne Transformation der Gesellschaft voranzubringen? Wie können wir künstliche Intelligenz nutzen, um Europa nachhaltig umzubauen?“

Quelle: https://www.deutschlandfunk.de/oekonomen-fordern-oekologischeres-wirtschaften-nach-der.697.de.html?dram:article_id=478758(veröffentlicht am 16. 6. 2020; abgerufen am 09. 7. 2020).

Originalaufgabe der Abiturprüfung 2021

TIPP **Bearbeitungshinweise**

TEILAUFGABE 1: Wie in jeder Inhaltsangabe sollen Sie bei der Abfassung der Abstracts im **Präsens** bleiben und möglichst **knapp und nüchtern** formulieren. Das Wichtigste steht oft im Titel oder im letzten Satz. Nennen Sie dabei die **Textsorte des Materials**. Zu Beginn zu vermerken, dass Material 4 etwa eine „Nachricht" ist, ist wichtig, um offenzulegen, dass hier nicht bewertet wird, wer nun mehr im Recht ist: die Umweltschützer-Lobby um den BUND oder die industrienahe BDL.

TEILAUFGABE 2: Beachten Sie, dass der **Titel Ihres Essays** „Alles fürs Klima?!" bereits für Sie gewählt wurde. Der Titel gibt Ihnen wichtige Hinweise, wie hier die Dopplung von Frage- und Ausrufezeichen, die deutlich macht, dass Sie sowohl **Argumente für als auch gegen die These** finden sollten. Es ist aber möglich, den Titel um einen eher erklärenden Untertitel zu erweitern, den Sie auch erst nach dem Verfassen Ihres Essays hinzufügen können. Zudem ist es stilistisch elegant und dramaturgisch sinnvoll, wenn der Titel im Essay mindestens noch einmal auftaucht.

Ein **Wörterbuch** liegt für Sie im Abitur bereit. Sie können es nicht nur nutzen, um Wörter richtig zu schreiben, hier ist immer auch noch der Sinn eines Wortes angegeben. Außerdem dürfen Sie daraus auch zitieren (wie im Essay anbei).

Sie haben viel Zeit im Abitur, viel mehr als in jeder anderen Deutschklausur bisher. Nehmen Sie sich also mindestens eine halbe Stunde Zeit, um nachzudenken. In dieser Zeit dürfen und sollen Sie jeden Gedanken, jedes Stichwort zulassen, das Ihnen zum Thema „Klima" in den Kopf kommt. Sie können an Ihr eigenes Leben denken – vielleicht finden Sie eine **kleine Geschichte zum Thema**. Sie können überlegen, was Sie dazu in der letzten Zeit **in den sozialen Netzwerken oder in Zeitungen gelesen** haben. Ein Streit über die Frage rund ums Klima, ob in der Schule oder im privaten Umfeld, kann von besonderem Interesse sein. Im vorliegenden Lösungsvorschlag dienen z. B. die Passagen zu Bill Gates, Papst Franziskus und Jonathan Franzen als Beispiele dafür, wie man **eigenes Wissen** in den Essay mit einfließen lassen kann.

Was ein Essay genau ist, darüber streiten die Experten. Wichtig für Sie ist, dass auch in einem Essay gute Argumente vorgebracht werden müssen und die Fragestellung aus mehreren Perspektiven betrachtet werden soll. Sie haben dabei sprachlich-stilistische Freiheiten: Sie sollen **mehrere Stilebenen verwenden**. Darunter versteht man etwa subjektive Schilderungen, nüchterne, ironische, kommentierende oder erzählerische Passagen. Wichtig ist, dass Sie nicht nur eine dieser Varianten zeigen. Durchgängig ironisch oder vulgär sollte Ihr Essay nicht sein, aber in jedem Fall immer **selbstreflektiert**. Hinterfragen Sie an mindestens einer Stelle Ihren eigenen Standpunkt – dieser Gedankenspaziergang kann und darf auch Spaß machen.

Lösungsvorschlag

ABSTRACTS (TEILAUFGABE 1)

Focus Online: Interview mit Ulrike Ackermann — Zu Material 2

In dem FOCUS-Interview vom 10. 09. 2019 warnt die Politologin Ulrike Ackermann vor der Gefahr, im Kampf um die Bewahrung des Klimas zu übertreiben. Geboten sei eine strikt sachliche Debatte über die Gefahren der Klimaerwärmung, ohne andere Probleme der Gegenwart dagegen auszuspielen. Eine darüber hinausgehende Verteufelung des kapitalistischen Wirtschaftssystems sei schädlich – stattdessen sollte in dieser Frage die Eigenverantwortung des Einzelnen gestärkt werden.

Infografik über die CO_2-Bilanz pro Person in Deutschland — Zu Material 3

Die Infografik vom 23. 08. 2019, angelegt von Globus und in Auftrag gegeben vom Umweltbundesamt, identifiziert (in Tonnen CO_2) fünf Bereiche, die für den Ausstoß von Kohlendioxid im Land pro Einwohner pro Jahr verantwortlich sind. Die Felder „Ernährung", noch etwas mehr „Mobilität" und am meisten „Heizung und Strom" machen gemeinsam im Durchschnitt gut die Hälfte aller Emissionen aus. Der Löwenanteil entfällt dagegen auf den „Sonstigen Konsum" (vor allem Kleidung, Elektronik und Freizeit). Die rechte Seite der Grafik hingegen macht deutlich, wie und um wie viel man den CO_2-Ausstoß reduzieren könnte.

airliners.de über die Frage zur Eindämmung von Luftfahrt-Emissionen — Zu Material 4

Eine Nachricht auf airliners.de kontrastiert die Bemühungen der Naturschutzorganisation Bund für Umwelt und Naturschutz Deutschland (BUND), Emissionen in der Flugbranche zu senken, mit den Einschätzungen des Bundesverbands der Deutschen Luftverkehrswirtschaft (BDL). Während der BUND etwa die Auslastung von Flügen erhöhen, Billigflugpreise verhindern und Bahnfahrten fördern wolle, setze der BDL auf technische Innovationen wie neue emissionsarme Flugzeuge oder nachhaltige Kraftstoffe.

ESSAY (TEILAUFGABE 2)

„Alles fürs Klima?!"

Damit das gleich klar ist: Mit der Natur kann ich nichts anfangen. Das war schon immer so und das muss jetzt niemand persönlich nehmen. Wenn ich mit meiner bayerischen Familie in die Berge musste, guckte sie raus und ich rein: in die mitgebrachten Bücher. Ob es draußen regnete oder hagelte, wie jetzt gerade, war mir immer „ganz wurscht", wie es bei uns hieß. **Die Alpen? Nichts für mich**. Für Tourist*innen inszeniert und ausfotografiert.

Einstieg

persönliche Erfahrung

Sollte ausgerechnet jemand wie ich einen Essay über das Klima schreiben – oder lieber jemand mit so richtig Wut im Bauch? Ich finde: Meine Perspektive ist hier sehr nützlich. Sagen wir, du machst jemandem, der dir egal ist, ein Kompliment. Kaum jemand wird dir in diesem Fall vorwerfen, das sei nicht ehrlich gemeint.

Überleitung

Das Klima, und damit fängt unser Schlamassel schon an, ist ein **Wort, das vieles bedeuten kann**. Das DUDEN-Wörterbuch beginnt zwar zunächst so, als wüsste es ganz genau, was das ist. Nämlich ein für ein „bestimmtes geografisches Gebiet typischer jährlicher Ablauf der Witterung" – obwohl ich, wenn ich ehrlich bin, das Lexikon gleich noch einmal brauche, um „Witterung" nachzuschlagen. In der Definition 1 b heißt es dann aber kleinlaut, Klima könnte auch ein „künstlich geschaffenes Verhältnis zwischen Temperatur und Luftfeuchtigkeit in einem geschlossenen Raum" sein. Um schließlich noch eine ganz unnatürliche Bedeutung anzuhängen: „durch bestimmte Ereignisse oder Umstände hervorgerufene Atmosphäre oder Beziehungen zwischen Personen, Gruppen, Staaten o. Ä." Damit wäre die **Aufregung um das Klima** aber auch wiederum getroffen. Leute, wenn auch nicht immer „in einem geschlossenen Raum", streiten sich nämlich gerne in „geografischen Gebieten" über die Frage, was ein „typischer […] Ablauf der Witterung" sein soll – und verbreiten dabei ein **Klima der Intoleranz**.

Hauptteil

Bedeutungen des Wortes „Klima"

kontroverse Debatte um das Thema Klima

Behaupten wir also, wir wüssten jetzt, was mit dem verdammten Wort gemeint ist. Wie viel sollten wir tun, um Sorge zu tragen, dass es sich nicht zu sehr verändert? Also das Klima, nicht das Wort. Bill Gates, mal reichster Mensch der Welt, Zielscheibe aller möglicher Verschwörungstheorien und legendärer Gründer von Microsoft, hat gerade über diese Frage ein Buch geschrieben. Als rationaler Informatiker, der er ist, hat ihn daran vor allem das Problem interessiert. Für ihn war **Technik im Leben immer die Lösung** und so setzt er jetzt ausgerechnet auf die **Atomenergie, um die Umwelt zu retten**. Gates hat in seinem Leben für alles und jedes Listen geschrieben, in denen er penibel **die Vor- und die Nachteile aufgelistet** hat (sogar

eigenes Wissen: Bill Gates und die Klimafrage

bei der Frage, ob er seine Partnerin Melinda heiraten soll). So sollten wir das auch tun, um einen Überblick zu gewinnen – um bei dieser so wichtigen Frage nicht baden zu gehen. Also: Warum sollten wir etwas, nein, alles fürs Klima tun?

Das erste Argument ist von Gott: „Macht euch die Erde untertan" (1. Mose 1,28). Der **berühmte Bibel-Satz in der Genesis** wurde von Theologen lange so verstanden: „Leute, das Ding gehört jetzt euch. Tut damit, was ihr wollt." Die **Erde als Geschenk Gottes**, ohne jede Haftung. Aber in den letzten Jahrzehnten sind sich über diese Deutung selbst die hohen Priester nicht mehr so sicher. Papst Franziskus hat jüngst nur ein Wörtchen davon verändert und auf seiner letzten (E-)Mission damit eine kleine Revolution eingeleitet: „Macht Euch der Erde untertan!" Himmelherrgott, sollte das heißen: Die Erde ist jetzt der Boss, nicht mehr ihr! Wir haben eine heilige **Verantwortung ihr gegenüber**, Herrschaftszeiten! Und es gibt, selbst für Gott, keinen Planeten B.

Verhältnis zwischen Mensch und Erde aus religiöser Sicht

Neuinterpretation der Bibelstelle im Sinne des Klimas

Tatsächlich ist Klima nicht nur eine, sondern die **Zukunftsfrage** – und so werden Kinder oder Eltern anders über diese Frage denken als ältere Menschen. Ökologische Fragen, meint etwa der Philosoph Marcus Düwell, seien nicht Fragen unter anderen. Die wichtigen Fragen unserer Zeit seien Fragen der Moral, Fragen der Politik, Fragen des Finanzsystems und Fragen der Gesellschaft. Und sie alle hingen an der **Frage, wie stark die Menschheit ihre Umgebung ausbeute** – und wie gut sie es schaffe, diese zu priorisieren. Das Klima ist also nicht einfach nur wichtig – es ist die **Bedingung der Möglichkeit von allem anderen!**

Klimafrage als übergeordnete Frage

Bezug zu Material 1

Andererseits: Die Debatte über den Klimaschutz ist mittlerweile ziemlich ausgeartet, findet nicht nur die Politologin Ulrike Ackermann. Es sei eben doch **nicht das einzige Problem, das die Menschheit derzeit hat**. Und dann ist das Klima ja auch noch eine **Klassenfrage**. Nicht alle können es sich leisten, Bio-Fleisch zu kaufen, im Regenwald Bäume zu pflanzen oder das gute alte Auto umrüsten zu lassen. Da hilft es auch nur bedingt, wenn daran Hoffnungen geknüpft werden, die nicht erfüllbar sind.

Einwand: überhitzte Debatte

Bezug zu Material 2

Und natürlich kann ich den Einzelnen in einer Demokratie nicht dazu zwingen, sozial zu sein oder klimaneutral zu leben – ansonsten geraten wir in eine **Ökodiktatur**. Und egoistisch zu sein ist – bis zu einem gewissen Grad – nicht nur komfortabel, sondern legal. Klar gibt es den Klimawandel, aber bis zu welchem Grad ist er menschengemacht? Und welche Folgen wird das für das Klima haben? Darüber gibt es auch jenseits von Verschwörungstheorien durchaus noch **alternative Fakten**.

Freiheit des Einzelnen in seinem Verhalten

Das größte Problem am Klima-Komplex ist aber wohl, dass wir nicht mehr viel Zeit haben, darüber zu lesen. Ein einflussreicher amerikanischer Schriftsteller und passionierter Vogel-Beobachter, Jonathan Franzen, ging in einem anderen Essay hier noch weiter. Es sei schon **zu spät, darüber nachzudenken, was wir gegen die menschengemachte Erderwärmung tun sollten**. Die Welt werde so oder so untergehen. Das klingt, wenn ihr mich fragt, so deprimierend, dass man den Stift fallen lassen will. Doch wenn die Corona-Krise eines gezeigt hat, dann, dass Gesellschaften schnell handeln können, wenn sie die Gefahr anerkennen. So schlägt die EU-Kommission vor, dass die EU sich Milliarden ausborgt, um die schädlichen Begleitfolgen eines Virus einzudämmen. Damit macht sie Hoffnung, diese Mittel auch und gerade **für eine grüne Transformation der Gesellschaft** einzusetzen.

Unabwendbarkeit des Klimawandels

Bezug zu Material 5

Bedeutet das also, dass wir deshalb weniger Verantwortung der Welt gegenüber hätten? Nicht unbedingt. Nur sollten wir dabei nicht meinen, wir könnten das Klima retten. Die Welt wird auch ohne uns Menschen klarkommen. Und ohne solch schiefe Sprachbilder, die nahelegen, ein Abstraktum wie das Klima ließe sich „retten" – was schon deshalb schräg ist, weil der Ausdruck „Klima" sich ja jeder Wertung enthält. Schlechtes oder schönes Wetter ist kein böses oder gutes Wetter. Wenn die **Welt aufgrund der Erderwärmung wirklich in 200 Jahren unbewohnbar** werden sollte, ist höchstens der Homo sapiens ausgestorben, aber nicht etwa die Turritopsis dohrnii, eine Qualle, die sich bei Stress in ihr früheres Entwicklungsstadium rückversetzen kann und diesen Vorgang auch noch unendlich oft wiederholt.

Einschränkung und Warnung vor übertriebenen Erwartungen

Beispiel aus Tierwelt: Anpassungsfähigkeit

Und so kann uns **nach Abwägung der Pro- und Kontraargumente, ob wir wirklich alles für das Klima tun sollen**, in Zeiten einer anderen Krise, der Corona-Pandemie, vielleicht nur ein Gedankenexperiment retten. Denn wenn die Klimakrise ein tödliches Virus wäre, würden wir schnell handeln und …

Resümee: Reduzierung der CO2-Bilanz

- … **Flugreisen privater Natur für immer verbieten** – jeder bekäme stattdessen ein Fahrrad.
- … Metzgereien und Milchabteilungen in Supermärkten (die zusammen mit anderen Lebensmitteln immerhin ca. 15 % unserer Ökobilanz versauen) für immer schließen.
- … jeder würde einmal im Monat darüber nachdenken, ob ihm sein **persönlicher Konsum in Sachen Kleidung, Elektronik oder Urlaub** wirklich so wichtig ist wie gedacht (und das macht schon satte 39 % unseres ökologischen Fußabdrucks aus).

Auflistung: Bezug zu Material 3 und 4

Wenn das Klima ein Virus wäre, wäre also sofort **Schluss mit dem bulimischen Auffressen der Welt**, Schluss mit dem Fressen von Ressourcen, bis man kotzen muss! Und diskutieren müssten wir darüber auch nicht mehr!

Schluss

Aufgreifen des einleitenden Gedankens

Es liegt in der Natur der Sache, dass allein eine solche Auflistung ein Klima der Angst schürt, ja sogar das Zeug hat, Shit-Stürme zu produzieren. Nur ist es eben so, dass du kein bayerischer Naturbursche sein musst, um zu dem Schluss zu kommen, dass du dein Leben trotzdem ändern musst. Die Natur selbst ist mir egal. Ich könnte ja in einem Atombunker weiter meine historischen Sachbücher lesen. Aber um mir genau diese Einstellung bewahren zu können, muss ich dafür sorgen, dass die so klugen Erdbewohner, die wir sein wollen, diese Welt nicht noch stärker demolieren. Darin liegt ein gewisser Widerspruch. Aber der ist gerade nicht unser größtes Problem.

Um Ihnen die Prüfung 2023 schnellstmöglich zur Verfügung stellen zu können, bringen wir sie in digitaler Form heraus.

Sobald die Original-Prüfungsaufgaben 2023 freigegeben sind, können ausgewählte Aufgaben als PDF auf der Plattform **MyStark** heruntergeladen werden (Zugangscode vgl. Umschlaginnenseite).

Aktuelle Prüfung

www.stark-verlag.de/mystark